让顾客心动的王牌销售

姚远方 著

百花洲文艺出版社

图书在版编目（ＣＩＰ）数据

让顾客心动的王牌销售 / 姚远方著. -- 南昌：百花洲文艺出版社,2015.12
ISBN 978-7-5500-0882-3

Ⅰ.①让… Ⅱ.①姚… Ⅲ.①销售－商业心理学
Ⅳ.①F713.55

中国版本图书馆 CIP 数据核字(2014)第 048195 号

让顾客心动的王牌销售

姚远方 著

出 版 人　姚雪雪
责任编辑　郑　骏
美术编辑　大红花
制　　作　董　运
出版发行　百花洲文艺出版社
社　　址　江西省南昌市红谷滩世贸路 898 号博能中心 A 座 20 楼
邮　　编　330038
经　　销　全国新华书店
印　　刷　北京兴湘印务有限公司
开　　本　787mm×1092mm　1/16　　　印张　14.75
版　　次　2016 年 4 月第 1 版第 1 次印刷
字　　数　300 千字
书　　号　ISBN 978-7-5500-0882-3
定　　价　25.00 元

赣版权登字：05-2015-463

前 言

　　销售在激烈的市场竞争中占居着无可比拟的位置。无论什么样的产品，最终都是以销售来达到市场占有份额的。那么，作为一个合格的销售员，应该如何把握客户心理，从而让自己的产品在销售环节赢得市场的认可呢？

　　小王在职业学校毕业后开了一家理发店，由于手艺精湛，加之他伶牙俐齿，生意十分红火。

　　一天，他给第一位顾客理完发，顾客照照镜子说："理得太长。"小王在一旁笑着解释说："头发长，显得有风度，魅力四射，你没看到，那些大牌影星都是像你这样的发型。"顾客听了，心里很高兴，愉快地付钱走了。

　　小王给第二位顾客理完发，顾客照照镜子说："头发剪得太短。"小王笑着解释："头发短，显得有精神，朝气蓬勃，人见人爱。"顾客呵呵一笑说："是吗？那就好，那就好！"

　　小王给第三位顾客理完发，顾客一面付钱一面笑道："时间挺长的。"小王笑着解释："为'首脑'多花点时间，很有必要。"顾客大笑不止，挥手告辞。

　　小王给第四位顾客理完发，顾客一边付款一边笑道："动作挺利索，20分钟就解决问题。"小王笑道："如今，时间就是金钱。速战速决，为你赢得时间和金钱，何乐而不为？"顾客满意地点点头说："嗯，很好，下次还来你这里理发。"

　　生活中，我们难免会遇到一些出乎意料的突发状况，而此时，就是对人们的适应能力和应变能力的一种考验。如果应变能力强的话，就能冷静地、理智地分析状况，通过巧妙的方法灵活地应对，最终化险为夷，使自己摆脱困境。而如果没有灵活的应变能力，遇事慌张，不知所措，甚至鲁莽行事，则很容易把事情搞砸，使自己蒙受损失。因此，应变能力是我们每个人必不可少的一种本事。

　　对于销售人员来说，应变能力是其要具备的最起码的素质，是确保销售获得圆满成功的一个先决条件。在日常工作中，销售人员所接触的客户是十分广泛和复杂的,什么样的客户都有,其中不乏一些固执的、冷漠的、倔犟的、蛮横的、傲慢的客户,如果没有灵活聪慧的应变能力,那么就很难适应并应对不同客户的要求。这样就会给销售工作带来很大的阻碍和损失。

本书针对顾客心理进行了全面的分析,给销售员提供了提高自身素质的参考,以故事展开阐述,寓教于乐,使销售员从新的角度来发掘自身的价值和服务顾客的方向。

目　录

第十四章 世界顶级销售员的独门秘笈

第一章 情商销售学

情感销售就是把消费者个人情感差异和需求作为企业品牌战略的情感营销核心，通过借助情感包装、情感促销、情感广告、情感口碑、情感设计等策略来实现企业的经营目标。

销售需要打好"感情牌"

李老板是爱华服饰公司在 S 市的总代理，打拼两年后，站稳了脚跟。随着竞争的日趋激烈，李老板在得到爱华公司的允许后，打算利用爱华的品牌效应进行区域加盟。为此李老板积极筹备资金，以建立旗舰店的方式树立样板市场，从而起到以点带面的作用。

由批发转向品牌加盟，这对爱华公司的渠道而言是一件举足轻重的大事。爱华服饰公司以生产中低档女性休闲服为主，主力购买群体为在校大学生及初入职场的白领女性。

通过分析，公司决定将旗舰店开在大学校区附近。为此，公司派人对 S 市十几所高校进行了调查，并最终将店铺地址定在了 Z 大学附近。Z 大学在校生 3 万余人，女生总数过半，潜在客户资源丰富。商圈内共有 3 家服装店，均为体育服装店铺，无直接竞争对手。最后，公司对专卖店进行了命名——"绚烂冰点——爱华时尚服饰折扣店"。至此，建店的第 1 步骤完成。

既然是旗舰店，那么装修与店内的布置自然就成了一件大事。为此，公司请专业设计公司为爱华服饰折扣店设计了全套的 VI 系统。同时，公司又请了一名经验丰富的终端陈列师，为开店的成功又注入了一支强心剂。

当进行完系统装修后，公司对店铺进行了最终审核：店铺以蓝色与白色为基调，结合大胆夸张的大红、绯红、绚紫等暖色，使整体形象显得华美靓丽又个性张扬。公司又买来了米奇、流氓兔、维尼小熊等玩具饰品进行辅助装饰，为店铺又注入了可爱因素。

让顾客心动的王牌销售

虽说很多女大学生都是花父母钱不流泪的主，但是作为没有稳定职业的学生来说，上千元的高档服装依然只是她们的梦想。公司通过问卷调查发现，70%的女生每月支出在服装上的花销约在100~400元左右。为此，公司将每件衣服的价格定在30~200元的区间内。

在促销方案方面，公司决定消费者买100元商品送20元现金券，买200元商品送50元现金券，买300元商品送80元现金券。并且现金券可购买店内任何服饰，消费日期不限！就这样，爱华服饰折扣店的第4步骤已经完成。

开业期过后，店铺的销售额逐渐产生了滑坡，日销售额降至了500~1000元。为了再度掀起购买狂潮，公司推出了一套奇特的策划案——"美女销售法"。

首先，公司派助理王慧进驻"绚烂冰点"，使之与几位常来的女生搞好关系。随后，王慧将十几件新款服饰赠予这几位女生，并将制作好的传单广告交给她们去宿舍分发。其中广告的内容为：招聘营业员，每月底薪500元，同时加销售提成3%；具体应聘条件为：身高1.65~1.75米，相貌出色，体重90~110斤之间。第二天，几十位相貌与身段一流的女生来到了"绚烂冰点"进行面试。而此时，公司却没有急于面试，相反，公司将应聘时间延长以提高广告效应。一个月后，招聘的工作终于结束，而在此期间爱华服饰店的销售额也在不断攀升。同时，一个有趣的现象也随之出现——来店内购物的男生不断增多。

美女聘来了，但是该如何利用"美女效应"呢？通过仔细考虑，公司命策划部文案为这些组合好的套装逐一命名，如"淑女情怀"、"惹火套装"等等。第二天，公司便让这些美女店员们穿上组合好的套装进行现场演示。如此一来，美女店员们便拥有了双重身份——店员与模特。随后的几天内，爱华服饰店的销售再次攀升，在缩减打折量的同时，日销售额竟达8000元！

"绚烂冰点"的生意越来越好，也不免激起了同行的嫉妒。其中，过去的一家体育服装店在进行清仓处理后，也开始把主力商品定位在青春女装。同时，由于距离不远，再加上目前服装设计的高度同质化，所以便出现了这边卖什么货，那家店就及时跟进的现象。而且，为了能迅速抢到客流，那家店把利润定在10~15%，企图以超低的价格来分一杯羹。

产品可以同质化，但是策略必须差异化。面对这种情况，公司将着眼点又重新放到了顾客的消费心理上。前面已经提到，除了款式与价格因素外，情感因素也是促成消费者购买的一大动因。为此，公司将这些美女店员召集在了一起,并对她们的日常生活进行了初步了解。在谈话中发现,这些女孩子对化妆、选购日用品乃至对爱情都有一套独特的见解。公司找到了新的突破口——情感营销!

在随后的几日里,公司对这些美女店员进行了培训,其中包括一些待人接客的礼仪、迅速探究顾客消费心理的技巧、如何与顾客成为朋友的诀窍等多个方法。功夫不负有心人,在日后的销售过程中,这些店员与顾客打得火热,大有几分"情同姐妹"的架势。试想,本身就是同龄人又是同学的她们,凑到一起怎能不投机呢?最终,很多店员都成了顾客们的"知心伙伴",其中很多女学生一有空就会来"绚烂冰点"坐一会儿,既帮一些力所能及的小忙,也带来了她们的朋友进行购买。至此,"绚烂冰点"终于成功地保住了回头客,并有效打击了竞争对手。

经过半年的经营,"绚烂冰点——爱华时尚服饰折扣店"逐步树立了旗舰店的样板形象。在随后的招商过程中,大批加盟者闻声而至,爱华公司在渠道建设上也完成了初步的实验,为将来全面招商奠定了坚实的基础。

情感销售是目前流行的销售方法,在遭遇对手的恶性竞争后,应放弃与其硬拼的低等打法,换而采用情感沟通法,使每位顾客逐渐成为"绚烂冰点"的朋友,从而强化了客户忠诚度,并形成了良好的口碑效应。

在低附加值的餐饮服务业,虽然家家都在喊"顾客至上",但实际效果并不理想。而海底捞专注于每个服务细节,让每个顾客从进门到出门都体会到"五星级"的服务:停车有代客泊车,等位时有无限量免费水果、虾片、黄豆、豆浆、柠檬水提供,有免费擦鞋、美甲以及宽带上网,还有各种棋牌供大家娱乐;为了让顾客吃到更丰富的菜品可点半份菜,怕火锅汤溅到身上为顾客提供围裙,为长发顾客递上束发皮筋,为戴眼镜顾客送上擦眼镜布,为手机套上塑料袋,当饮料快喝光时服务员主动来续杯;洗手间也有专人为你按洗手液、递上擦手纸巾;要求多送一份水果或者多送一样菜品,服务员也会爽快答应。服务员不仅熟悉老顾客的名字,甚至记得一些人的生日以及结婚纪念日。

服务员"五星级"的体贴服务使得每一位顾客在内心深处感到欠了海底捞的感情债,以至变成回头客和忠诚顾客,甚至帮助海底捞到处宣传。为什么海底捞的员工那么努力工作,并愿意在工作之中付出情感?原因就在于管理者

让顾客心动的王牌销售

首先对员工付出了情感，给予他们多方面的照顾和信任。从海底捞的店长考核标准可以管窥其经营理念，根本找不到很多企业最为重视的营业额和利润，只有顾客满意度和员工满意度两个指标。

要让顾客感受到某种情感，并被强烈打动，企业家及其团队不可能无中生有，必须要真真切切地具备真诚服务的热情。海底捞管理层认为：要想顾客满意必须先让员工满意，让员工首先感到幸福和自由，再通过员工让顾客感到幸福。客人的需求五花八门，仅仅用流程和制度培训出来的服务员最多只能算及格。海底捞的每位员工是真心实意地为顾客服务，而这份真诚，则是源于张勇将员工当做家人般对待。海底捞董事长张勇认为："人心都是肉长的，你对人家好，人家也就对你好；只要想办法让员工把公司当成家，员工就会把心放在顾客上。"

因此提升服务水准的关键不是培训，而是创造让员工愿意留下来的工作环境。在整个餐饮行业，海底捞的工资只能算中上，但隐性福利比较多。员工住的都是正式小区或公寓，而不是地下室，空调、洗浴、电视、电脑一应俱全，可以免费上网，步行20分钟内到工作地点。工作服是100元一套的好衣服，鞋子也是名牌李宁。不仅如此，还专门雇保洁员给员工打扫宿舍卫生，员工的工作服、被单等也全部外包给干洗店。公司在四川简阳建了海底捞寄宿学校，为员工解决头疼的子女教育问题。还将资深员工的一部分奖金，每月由公司直接寄给家乡的父母。

要让员工主动服务，还必须信任他们、给他们放权。海底捞的普通服务员都有免单权，只要员工认为有必要，都可以给客人免费送一些菜，甚至免掉一餐的费用，当然这种信任，一旦发现被滥用，就不会再有第二次机会。要让员工感到幸福，不仅要提供好的物质待遇，还要有公平公正的工作环境。海底捞的几乎所有高管都是服务员出身，没有管理才能的员工任劳任怨也可以得到认可，如果做到功勋员工，工资收入只比店长差一点。海底捞还鼓励员工创新，很多富有创意的服务项目都是由员工创造出来的，因为他们离顾客最近。海底捞让员工能够发挥自己的特长，从而在工作中获得乐趣，使工作变得更有价值。

海底捞情感销售的背后是企业的人性化管理，堪称劳动密集型企业尊重和信任员工的典范，善待并尊重员工，让他们有归属感，以一种"老板心态"而非"打工者心态"来工作。企业成员之间的信任和尊重，营造了愉快舒心的企业文化，促使员工变"要我干"为"我要干"，变被动工作为主动工作，充满热情、努力让顾客满意的员工成为难以模仿的海底捞的核心优势，成就了网络笑谈中的"地球人已经无法阻止海底捞"式的优质服务。

自信也是一种销售手段

作为一个推销员，他似乎并不合适，他是个胆小的年轻人，个性多少有点内向。他也认为，凡事最好不要跟人争先。每次开会，他都是偷偷从后门溜进去，坐在最后一排。有天晚上，他听了成功学大师希尔的一次关于"自信心"的演讲，印象十分深刻，当他离开演讲厅时，下定决心要使自己脱离眼前的困境。

他去找报纸的业务经理，要求报社安排他当广告业务员，不拿薪水，而按广告费提取佣金。办公室里的每个人都认为他一定会失败，因为这一类推销工作需要很高的推销才能。

他回到自己的办公室，拟出一份名单，列出他打算前去拜访的客户类别。大家可能会认为，他名单上所列出的，一定是那些他认为可能轻松推销出去的客户。但事实上，他并未这样做。他名单上的客户都是那些其他业务员曾去联络但却未能成功的客户。

这个名单上只有12位客户的姓名。在他前去拜访这些客户之前，他必定先走到市立公园，取出这12位客户的名单，把它念上100遍，对自己说道："在本月底之前，你们将向我购买广告版。"

然后，他开始拜访这些客户。第一天他就和这12个"不可能的"客户中3人达成了交易。在第一个礼拜的剩下几天中，他又做成了两笔交易。到了当月的月底，他和名单上的11个客户达成了交易，只剩下一位还没买他的广告。在第2个月里，他未联系到任何广告，因为他除了继续去拜访这位坚决不登广告的客户之外，并未去拜访任何新的客户。每天早晨，这家商店一开门，他就进去请这位商人登广告，而每天早晨，这位商人一定回答说："不。"

每一次，这位商人说"不"时，这位年轻人就假装并未听到，继续前去拜访。到了那个月的最后一天，对这位努力不懈的年轻人连续说了30天"不"的这位商人终于说话了，他说："年轻人，你已经浪费了一个月的时间来请求我买你的广告，我现在想要知道的是，你为什么要如此浪费你的时间？"

这位年轻人回答说："我并没有浪费我的时间，我等于是在上学，而你一直就是我的老师。现在，我已经知道了，一个商人不买东西，仍然是一个商人，同时我也一直在训练自己的自信心。"

接着，这位商人说道："我也要向你承认，我也等于是在上学，而你就是我的老师。你已教了我坚持到底的一课，对我来说，这比金钱更有价值，为了向你表示感激，我要向你订购一个广告版面，当做是我付给你的学费。"

美国费城《北美日报》的一个最佳广告客户就是这样吸纳进来的。同样，这也代表了这位年轻人良好声誉的开端，并最后使他成了百万富翁。

这位年轻人之所以能够成功，主要是因为他以足够的自信心灌注到自己的工作中，从而产生出一股无法抗拒的力量。当他坐下来拟出那份写有 12 位客户的名单时，他所做的正是 99% 的人都不会去做的事。因为在许多人的眼里，那只能是失败。他的成功源于他的自信。

有一位卖地板清洁剂的销售代表到一家饭店去销售，当他推开经理室的门时，发现先一步已有一家公司的销售代表正在销售地板清洁剂，而且经理已表示要购买，他便凑过去看了一下，说："经理，我也是销售地板的清洁剂的，不过我的产品质量比他的好！"于是他将自己销售的清洁剂往地上一泼，擦了两下说："你来看！"地上变得干干净净的。

先进来的销售员呆了，不知道怎么去对付。

饭店经理看了后，对先来的销售员说："你以后别来了，我要这家了。"

在销售的竞争中，谁有信心就能赢得机会。销售员销售的第一产品是销售员自己。把自己成功的销售出去，销售就成功了一半。一个对自己都没有信心的人，是不可能把自己、把公司的产品成功地销售给客户的。

某小印刷公司推行扩大销售计划，每半年雇用一名销售员，新雇用的销售员必须先学习商品知识和销售技巧，然后跟着销售主管现场实习，最后才能得到该公司经理接见的机会，当经理对他讲一些带有鼓励性的话时，他就等于领到了销售的"毕业证书"。

有一年,该公司雇用了一个不成熟而且缺乏信心的年轻销售员。这位销售在经过前两个阶段的学习后,对自己能否胜任工作一点儿也没有把握,他正担心经理不发给他"毕业证书"呢。

可是,经理在对他讲了"你能干好的"之类的鼓励性的话后,说道:"喂,你听着,我要把我想要做的事告诉你,我打算让你到街对面的'绝对可靠的预计客户'的住处去销售,以往我也总是把新来的销售员派到那里去销售。理由很简单,因为那个老头是个买主,什么时候都买我们的东西。但是,我要预先警告你,他是一个厚脸皮、令人讨厌、爱吵嘴而且满口粗话的人。你如果去见他,他只是叫嚷一阵而已,实际上他是不会吃了你的。所以,无论他说什么,你都不要介意。我希望你默不作声地听着,然后说'是的,先生,我明白了。我带来了本市最好的印刷业务的商谈说明,我想这个说明对于你来说,也一定是想要得到的东西'。总而言之,他说什么都没关系,你要坚持你的立场,然后反过来讲你要说的话。可不要忘记啊,他在什么时候,都会向我们的销售员订货的。"

这位被打足了气的年轻销售员随即冲过大街,叫开门,进入屋里,报了自己公司的名字。在头 5 分钟里,他没有机会讲上一句话。因为那个老头不停地给他讲一些无关紧要的事情,一会儿教他某种菜的吃法,一会儿又教他一些莫名其妙的英语词汇。好在这位销售员事先得到过警告,他耐心地等待暴风雨过去。最后他说:"是的,先生,我明白了。那么,这是本市面上最好的印刷业务的商谈说明,这样的商谈说明,当然是您想要得到的东西。"这样一进一退的进攻和防御大约持续了半个小时。半小时后,那个年轻的销售员终于得到了该印刷公司从未有过的最多的订货。

当他喜滋滋地把订单交给经理时,他说:"您说的关于那位老人的话没错。他是一个厚脸皮、令人讨厌、爱吵嘴、满口粗话的人。可是,对那位可爱的老人我要说稍微不同的话:他真是个买主!这是我在公司任职以来获得的最大的一批订货呀。"

经理看了一下订单,满脸惊讶地说:"喂,你搞错人了吧?那个老头,在我们遇到的对手中,是最吝啬、最讨厌、最好吵架,而且是最爱说粗话的老色鬼!我们这 15 年来总想让他买点儿什么东西,可是那个老头连 1 元钱的东西也没有买,总之他从来没在我们这儿买过一件东西。"

让顾客心动的王牌销售

自信是成功销售的基石,可以使你从平凡走向辉煌。当你满怀信心地对自己说"我一定会成功"时,相信人生的收获季节已经离你不远了。

自信是成功的先决条件。销售人员只有对自己充满自信,在客户面前才会表现得落落大方,胸有成竹,你的自信才会感染、征服客户,客户对你销售的产品才会充满信任。所以销售人员要不断来调整自己的心态,让自己时刻充满自信,迎接随时可能面对的挑战。

小泽征尔是世界著名的交响乐指挥家。在一次世界优秀指挥家大赛的决赛中,他按照评委会给的乐谱指挥演奏,敏锐地发现了不和谐的声音。起初,他以为是乐队演奏出了错误,就停下来重新演奏,但还是不对。他觉得是乐谱有问题。这时,在场的作曲家和评委会的权威人士坚持说乐谱绝对没有问题,是他错了。面对一大批音乐大师和权威人士,他思考再三,最后斩钉截铁地大声说:"不!一定是乐谱错了!"话音刚落,评委席上的评委们立即站起来,报以热烈的掌声,祝贺他大赛夺魁。原来,这是评委们精心设计的"圈套",以此来检验指挥家在发现乐谱错误并遭到权威人士"否定"的情况下,能否坚持自己的正确主张。

销售是信心的传递,情绪的转移。有自信就会有吸引力。客户不会比你更相信你的产品。客户购买的是销售人员的信心。一定让客户相信你能完成他交给的任务。

春秋战国时代,一位父亲和他的儿子出征打战。父亲已做了将军,儿子还只是马前卒。又一阵号角吹响,战鼓雷鸣了,父亲庄严地托起一个箭囊,其中插着一只箭。父亲郑重对儿子说:"这是家传宝箭,配带身边,力量无穷,但千万不可抽出来。"

那是一个极其精美的箭囊,厚牛皮打制,镶着幽幽泛光的铜边儿,再看露出的箭尾。一眼便能认定用上等的孔雀羽毛制作。儿子喜上眉梢,贪婪地推想箭杆、箭头的模样,耳旁仿佛嗖嗖地箭声掠过,敌方的主帅应声折马而毙。

果然,配带宝箭的儿子英勇非凡,所向披靡。当鸣金收兵的号角吹响时,儿子再也禁不住得胜的豪气,完全背弃了父亲的叮嘱,强烈的欲望驱赶着他呼一声就拔出宝箭,试图看个究竟。骤然间他惊呆了。一只断箭,箭囊里装着一只折断的箭。儿子吓出了一身冷汗,仿佛顷刻间失去支柱的房子,轰然意志坍塌了。结果不言自明,儿子惨死于乱军之中。

拂开蒙蒙的硝烟,父亲拣起那柄断箭,沉重地哞一口道:"不相信自己的意志,永远也做不成将军。"

把胜败寄托在一只宝箭上,多么愚蠢,而当一个人把生命的核心与把柄交给别人,又多么危险!比如把希望寄托在儿女身上;把幸福寄托在丈夫身上;把生活保障寄托在单位身上……

自己才是一只箭,若要它坚韧,若要它锋利,若要它百步穿杨,百发百中,磨砺它、拯救它的都只能是自己。

一个人除非自己有信心,否则不能带给别人信心;已经信服的人,方能使人信服。销售人员在推销的过程当中一定要将对自己、对产品、对企业的信心充分传达给消费者,在推销中要信誓旦旦、坚定果断。

销售员要始终保持热情

热情是一种力量,它可以促使顾客更快地接受,你的热情可以有效地感染顾客,使其和你共同融入到和谐的气氛中。

一个销售员成功的因素有很多,而居于这些因素之首的就是热情。没有热情,不论你有什么能力,都发挥不出来,也就不会获得成功。成功是与热情紧紧联系在一起的, 要想成功, 就要让自己永远沐浴在热情的光影里。统计表明,热情在销售工作中所占的分量很重。很多情况下,热情的作用甚至超出了销售员对产品知识的了解和掌握。但遗憾的是, 很多销售员在销售的过程中并没有表现出足够的热情。可以说, 经验和热情很少同时存在同一个人身上,正所谓"熟而轻之"。长久地从事某一行业,可以给你带来丰富的经验,但同时也可能磨灭你的热情,使你变得越来越机械。你必须想办法加以克服,使自己的热情之火永不熄灭。

塞克斯是美国马萨诸塞州詹森公司的一个销售员,凭着高超的销售技艺,他叩开了无数经销商森严的大门。

有一次,他路过一家商场,进门后先向店员作了问候,然后就与他们聊起天来。通过闲聊,他了解到这家商场有许多不错的条件,于是他想将自己的产品销售给他们,但却遭到了商场经理的严厉拒绝,经理直言不讳地说:"如果进了你们的货,我们是会亏损的。"

塞克斯不肯罢休,他动用了各种技巧试图说服经理,但磨破嘴皮都无济于事,最后只好十分沮丧地离开了。他驾着车在街上溜达了几圈后决定再去商场。当他重新走到商场门口时,商场经理竟满面堆笑地迎上前,不等他辩说,经理马上决定订购一批产品。

塞克斯被这突如其来的喜讯搞懵了,不知这是为什么,最后商场经理道出了缘由。他告诉塞克斯,一般的销售人员到商场来很少与营业员聊天,而塞克斯首先与营业员聊天,并且聊得那么融洽;同时,被拒绝后又重新回到商场来的销售人员,塞克斯是第一位。他的热情感染了经理,为此也征服了经理,对于这样的销售人员,经理还有什么理由再拒绝呢?

热情是一种内在的精神本质,它深入到人的内心,真诚的热情是最能打动人的。热情可以传递给客户。商品是没有生命的东西,但客户却是有血有肉的人,会被热情所打动。热情还可以弥补销售员自身的不足。即使是缺乏经验的销售新人,也能凭着不可抗拒的热情不断地将产品销售出去。总之,销售人员只有用热情感染顾客,销售事业才会犹如神助。无论是国际品牌的推广还是做小卖买的摊贩,热情都能创造交易。因为感性诉求永远能打动买主的心!

热情对销售人员而言是无往不胜的,美国商界女强人玫琳凯·艾施就是以热情赢得了顾客。

玫琳凯离开销售行业后数年,也就是在 1963 年,她创立了自己的公司——玫琳凯化妆品公司。总部设在达拉斯的玫琳凯化妆品公司,每年的零售总额达 20 亿美元,美容顾问多达 37.5 万人。在今天的商界,"玫琳凯式的热情"(Mary Kay Enthusiasm)已是众人皆知,她的热情也已成为人们津津乐道的一则传奇。

下面就是玫琳凯在销售过程中展示热情魔力的经历:

当我还是一名年轻的家庭主妇时,在某个星期五的下午,我家的门铃响了,当我打开门时,一名素未谋面的女士站在门口,还没等我开口,她便自我介绍道,她叫伊达·布莱克,想向我推荐一套优良的学前幼儿读物,并且征询我的意见,她是否能进屋向我解说。我邀请她进屋来,万万没想到的是,在我还没有弄清楚她推荐的产品之前,她就让我对她的产品产生了极大的兴趣。

这是一套由父母亲在家中念给幼儿听的读物,由格罗里亚学会印发,书名为《儿童心理书库》。母亲们可以在这套书库的目录中找到任何想要释疑的问题,并能在里面找到一个相关的道德寓言故事,使幼礼在聆听故事中获得启发。我认为这是我见过最好的一套儿童教育书籍。

虽然我对这套书爱不释手,但当伊达告诉我这套书的价格为 50 美金时,我的眼眶溢满了泪水。"我很抱歉,这一价格无异于叫我飞到月球上去,"我只得告诉她,"我负担不起。"

伊达已经看出我特别喜欢这套书了,就对我说:"玫琳凯,我把书留在你这里,星期一再过来拿,你看好不好?"

"好极了,"我回就她,"但是这样也不会有多大用处,因为我根本就买不起。"

"那这样吧,"她说,"你帮我卖出去 10 套,我就送你一套,你觉得怎么样?"

"真的?天哪,那太棒了!天底下还有这等好事!"我破涕为笑,对她的这一建议表示了首肯。

那个年头,我正好担任着休士顿浸信会幼儿主日学校的义务监管人,因此我手头有许多母亲的电话号码。在接到这一"使命"后的整个周末,我便一个个给这些妈妈打电话,告诉她们这是我见过最好的一套儿童教育书籍。我以满腔的热情向她们诉说着这套书的种种优点。就这样,奇迹真的发生了,在我还没有将产品展示给她们看之前,就卖出了 10 套。千真万确,她们根本还未看到这一套书是什么模样!奇迹是如何创造的?那是由于我本人在向他们推荐时,实在太兴奋了,也让她们感染了这种气氛!热情真的有这么大的魔力吗?

当伊达在周一早上再度登门造访时,我向她展示了我的成果。"这里是她们的名字与地址,"我对她说,"你现在要做的就是去一一拜访她们,向她们收钱。"

"我真不敢相信!这真是个奇迹!"她说,"这套书就归你了,玫琳凯。"她指着摆在我餐桌上的那套书籍说。

"喔,谢谢你。"我哽咽着答道。

"现在,我有更重要的事和你讨论,玫琳凯,"伊达的语气听起来非常兴

让顾客心动的王牌销售

奋,"你愿不愿意帮我们公司销售产品?"在我还没回答之前,她又补充道,"不过,你需要一部车子。"

"我家只有一辆车,我先生要开去上班。况且,我还不会开车。"我为难地告诉她。

"请你转告你先生,把车子留给你,我们明天就开着它出去。玫琳凯,我们要销售更多的书。"

仅仅隔了一天,我们便去挨家挨户地敲门,但情况并不妙,不是没人在家,就是吃了闭门羹。一天下来,我们连一套书也没有卖出去。没有人对这套书感兴趣。我真纳闷:我上周仅一个周末就在电话里卖出去10套,如今我和伊达怎么会碰到如此大的困难。

到了下午5点,伊达移到副驾驶的座位上,以"命令"的口气对我宣布:"你来开回家!"

"这不是开玩笑吗?我不会开!"我大叫道。

"如果你要成为一名销售人员,你就必须学会这门技术。"她十分沉着地回答道。啊!这居然是我的第一堂驾驶课——在交通高峰期驾着车冒着冷汗在休斯敦市区行驶。

尽管我惊恐不已,但是我非常感谢伊达。她不仅仅给我上了第一堂销售课,而且也使我学会了开车。

我对销售可以说是一无所知,但我认为伊达这种让顾客冷不防的电话销售,以及挨家挨户拉生意的做法,成功的希望不大。但有一点我非常明了,我能够一下子将10套书销售出去的原因,就是由于我自己对这套书保持着极高的热情。

于是,我很快整理出一份休斯敦地区浸信会家长的名单,并和他们约定好了会面的时间。果真如此,在开始的9个月里,我销售出去的书总金额达25万美元,这一业绩使我成为这家公司的顶尖销售人员。

热情作为一种精神状态是可以互相感染的,如果你始终以最佳的精神状态出现在客户面前,那你的客户一定会因此受到鼓舞,你的热情会像野火般蔓延开来,你的热情就能感染和打动客户。

良好心态是做好销售的前提

在古希腊神话中，有一个关于西齐弗的故事：西齐弗因在天庭犯了法，所以被天神惩罚到人世间受苦。天神对他的惩罚是让他推一块石头上山。

每天，西齐弗都费了很大的劲把那块石头推到山顶，然后回家休息。可是，在他休息时，石头又会自动地滚下来。于是，西齐弗就要不停地把那块石头往山上推。这样，西齐弗所面临的是永无止境的失败。

天神要惩罚西齐弗，也就是要折磨他的心灵，使他在"永无止境的失败"命运中，受苦受难。可是，西齐弗不肯认输。每次，在他推石头上山时，他就想：推石头上山是我的责任，只要我把石头推上山顶，我的责任就尽到。

天神因为无法再惩罚西齐弗，就放他回天庭。

销售人员在销售过程中，会不断的碰到各种困难、挫折等，要像西齐弗一样，调整好心态，坚持下去，心态决定成败。碰到了问题，应冷静思考，沉着应对，分析思考，肯定能解决问题的。

有三只蛤蟆不小心掉进了鲜奶桶里。

第一只蛤蟆说："这是神的意志。"于是，它盘起后腿，等待着。

第二只蛤蟆说："这桶太深了，没有希望了。"于是，它被淹没了。

第三只蛤蟆说："尽管掉到鲜奶桶里，可我的后腿还能动。"于是，它奋力地往上跳起来。它一边在奶里划，一边跳，慢慢地，它觉得自己的后腿碰上了硬硬的东西，原来是鲜奶在蛤蟆后腿的搅拌下，渐渐地变成奶油了。凭着奶油的支撑，这只蛤蟆跳出了鲜奶桶。

积极的销售心态决定一切。一些销售员或多或少地体现出一种"等、靠、要"的心态，遇到难题就消极地等待，或是想靠朋友、靠公司来解决，或是千方百计向公司要政策、要钱。拿破仑·希尔曾经说过，"人与人之间没有太多区别，只有积极的心态与消极的心态这一细微的区别，但正是这一点点区别决定了二十年后两个人生活的巨大差异。"所以，作为一名合格的销售人员，最基本的就是拥有和保持一种良好的心态，并让客户感受到这种积极的心态。

让顾客心动的王牌销售

只有这样,销售工作才能够得以顺利进行。

两个不同公司的推销员,奉命到一个海岛去推销皮鞋。两个人上岛后,发现岛上居民没有穿皮鞋的习惯。一个推销员给总部回电:"该岛没有皮鞋市场。"然后,打道回府。

而另一推销员的报告是:"该岛居民还没有穿皮鞋,市场潜力极大。"结果,他留了下来,经过一定时间的拓展,成功地占领了该岛皮鞋市场。

良好的心态能帮助销售员找到市场的潜在价值。销售人员面对市场,应随机应变,保持积极的心态,转换思维,创新变通,树立市场创新意识,开拓进取,透过市场表面现象去抓住潜在的机会,人无我有,人有我优,细分并挖掘市场创造市场。

经历了一番思想斗争,小陈终于慢慢腾腾地来到她面前,嗫嚅着说:"你好,我是面点公司的。"

女店员转过头来,瞪了她一眼问:"什么事?"

"我,我来看一下我们公司的……"

"有什么好看的!"没等小陈说完,女店员就很不礼貌地把头扭了过去。

小陈的脸一下子红了,最后她把心一横,滔滔不绝地说起来:"你们的货架有些凌乱,商品的种类比较少,如果多进一点我们的商品对你们也有好处……"她说得口干舌燥,女店员却连正眼都不瞧她一下,周围几个女店员都表情冷漠地看着她,小陈羞愧难当。

接下来的几天里,小陈又跑了十多家店,都是这种"没面子"的结局。她的心里有些不舒服了:我是名牌大学毕业的,凭什么要干这种没面子的工作?

当她在电话里把这种想法告诉公司经理时,经理的一番话启发了她:"销售不是一种卑微的工作,销售人员与其他人一样,都是用自己的努力实现自我价值。你千万不要灰心丧气,只要坚持下来,肯定会取得优秀的业绩。"

小陈经过仔细琢磨,觉得经理的话非常正确。是的,销售是自我价值的深刻体现。销售是自我的再生产,是创造一个新自我的过程。

从那以后,小陈每周都要光顾那些小超市几次,时间久了也摸索出一些经验:前几次只是互相熟悉一下,一般只和人家说几句"你们挺辛苦的吧","这里的小偷多吗"之类的话。那些店员表面上很难缠,实际上也觉得工作有些无聊,时间一长,便与小陈成了"老朋友",接着就会把店里的情况一五一十地告诉小陈。

这样,半年的时间过去了,那个城市的20多家超市中的"黄金"货架上便摆满了小陈所在公司的产品。

在面对困境的时候,要对自己充满信心,更要保持一个良好的心态。每个人都希望发挥自己的才能,为自己的梦想而努力,这既是人们实现自我的一种心理需要,也是一种对人生价值的追求。对于销售人员来说,既然从事了这种职业,就应该全身心地投入进去,用努力换取应有的回报。

乔吉拉德1928年11月1日出生于美国底特律市的一个贫民窟。9岁时,乔·吉拉德开始给人擦鞋、送报,赚钱补贴家用。乔·吉拉德16岁时,连高中都没有念完就离开了学校,成为了一名锅炉工。他的父亲总是说他根本不可能成才。父亲的打击曾经让他一度失去自信,有一段时间,他连说话都会变得结结巴巴。相反,他的母亲却常常激励他,她告诉他:"乔,你应该去证明给你爸爸看,你应该向所有人证明,你能够成为一个了不起的人。你要相信这一点:人都是一样的,机会在每个人面前。你不能消沉、不能气馁。"母亲的鼓励坚定了他的信心,燃起了他内心中想要获得成功的欲望,他告诉自己,他一定要成功!

35岁那年,已经成为建筑师的乔·吉拉德破产了,负债高达6万美元。他和太太,还有两个孩子被债主从家中赶了出去。他找了份汽车推销员的工作,这样就可以给家里买点食物了。他发誓会在两个月内成为那里最出色的推销员。听完他的话,经理大笑道:"怎么可能,你疯了吧?"他回答说:"不,我没有疯,我很饿,我家人很饿,我们需要钱。"他没有因为赔了很多钱就感到悲哀,就此放弃。他重新开始攀爬自己的事业高峰。3年之后,乔·吉拉德以年销售1425辆汽车的成绩,打破了汽车销售的吉尼斯世界纪录,他也因此被称为"世界上最伟大的推销员"。客户们都说:"乔,我买过很多东西,但从没有见过一个人能像你这样恳求我买。"正是这种成功的欲望,成就了他的成功。

成功的欲望有多强烈,成就就有多大。欲望就是给我们向成功奋斗提供的

让顾客心动的王牌销售

燃料，欲望越强烈，燃料就越充分，取得的成就就会更加深远、持久。有了成功的欲望，就会转化成对工作、对客户的热情，正是这种热情，引领我们从一个成功走向另一次成功。没有什么事情有像热情这般具有传染性，它能感动顽石，它是真诚的精髓。任何一个伟大事业的成功都是一次热情的胜利。

第二章 学点客户心理学

知己知彼,方能百战百胜。销售,是销售人员与客户之间心与心的互动。销售的最高境界不是把产品"推"出去,而是把客户"引"进来!销售是一场心理博弈战,谁能够掌控客户的内心,谁就能成为销售的王者!在销售的过程中,恰当的心理策略能够帮助销售人员取得成功,使得销售行为的效率最大化,从而创造骄人的业绩。

十种客户的应对技巧

想要抓住客户的心理,就必须对不同类型的客户进行分类,然后实施行之有效的应对技巧。总的来说,客户基本可以分为十类,即沉默型、唠叨型、和气型、骄傲型、刁酸型、吹毛求疵型、暴躁型、完全拒绝型、杀价型和经济困难型。

一、沉默型客户的应对技巧

沉默型客户外表寡言少语,但态度倒是蛮不错的。对于你的展示或销售举动,他自始至终都报以微笑,表示欢迎,以至你有些过火,如"错过了你会后悔的","有了它比较保险,以免以后出现什么不利于你的事发生。"这些在一般情况下会惹客户反感的话,他听着依然不愠不火,一脸和气。

沉默型客户不善交谈。这对于客户来说是一件非常痛苦的事。这种情况常困扰着他,使他难以获得解脱。越是口拙,不善交谈,这种压抑就越深,使他的下一次开口更为困难,于是产生恶性循环,直到最后干脆不说了,用沉默来对待对方。

还有就是他非常害怕张嘴。这种心理是与生带来的,这样的客户是天生就不愿张嘴的人,他从来就觉得自己不说话是天经地义顺理成章的事,而且也从不会因为自己没说话而自责或不快,他认为这样比较舒服自在,很心安理得。

更多的,他习惯用形体语言来表达意思。存有这种心理的客户既不缺乏语言表达的能力，也不是有不爱说话的癖好，而是碰上了他想说却又不能说或者很难表述的事，他只好换一种方式，用"形体语言"来表达他的意思，即通过嘴形、眼神、面部表情，以及坐立姿势、手脚动作向你传递他的意图。不同于口头表达的是，他的这种"形体语言"所表达的意思可能与他的心里的真实感受相反。如他对你和蔼可亲，满脸是笑，但其实他此时的内心可能十分忧虑或者不耐烦。为什么会有这种与心意相反的举动呢？这与该类客户的素质有关。这类客户一般受过高等教育，比较有教养，一向对人都彬彬有礼，希望给人留下好印象。所以，尽管当时他有这样或那样烦躁不安的情绪，但却不愿通过说话这种较直接的方式表现出来。因为想发泄一下又不想伤人，这中间的分寸很难把握，故用一种较温和的"形体语言"表示出来，希望不给他人留下坏印象，但他一举一动都在被动状态下，心里也不好受。

沉默型客户也称为"非社交"型客户，他们沉默寡言，在社交中属于聆听者，不轻易发表自己的观点，也不轻易反驳对方的观点。这种客户反而易成为那种忠实的客户。这类客户也有两种情况，一是内向型的，不善言谈，怯于与别人交谈；另一种是顽固型的，不愿说话，采取积极沉默的态度。

对沉默型客户，最好的方式是让他说话。可以采用两种方法，一是诱导，一是沉默对沉默。

诱导法对内向型的人很有效。即可以不断地向对方提问，迫使对方不得不回答你的问题，只要他开口就好办，就可根据他的回答来准备对策。对顽固的，可以不停地劝诱对方，丝毫不管对方的态度，如"怎么样？价钱很便宜，您打算买？"

所谓"以沉默对沉默"，是指你先说"怎么样？我认为买下来是不会吃亏的"，然后也一言不发，这样对方也不得不开口说话，一旦开口，你就前进了一步，接下去就是施展自己的本领使对方答应你的提议。

总之，要完成与这类客户的交易，关键看你是否能捕捉到对方的真实意图。知己知彼，百战不殆，掌握对方心理是销售制胜的根本保证。

二、唠叨型客户的应对技巧

相对于沉默型的客户，凡事都得由你主导去发问，去寻找话题，你一定会觉得叨唠型、喋喋不休的客户简直是好应付多了。如果你真的这么认为，那你就要小心了。碰上这类型的客户，你会不自觉地把说话的主导权赋予他，很可能永远也无法将他再拉回你推销的主题上。而且他好不容易找到一个肯听他说话的对象,哪里肯轻易罢休,而这么一来,你宝贵的时间就这么白白地浪费掉了。

他天生就爱说话,能言善道。由于寂寞太久,周围的人深知道他的习性,可能早已逃之夭夭了,只有你冤大头,不知所以,硬碰上他了!他会用喋喋不休的长篇大论来武装自己,中断你的推销,使你无法得逞。

爱说话的客户总是不明白销售员时间的可贵。甚至他们会觉得,既然想赚他的钱,多花时间聊一聊也是应该的。但是身为销售员的你,可不能没有这样的自觉。爱说话的客户,通常较容易以自我的观点为核心,去批评、或者评论、或者只是东家长、西家短的标准三姑六婆型。既然对方是十足的自我主义者,你不妨在他的言语中偶尔出言附和他,协助他尽早做个结论。询问的方式在此是绝对要避免的,否则,你不经心的一句问话,可能又会引起他口若悬河。你要设法将他的"演讲",四两拨千斤的导入你的推销商品之中,既然对方要讲话,让他讲些和产品有关的东西不是更好吗?在他发表意见的同时,若能掌握机会及时进攻,就能有些许胜算。要特别小心的是,这类型的客户转换话题的功夫一流,你可不要让对方又狡猾地溜出了主题。

三、和气型客户的应对技巧

和气型的客户是最受销售员喜爱的。他们谦和有礼,不会尖酸的拒绝你上门,也不会恶劣的将你扫地出门。他们很专心且表现出浓厚的兴趣听你解说产品。因为,他们永远觉得你懂得比他还多。即使他们想拒绝,也会表现得对你很抱歉的样子,仿佛是自己对不住你。这是因为他们觉得你的工作很辛苦。对销售员来说这真是令人感动的客户,而这一切,都是因为你有一种被尊重、受重视的的感觉。

然而,你可别高兴得过了头。和气的客户也不是全无缺点的。他们优柔寡断,买与不买之间总要思考好久。他们耳根子软,别人的意见往往能立即促使他变卦、反悔。所以,对于这样你又爱又无奈的客户,一切还是要步步为赢。

和气型客户永远不会怀疑你的解说,甚至对你提出来的各种市场相关资料,推崇的不得了,而且还十分感谢你,由于你让他增进了这么多的知识。但是和气型的客户在做什么决定时,常常犹豫不决。这并非表示他真的拒绝了,大多时候,他的确是很想买,但是,又说不上是什么原因让他下不了决定。总之,理由还不够十全十美就是了。这时你就得耐心的询问他,究竟还有什么令他拿不定主意的,并且设法帮他解决。别担心,只要你找得出他迟疑的原因,通常便能轻易找到解决的方式。因为这类型的客户，通常烦恼的都不是什么严重的大问题。最后还要注意的是，只要对方决定购买，就应该马上让对方完成支付。否则，就会因为其他的因素而导致对方的犹豫与后悔了。

四、骄傲型客户的应对技巧

骄傲型的客户是最不受销售员欢迎的一类人。他们喜欢自夸自赞，仿佛把别人都不放在眼里一样。他们总觉得高人一等，一副高高在上的样子，好像别人都比不上他。有一点成就就得意老半天，恨不得大家都将他捧上天！

不过，既然身为销售员，不能忘记"每一个客户都很可爱"的销售守则，需要暂时收起主观的好恶之心，诚心诚意地敲开这个骄傲者的心门才行。骄傲型的客户看似高不可攀，很难使他服服帖帖地信服你，因为他们总有一套独特的看法，并且还引以自豪，但其实这类型的客户还是有他个性上的弱点。

五、刁酸型客户的应对技巧

他好像没有要购买产品意思，但却又缠住你，话题团团绕。说他可能有兴趣要买了，可是瞧他又是一副趾高气扬，爱买不买的样子。你很难琢磨这类型客户的心理究竟在想些什么。肯定是一场辛苦的买方、卖方拉锯战。也许对身为销售员的你来说是辛苦了些，但于对方而言，他却乐在其中，因为他会充分享受这种极尽批评之能事、挖苦人的乐趣。

不过，为了达成交易这个崇高的理想，这一切都不算什么。刁酸型的客户有一个特色，他总爱挑剔你，故意曲解你的意思。你所有辛苦准备的产品目录、解说资料、市场调查，在他面前是全然不具任何意义的。

这类型的客户从来不会赞同你的意见，甚至不断的出言反驳。总之，你说的话是不对、毫无道理的。但是这个时候千万不要有这个情绪上的波动，这对于刁酸型的客户来说是最大的禁忌，一旦你发怒，也正是意味着这场交易失败。只要你能包容他怪异的性格，让他满足其征服的欲望，到最后他的损人游戏终止，也就是你成功的时候了。

六、吹毛求疵客户的应对技巧

他事事追求完美，容不得一点瑕疵；看你不顺眼，就不会喜欢产品；即使想买产品，也会找出一千种产品不好的地方。这就是吹毛求疵型的客户。遇上这类型的客户，对销售员来说，可真是极大的挑战。

这样的客户是一个十足处女座的完美主义者,容不下一点儿缺点。只要你带给他稍微一点不洁的印象,他就可以立即推翻你的产品。所以,你得好好打理自己的门面,整洁的服饰,最好还烫得笔挺,头发稍微梳理后,再踏入他的公司。一开始所有动作最好能守住基本的销售员法则,中规中矩的礼节,客套的寒暄语,第一印象千万不要给对方任何一个挑剔的机会,否则,连再谈下去的机会都没有。对于产品,从小细节开始,而且你不要试图反驳他,因为吹毛求疵型的客户,绝对是个自信心十足的人,你只要附和他即可。如果真的想反驳他的指责,也得十分有技巧地点点头,说:"先生,您真是细心。能照顾到这么小的细节。不过还好,我们这个产品正巧和其他公司的产品,有小小幅度的不同,就是……""王总,您真是高明,而且学识丰富,连这点您也有研究,关于质地的问题,您放心,公司部分早已有相关部门作深入的研究,才研发出这一系列与众不同的产品……"

类似这样,先满足他挑剔的心,让他觉得他说的没错,果然这部分真的有问题。有这种自尊心满足的感觉,他才不会太过份地为难你。这是因为,除了吹毛求疵的缺点之外,他还十分体恤人,从而原谅你产品上的瑕疵。

总之,这类型的客户不难应付,也许难缠了一点。不过,你只要尽力在各方面,从自己的打扮举止开始到商品知识,都不要有被对方挑剔的地方,处处完美、无懈可击,还是能得到这类型客户的赞美。

七、暴躁型客户的应对技巧

暴躁型的客户从不按常理出牌,即使是第一次和你见面,只要他有什么不满意的地方,照样会直接表达出他的愤怒,绝对不是那种喜怒不形于色的人。不过也有一点好处,就是你可以很直接观察到他的喜恶,不用进行多余的揣测。

如果你清楚地将对方归为暴躁型的这一类客户,那么凡事都要小心翼翼,最好不要犯任何的错误。任何的资料准备,在拜访前要重新检查一次,以确保每一样资料、样品都带得齐全,可千万不要等到拜访进行到一半的时候才发现自己准备的不足之处。这种客户最没耐心,更不想听你的任何解释,他会直接破口大骂:"你简直在浪费我的时间!""连个资料都没准备周全,你还算什么销售员!"

即使错误真的不在你,还是得以诚意的态度告诉他,你是真心感到抱歉,并且请求对方的原谅。争辩是最无济于事的,因为这只会惹得对方恼羞成怒,死不肯认错。到最后他为了顾全自己的面子索性不想和你做生意了。这对于销售员来说,是绝对得避免的情况。

有时候,他的脾气是毫无来由的。也许根本和你毫不相干,但他才不管三七二十一,先找个地方发泄出来。其实这个时候反而是你的大好机会来了。不妨好好探询他,究竟是什么事让他生气,然后让他说出来。这时,他正愁找不到人说。当他告诉你之后,心中的怒火应该也平息了一半。你也知道了他生气的原因,如果刚好也能帮他想想办法,相信他必定会感激不尽。就这样,你就可以轻轻松松地征服他了。

八、完全拒绝型客户的应对技巧

客户摆明了我就是不买、我真的不需要,就砰地一声关上大门。这样一来,你一定感到非常尴尬又沮丧。那么,到底有什么方法可以攻略完全拒绝型客户严密的防御呢?

"告诉你! 我真的不想买这种产品!"

"我才不相信,这些广告都是骗人的。肤色是天生的,怎么可能单单靠保养品就能由黑转白!"

"别跟我谈保险,这是我最讨厌的了!"

你几乎无任何回话的机会,反正,他什么都不想听,也不会给你时间解说产品! 他们为什么这么顽固地排斥销售员呢? 有几种情况:

购物习惯不同,习惯到店面购买,因此不想浪费时间听你说明、推销;

真的不喜欢产品,或者不相信产品;

不喜欢销售员;

要改变他们的观念,就得运用各种行销秘诀中的技巧了。

销售员的危机之一就是很难使一个人的购买习惯改变。因为,想靠一次的会面,试图扭转一个人的习惯,是不可能的。虽然你不可强迫他买,但至少应该让他对你的方式感到印象深刻,只要你再多来几次,他原先那种防卫的心理便可稍解除。

真的不喜欢产品的人,你只能努力对商品多做说明,并且探出真正令他厌恶的理由,以便对症下药。

至于单纯地讨厌销售员的人,几乎都是被销售员欺骗过或吃过亏的客户。因此,赢得信赖是你最需努力的事。

完全拒绝的客户,通常都有某种心理上的障碍,你得想办法协助他克服。不过,千万不要纠缠他,缠得越紧,他只会逃得越快!

九、杀价型客户的应对技巧

杀价,是大部分客户多少都会有的一种消费行为。想买得便宜,毕竟是大多数人的愿望,这原无可厚非。我们这里要谈的是,以杀价为乐的客户类型。你得要识破他们的伎俩,才能真正谈成交易,并拥有这个客户。否则,贸然降价,不仅会使你利润减低,甚至还会落得让客户以为你的索价太不诚实。

当客户真正有购买能力或购买欲望的时候,他才会向你杀价。这时,先不可沾沾自喜,你要特别谨慎的是,该如何守住自己的防线,顺利完成这个交易。你经常可以发现,客户明明已经表现出想购买的兴趣了,却还在那边挑三捡四,找尽缺点批评产品。实际上,他们想利用这个方法告诉你,他是很想买的,不过如果你能再将价钱稍降一些的话就好了!他们要求降价的方式大概是:"真不巧,我喜欢的是红色,如果没有的话就算了。"

如果你的货品正好缺红色,常常会为了要完成交易,只好主动降价!其实,也许他只是看准你没有红色,才故意这么说的!他们为了杀价,会想尽办法找到你所不能提供的商品,然后又故作姿态地说"其实这个也不错,只不过不是我真正喜欢的。要我买也可以啦!除非你少算一点钱。"

也有一种情形,客户一直抱怨自己没什么钱,买不起!但是叫苦了半天,却又突然告诉销售员"这样吧!你再少算我五百元,我就买了。"这时候,你可不要以为真的要买就已经很不错了!如此,客户会觉得还好他进行了杀价,认为你这个人很坏,想多赚他那么多钱。以后,他就不想向你买东西了。所以,对于这样的客户,千万不要让步,即使要妥协,也不能让他完全得逞,譬如可以给他一些折扣,但不能全依对方的要求。还有一个方法是,不断地强调商品本身的价值绝对是物超所值。虽然价格无法再降,但保证他买回去后绝对不会后悔。不断地强调品质上的优点,也是对付这类型客户的好方法之一。

十、经济困难型客户的应对技巧

"我真的很喜欢这个产品。可是,我实在是买不起……"

"怎么这么贵?我可没有这种多余的预算……"

经济困难型的客户最常见了。面对喜欢的商品,又似乎买不起的客户,你一定感到很可惜吧!叹息之余,仔细想想,到底这些客户是不是真的毫无成交的可能性呢？仔细观察，很多抱怨自己手头不方便的客户，其实并不是真正的经济拮据。经常地，他们只不过是拿这个当理由来拒绝你的推销。

也有一种情况是，他们对于钱的管理较为严谨。因此，除非让他们意识到这个产品真的有利于他们，否则，是很难诱使他们购买的。对于这样的客户，强调物超所值的观念是最重要的。你必须从产品制作的严谨、使用材质的高级、市场评价如何之高，以及它将为客户带来如何的便利及益处等，种种优点作深入的剖析。如果你能制作一张与市场其他同型产品的分析比较表，证明你的产品的确是最好的。利用此种方式来吸引他，一定能够引起他的注意。

还有另一种方法是拆解价格表。也就是我们所熟悉的分期付款方式。每一期轻松的小额付款，就能立即拥有的商品。这绝对是值得客户利用的购买方式。对于以经济困难为理由拒绝你的客户，你不妨暂时充当他的财务分析师，根据他的收支状况，拟订一套适合他偿款能力的分期付款表，以协助他既能拥有产品，在付款上又不致于负担太重而危及他的日常生计，相信这种理智型的推销方式，必定能让他心悦诚服地接受！

销售就是为顾客解决问题

小李的儿子今年六岁了，对孩子教育非常重视的他，准备给孩子建造一个小小的书房，需要一套适合小孩子的书桌和书柜。

于是，他去了一家家具店。

销售人员对他非常热情，迫不及待地介绍："您真有眼光，这套家具是今年流行的最新款，材料质地上乘，放在您家里，一定可以大大提升您的品位。"

小李对此并不感兴趣，他更关注的是家具是否适合孩子使用。他说："麻烦你给我介绍一下它的具体构造可以吗？比如说高度、边角之类的。"

销售人员热情地回答："当然可以，您看，这套家具的设计十分独特，其边角都采取欧洲复古风格。"

小李打断了他的话，说："我对它是什么风格不感兴趣，我想知道……"

销售人员立刻接过他的话："我知道您想说什么！这套家具采取了最典雅的象牙紫色，而且木料上乘，外面还有保护层，我敢保证它的使用寿命绝对在20年以上。"

小李笑了笑，说："你说的这些，我都相信，也可以感觉得到。不过，我想你误会我的意思了，我更关心孩子。"

小李是想说，他更关心它是否适合孩子用。但是，没等他说完，销售人员就打断了他的话："我完全理解你的担忧，我们公司特别为这套家具配置了一些防护措施。这样一来，小孩子就不能在上面乱涂乱画了。"

小李说："对不起，我再看看吧。"

看小李要离开，那位销售人员追着说："我们现在正搞促销活动，如果您要购买，我们还可以送您一台漂亮的台灯和一套小装饰品。"

小李头也不回地说："谢谢了，我想不需要了。"

为什么这位销售员说了那么多话，如品位、质量、价格等，却没能吸引顾客，反而打消了顾客的购买热情呢？因为销售人员并没有弄清楚小李的真正需求，也就是他想要解决的问题，所以造成了销售的失败。所以，想要促成交易，就必须把顾客的需求放在第一位，把以销售为目的的行为转变成帮助顾客解决问题的行为。

销售员推销的时候，不应该把产品销售出去看做是推销的唯一目标，从而急于向顾客推销自己的产品。假如你能改变一下思路，从帮助客户解决问题的角度切入，结果就会大不相同。如果你只是把自己当成销售员去推销自己的产品的话，那么你一定失败；如果你能根据自己产品为别人提供方案、解决一些实实在在的问题的话，那么你就是一位非常成功的销售员。真正成功的销售员不是销售产品而是为别人提供方案、解决问题。

有问题才有销售，销售的目的就是帮助客户解决问题。客户不了解产品的特点和功能，但对能够解决自己的问题、减轻自己痛苦的功能却十分感兴趣。销售的重点在于关注客户的痛苦或他们渴望解决的问题，而不是你的产品。只有真正为客户着想，很好地帮助客户解决问题，客户才会接受你、信任你、欢迎你。

美国汽车大王福特说过这样一句话："假如有什么成功秘诀的话，就是设身处地替别人着想。"国际商业机器公司的副总裁也说过这样一句话："我们不是卖硬件，我们卖的是解决问题的方法。"帮助客户解决问题，首先要了解客户的问题。美国推销专家兰迪克说："明确顾客的真实需求，并说明产品或服务如何满足这一需求，是改善推销、将推销业绩由平均水平提高到较高水平的关键。"只有知道客户需求之后，才能告诉他们你所销售的商品确实能满

让顾客心动的王牌销售

足其需要，或使顾客相信他确实存在着对你的商品的需要。

一位老太太每天去菜市场买菜买水果。

一天早晨，她来到菜市场，遇到第一个小贩。卖水果的问："你要不要买一些水果？"

老太太说："你有什么水果？"

小贩说："我这里有李子、桃子、苹果、香蕉，你要买哪种呢？"

老太太说："我正要买李子。"

小贩赶忙介绍："这个李子，又红又甜又大，特好吃。"

老太太仔细一看，果然如此。但老太太却摇摇头，没有买，走了。

老太太继续在菜市场转，遇到第二个小贩。这个小贩也像第一个一样，问老太太买什么水果。老太太说："买李子。"

小贩接着问："我这里有很多李子，有大的，有小的，有酸的，有甜的，你要什么样的呢？"

老太太说："要买酸李子。"

小贩说："我这堆李子特别酸，你尝尝？"

老太太一咬，果然很酸，满口的酸水。老太太受不了了，但越酸越高兴，马上买了一斤李子。

但老太太没有回家，继续在市场转，遇到第三个小贩。同样，问老太太买什么。

老太太说："买李子。"

小贩接着问："你买什么李子。"

老太太说："要买酸李子。"

但他很好奇，又接着问："别人都买又甜又大的李子，你为什么要买酸李子？"

老太太说："我儿媳妇怀孕了，想吃酸的。"

小贩马上说："老太太，你对儿媳妇真好！"小贩又问，"那你知道不知道这个孕妇最需要什么样的营养？"

老太太说："不知道。"

小贩说："其实孕妇最需要的维生素，因为她需要供给这个胎儿维生素。所以光吃酸的还不够，还要多补充维生素。水果之中，猕猴桃含维生素最丰富，所以你要是经常给儿媳妇买猕猴桃才行！这样的话，你确保你儿媳妇生出一个漂亮健康的宝宝。"

老太太一听很高兴，马上买了一斤猕猴桃。

当老太太要离开的时候，小贩说："我天天在这里摆摊，每天进的水果都是最新鲜的，下次来就到我这里来买，还能给你优惠。"从此以后，这个老太太每天在他这里买水果。

三个商贩都在贩卖水果，但结果却不同。我们来具体分析一下。

第一个商贩直接向老太太介绍自己的苹果又大又甜，老太太离开了。这个商贩失败的原因是他没有了解老太太的需求，便试图向老太太推销，结果老太太并不想买甜苹果，就离开了。

第二个商贩了解了老太太的需求，但是并没有进一步挖掘需求，导致他的没有卖出其它水果。

第三个商贩了解同时挖掘了老太太的需求，同时善于站在客户的角度考虑，和客户处好关系，快速让客户信任，同时赢得了进一步销售的机会。

所以，作为一个合格的销售人员，并不是把销售作为唯一目的的，关键时刻必须要站在客户的角度去想问题，了解客户的需求，帮助客户解决问题。只有这样，才能赢得客户的信任，使之成为自己最忠实的客户。

一天夜里，已经很晚了，一对年老的夫妻走进一家旅馆，他们想要一个房间。前台侍者回答说："对不起，我们旅馆已经客满了，一间空房也没有剩下。"看着这对老人疲惫的神情，侍者又说："但是，让我来想想办法……"

这个富有人性和爱心的侍者当然不忍心深夜让这对老人出门另找住宿。而且在这样一个小城，恐怕其他的旅店也早已客满打烊了，这对疲惫不堪的老人岂不会在深夜流落街头？于是好心的侍者将这对老人引领到一个房间，说："也许它不是最好的，但现在我只能做到这样了。"老人见眼前其实是一间整洁又干净的屋子，就愉快地住了下来。

第二天，当他们来到前台结账时，侍者却对他们说："不用了，因为我只不过是把自己的屋子借给你们住了一晚。祝你们旅途愉快！"

原来如此。侍者自己一晚没睡，他就在前台值了一个通宵的夜班。两位老人十分感动。老头儿说："孩子，你是我见到过的最好的旅店经营人。你会得到报答的。"

侍者笑了笑，说这算不了什么。他送老人出了门，转身接着忙自己的事，把这件事情忘了个一干二净。没想到有一天，侍者接到了一封信函，打开看，里面有一张去纽约的单程机票并有简短附言，聘请他去做另一份工作。

他乘飞机来到纽约，按信中所标明的路线来到一个地方，抬眼一看，一座金碧辉煌的大酒店耸立在他的眼前。原来，几个月前的那个深夜，他接待的是一个有着亿万资产的富翁和他的妻子。富翁为这个侍者买下了一座大酒店，深信他会经营管理好这个大酒店。这就是全球赫赫有名的希尔顿饭店首任经理的传奇故事。

故事到这里就结束了。但是故事中侍者的精神却是值得我们深思和学习的。作为销售人员，必须抱着一个"为顾客解决问题"的态度来进行经营，也只有这样，奇迹才会发生。

销售员要善于把握客户的心理

即使否定客户，你的态度也要谦虚。作为销售人员要时刻记住尊重你的客户，要用谦虚的心态和礼貌让你的客户觉得你不但是推销产品的专家，而且还是一个有职业修养的人，这样客户才能产生和你进一步沟通的想法，你提出的意见客户也就比较容易接受了。

抓住客户的从众心理

日本有位著名的企业家，名叫多川博，他因为成功地经营婴儿专用的尿布，使公司的年销售额高达70亿日元，并以20%速度递增的辉煌成绩而一跃成为世界闻名的"尿布大王"。

在多川博创业之初，他创办的是一个生产销售雨衣、游泳帽、防雨斗篷、卫生带、尿布等日用橡胶制品的综合性企业。但是由于公司泛泛经营，没有特色，销量很不稳定，曾一度面临倒闭的困境。在一个偶然的机会，多川博从一份人口普查表中发现，日本每年出生约250万婴儿，如果每个婴儿用两条尿布，一年就需要500万条。于是，他们决定放弃尿布以外的产品，实行尿布专业化生产。

尿布生产出来了,而且是采用新科技、新材料,质量上乘。公司花了大量的精力去宣传产品的优点,希望引起市场的轰动,但是在试卖之初,基本上无人问津,生意十分冷清,几乎到了无法继续经营的地步。

多川博先生万分焦急,经过苦思冥想,他终于想出了一个好办法。他让自己的员工假扮成客户,排成长队来购买自己的尿布,一时间,公司店面门庭若市,几排长长的队伍引起了行人的好奇:"这里在卖什么?""什么商品这么畅销,吸引这么多人?"如此,也就营造了一种尿布旺销的热闹氛围,于是吸引了很多"从众型"的买主。随着产品不断销售,人们逐步认可了这种尿布,买尿布的人越来越多。后来,多川博公司生产的尿布还出口他国,在世界各地都畅销开来。

尿布的畅销就是利用客户的从众心理打开市场的,但是前提是尿布的质量好,在被客户购买后得到了认可。因此销售最终还是要以质量赢得客户的,而利用其心理效应只是一个吸引客户的手段。

"从众"是一种比较普遍的社会心理和行为现象。也就是人们常说的"人云亦云""随波逐流"。从众心理在消费过程中,也是十分常见的。因为好多人都喜欢凑热闹,当看到别人成群结队、争先恐后地抢购某商品的时候,也会毫不犹豫地加入到抢购大军中去。

这种心理当然也给销售人员推销自己的商品带来了便利。销售人员可以吸引客户的围观,制造热闹的行情,以引来更多客户的参与,从而制造更多的购买机会。当然,利用消费者的这种心理不能用欺骗的手段,通过事实的根据才能达到更好的效果,这样不仅能达到这种客户心理的效果,还可以让客户更加踏实,因为有案例,绝对不会假。

满足客户的占便宜心理

客户要的不是便宜,而是占了便宜的感觉。让客户有了占便宜的感觉,他就容易接受你的产品,你的销售也就迈了一大步。

古时候有一个卖衣服和布匹的店铺,铺里有一件珍贵的貂皮大衣,因为价格太高,一直卖不出去。后来店里来了一个新伙计,他说他能够在一天之内把

让顾客心动的王牌销售

这件貂皮大衣卖出去。掌柜不信,因为衣服在店里挂了一两个月,人们只是问问价钱就摇摇头走了,怎么可能在一天时间里卖出去呢?

但是伙计要求掌柜的要配合他的安排,他要求不管谁问这件貂皮大衣卖多少钱的时候,一定要说是五百两银子,而其实它的原价只有三百两银子。

二人商量好以后,伙计在前面打点,掌柜的在后堂算账,一上午基本没有什么人来。

下午的时候店里进来一位妇人,在店里转了一圈后,看好了那件卖不出去的貂皮大衣,她问伙计:"这衣服多少钱啊?"

伙计假装没有听见,只顾忙自己的,妇人加大嗓门又问了一遍,伙计才反应过来。

他对妇人说:"不好意思,我是新来的,耳朵有点不好使,这件衣服的价钱我也不知道,我先问一下掌柜。"

说完就冲着后堂大喊:"掌柜,那件貂皮大衣多少钱?"

掌柜的回答说:"五百两!"

"多少钱?"伙计又问了一遍。

"五百两!"

声音很大。妇人听得真真切切,心里觉得太贵,不准备买了。

而这时伙计憨厚地对妇人说:"掌柜说三百两!"

妇人一听顿时欣喜异常,认为肯定是小伙计听错了,自己少花二百两银子就能买到这件衣服,于是心花怒放,又害怕掌柜的出来就不卖给她了,于是付过钱以后匆匆地离开了。

就这样,伙计很轻松地把滞销了很久的貂皮大衣按照原价卖出去了。

贪图便宜是人们常见的一种心理倾向,物美价廉永远是大多数客户追求的目标,人们总是希望用最少的钱买最好的东西。这就是人们占便宜心理的一种生动的表现。店伙计就是利用了妇人的占便宜的心理,成功地把衣服卖了出去。销售人员在推销自己产品的时候,可以利用客户占便宜心理,使用价格的悬殊对比来促进销售。其实在很多世界顶尖的销售人员的成功法则中,利用价格的悬殊对比来俘获客户的心是常用的一种方法。

满足客户的虚荣心理

在美国零售业中,有一家很有知名度的商店,它就是彭奈创设的"基督教商店"。彭奈常说,一个一次订十万元货品的顾客和一个买一元沙拉酱的顾客,虽然在金额上相去甚远,他们对店主的期望却是一样,那就是希望货品"货真价实"。

彭奈对"货真价实"的解释并不是"物美价廉",而是什么价钱买什么货。

彭奈的第一个零售店开业不久,有一天,一个中年男子来店里买搅蛋器。店员问:"先生,你是想要好一点的,还是要次一点的?"

那位男子听了有些不高兴:"当然是要好的,不好的东西谁要?"

店员就把"多佛牌"搅蛋器拿出来给他看。男子问:"这是最好的吗?"

"是的,而且是牌子最老的。"

"多少钱?"

"120元。"

"什么!为什么这么贵?我听说最好的才几十元。"

"几十元的我们也有,但那不是最好的。"

"可是,也不至于差这么多钱呀!"

"差的并不多,还有十几元钱一个的呢。"

男子听了店员的话,马上面现不悦之色,想立即掉头离去。彭奈急忙赶了过去,对男子说:"先生,你想买搅蛋器是不是,我来介绍一种好产品给你。"

男子仿佛又有了兴趣,问:"什么样的?"

彭奈拿出另外一种牌子的搅蛋器,说:"就是这一种,请你看一看,式样还不错吧?"

"多少钱?"

"54元。"

"照你店员刚才的说法,这不是最好的,我不要。"

"我的这位店员刚才没有说清楚,搅蛋器有好几种牌子,每种牌子都有最好的货色,我刚拿出的这一种,是同牌中最好的。"

"可是,为什么'多佛牌'的差那么多钱呢?"

"这是制造成本的关系。每种品牌的机器构造不一样,所用的材料也不同,

让顾客心动的王牌销售

所以在价格上会有出入。至于'多佛牌'的价钱高,有两个原因,一是它的牌子信誉好,二是它的容量大,适合做糕饼生意用。"彭奈耐心地说。

男子脸色缓和了很多:"噢,原来是这样的。"

彭奈又说:"其实,有很多人喜欢用这种新牌子的,就拿我来说吧,我就是用的这种牌子,性能并不怎么差。而且它有个最大的优点,体积小,用起来方便,一般家庭最适合。府上有多少人?"

男子回答:"5个。"

"那再合适不过了,我看你就拿这个回去用吧,担保不会让你失望。"

彭奈送走顾客,回来对他的店员说:"你知道不知道你今天错在什么地方?"

那位店员愣愣地站在那里,显然不知道自己错在哪里。

"你错在太强调'最好'这个观念。"彭奈笑着说。

"可是,"店员说,"您经常告诫我们,要对顾客诚实,我的话并没有错呀!"

"你是没有错,只是缺乏技巧。我的生意做成了,难道我对顾客有不诚实的地方吗?"

店员默不作声,显然心中并不怎么服气。

"我说它是同一牌子中最好的,对不对?"

店员点点头。

"既然我没有欺骗顾客,又能把东西卖出去,你认为关键在什么地方?"

"说话的技巧。"

彭奈摇摇头,说:"你只说对一半,主要是我摸清了他的心理,他一进门就说要最好的,对不?这表示他优越感很强,可是一听价钱太贵,他不肯承认他舍不得买,自然会把不是推到我们头上,这是一般顾客的通病。假如你想做成这笔生意,一定要变换一种方式,在不损伤他的优越感的情形下,使他买一种比较便宜的货。"

店员听得心服口服。

既要最好的,又要便宜的,这是很多客户最常见的一种矛盾心理。我们可以称之为虚荣心心理。也就是说,这样的客户既想保持自己的优越感,有不想花费太多的钱来购买产品。面对这样的客户,销售员一定要换一种方式来进行推销行为,在不损伤客户的优越感的前提下,促使他购买比较便宜的产品。

客户最关心的是自己

小刘逛进了一家手机城,肯定是有需求才去的。

进门朝对面专柜走了过去,导购小姐看有客人来看手机,就非常热情地走了过来。看小刘的眼睛盯上柜台一新款的手机,就马上说:"先生你好,是买手机吧?"

小刘说:"是啊。"

她马上说:"先生,我把这款手机拿出来给您看看。"看小刘非常富态的样子像个有钱人,就赶快跑去把真机捧了出来,给小刘开始滔滔不绝地介绍起来:"300万像素、蓝牙功能、MP4……现在购买还有大礼包赠送。"

最后小刘问:"多少钱?"

"3980元"。

"我再看看。"小刘就走了。

逛到另一个柜台,发现高手出现了。导购员是一位小伙子:"先生来看手机啊?"

"是啊。"

"你买手机是自己用还是送人啊?"

小刘说:"家里老人从老家过来了,想给他买个手机方便联系。"

"哦,您是买手机给老人家啊,给老人买手机我给您推荐一款。老人家视力不好,要买屏幕大点的,按键也大点的,好打好接就够了。这一款手机而且还带有收音机功能,老人喜欢听广播,没事了当收音机也可以……"小伙子拿出一款Nokia的手机,让小刘试听了下广播。

小刘听着效果还不错,就问多少钱。

导购员说:"现在特价,只要680元。"

小刘感觉价格还可以,但是,并没有马上买走,就说:"我转转看,差不多的话就过来买。"

小刘再转了转,转的过程里,小刘是按照小伙子说的那些标准,在找更合适的,甚至小刘问有没有广播功能。

最后,没有更合适的,小刘就回来找到那柜台开票买单了。

让顾客心动的王牌销售

客户最关心的通常是自己以及自己的需求。很多销售员往往会忽略客户这个最基本的心理特点,从而与订单失之交臂。

某电气公司的约瑟夫·韦伯在宾夕法尼亚州的一个富饶的荷兰移民地区作一次考察。

"为什么这些人不使用电器呢?"经过一家管理良好的农庄时,他问该区的代表杰森。

"他们一毛不拔,你无法卖给他们任何东西,"杰森回答:"此外,他们对公司火气很大。我试过了,一点希望也没有。"

也许真是一点希望也没有,但韦伯决定无论如何也要尝试一下,因此他敲敲那家农舍的门。门打开了一条小缝,屈根堡太太探出头来。

一看到那位公司的代表,屈根堡太太立即就把门砰地一声关起来。韦伯又敲门,她又打开来;而这次,她把对公司的不满一股脑儿地说出来。

"屈根堡太太。"韦伯说,"很抱歉打扰了您,但我们来不是向您推销电器的,我只是要买一些鸡蛋罢了。"

她把门又开大一点,怀疑地瞧着他们。

"我注意到您那些可爱多明尼克鸡,我想买一打鲜蛋。"

门又开大了一点。"你怎么知道我的鸡是多明尼克种?"她好奇地问。

"我自己也养鸡,而我必须承认,我从来没见过这么棒的多明尼克鸡。"

"那你为什么不吃自己的鸡蛋呢?"她仍然有点怀疑。

"因为我的鸡下的是白壳蛋。当然,你知道,做蛋糕的时候,白壳蛋是比不上红壳蛋的,而我妻子以她的蛋糕自豪。"

到这时候,屈根堡太太放心地走了出来,温和多了。同时,韦伯的眼睛四处打量,发现这农舍有一间修得很好看的奶牛棚。

"事实上,屈根堡太太,我敢打赌,你养鸡所赚的钱,比你丈夫养乳牛所赚的钱要多。"

这下,她可高兴了!她兴奋地告诉韦伯,她真的是比她的丈夫赚钱多。但她无法使那位顽固的丈夫承认这一点。

她邀请韦伯和杰森参观她的鸡棚。参观时,韦伯注意到她装了一些各式各样的小机械,于是韦伯"诚于嘉许,惠于称赞",介绍了一些饲料和掌握某种温度的方法,并向她请教了几件事。片刻间,他们就高兴地在交流一些经验了。

不一会儿，她告诉韦伯，附近一些邻居在鸡棚里装设了电器，据说效果极好。她征求韦伯的意见，想知道是否真的值得那么干……

两个星期之后，屈根堡太太的那些多明尼克鸡就在电灯的照耀下了。韦伯推销了电气设备，她得到了更多的鸡蛋，皆大欢喜。

找到客户最关心的东西，是促成交易的最基本手段。销售员不能为了销售而销售，想要打开客户的心扉，就必须挖掘客户最在意的心理需求，从而在某件事物上达成共识，以更贴心的方式来获取客户的信任。

第三章 欲先征服世界,必先征服自己

> 想要销售产品,就必须先销售自己。每个人从出生时发出的第一声哭声开始,就已经开始推销自己了。作为一名合格的销售员,不能把销售产品当做最终的结果,而是要把销售自己当做最终的目标。只有自己得到客户认可的时候,销售员的销售行为才能进一步扩大。

从内心认同你的产品

销售是一项将心比心的工作,对销售人员来说,信心是保证销售成功的必备素质。销售人员不仅要对自己的能力树立信心,而且还要对自己的产品和公司树立信心。试想,如果销售人员对自己的产品和对客户提供的服务都没有信心,又怎么能让客户购买你的产品呢?只有当销售人员对产品信心坚定不移时,才能最终打动客户的心。

小张是一名优秀的厨房灶具销售员,他口才过人,思维敏捷,善于洞悉客户的心理。但在一次销售中,他还是失败了。

那天,他在一个商场内举办灶具销售活动,他热情洋溢的介绍,引来了众人的围观,现场气氛也非常活跃,已经有几名顾客准备购买了。这时,他的邻居也到场了,问他:"小李,既然你认为这种灶具这么好,但你家为什么不使用这种灶具呢?"

小张想了想说:"这是两码事,不能混为一谈。我们公司的灶具非常好,我早就想买一套用了。但是,你知道,我最近的,经济状况不太好,孩子的学业花了我一大笔钱,我的妻子也有病住院了。这些事情让我的支出大大增加了。我一直想拥有一套公司的灶具,但我近来的支付能力很有限,所以只能过一段时间再买了。"

听他这么一说,原来已经决定购买的顾客改变了主意。他们说:"既然你都不用你的产品，我们又怎么能相信你呢？"

　　成功的销售，依赖于一个好的产品。销售员在从事推销工作之前，要对所销售的产品和公司有所选择，要选择有市场前景的产品和有实力的公司。客户几乎无法拒绝真正热爱自己产品的人，这些人在生活和情感上都很充实，因为对工作的热爱是成就事业的前提。而且，如果销售人员能够购买和使用自己销售的产品，这在无形之中会增加客户对产品的信心和依赖性。

销售最大的失败是提前放弃

　　有一位企业家说："人生没有失败，只有提前放弃。"如果这句话用在销售员身上，也是非常适用的。对于销售员来讲，销售最大的失败，莫过于不能坚持，提前放弃。

　　小王经朋友介绍，兼职做一家缝纫机公司的销售员。此前，她对于缝纫机并不十分了解，也没有做过销售类的工作，不懂得什么销售技巧。

　　就在这种情况下，她凭着自己的耐心，逢人便说她有了一部缝纫机，可以自己做衣裳、绣花了，享有数不尽的乐趣。每当客户提出疑问，她总是不厌其烦地找到答案，然后给客户一个满意的解释。

　　很快，一个月兼职的时间就过去了，小王以一个毫无经验的新人身份，在很短的时间内创下了很不错的业绩。

　　有人向小王请教成功的秘诀，小王说其实自己也没有什么过人之处，只不过是在工作中投入了比别人更多的耐心，比一般人更能坚持罢了。她说她每天早晨6点钟就开始工作，一直到深夜才收工。另外，她每天都给自己订立了一个目标，如果目标没有实现，就会一直坚持做下去。

　　小王这种持之以恒的精神，可以说是一个销售人员走向成功的法宝。

　　实际上，在很多时候，客户的真实动机仍然隐藏着，客户往往不做正面拒绝，所以销售员也不能轻言放弃，而应当继续进行销售，由始至终地完成这一过程。下面小李的故事就说明了这个道理。

让顾客心动的王牌销售

一天，销售员小李对一位前来购买收音机的顾客说："您看，这种收音机的质量非常不错，信号接收能力也很强，并且耗电量很小，相信您一定喜欢。"

顾客一边反复观看着收音机，一边说道："是还不错哦，我再想想吧。"

小李心想，这人一定不想买收音机，只是随便问问，便转身干别的事情去了。但让他没想到的是，这位顾客转到相邻的柜台上，和另一位销售员谈了一会儿，就买了相同型号的收音机。

这时，旁边的一位老销售员对小李说："其实那位顾客不是不买，只是想多比较一下，你要是和他耐心地多沟通一下，他一定会买的。"

由此可见，在销售工作中，不仅需要坚持自己的目标，还需要在面对客户拒绝的时候，有一颗坚持下去的勇气和决心。客户借口拖延或拒绝是常有的事，销售人员一定不能因此而放弃这个客户，一定要坚持把自己的销售工作做到位。当销售人员尽了最大的努力，坚持到了最后，不管是否能完成交易，都可以无愧于心了。

"牛仔裤大王"李维斯当年像很多年轻人一样去西部淘金，一条大河挡住了去路，很多人绕道，很多人退缩，更多的是怨声一片。

李维斯突然大叫了一句："太棒了，这样的事情竟然发生在我身上，又给了我一次成长的机会，凡事的发生必有其因果，必有助于我。"于是，他在大河边做起了摆渡生意，谁也没想到，他人生的第一笔财富竟然因大河挡道而获得。

在摆渡一段时间后，摆渡生意开始清淡。李维斯决定放弃，继续前往西部淘金，来到西部，到处是人，他买了一块地开始淘金，但不久来了几个恶汉对他说："小子，离开这里，别侵犯我们的利益。"

势单力薄的李维斯只好离开，但他心中始终在想"太棒了，这样的事情竟然发生在我身上，又给了我一次成长的机会"，于是他抓住了西部人多、黄金多，但水少的机遇，干起了卖水生意。

但在当时那个"没有法律，只有武力"的西部，他又一次被人赶了出来，抢了生意。李维斯不得不再接受现实，他又一次调整心情，而他的焦点最终落到了西部人的裤子上。

他发现因为淘金，西部人的裤子极容易磨破，而西部又有很多废弃的帐篷，李维斯开始把这些帐篷收集起来，洗干净，裁剪缝纫出了世界上第一条用帐篷做的裤子——牛仔裤，走上了他通往"牛仔裤大王"的道路。

当客户表露了购买意向时，只要我们及时跟进，坚持不懈，积极面对，一定会最终成功。其实，没有任何一个客户会因为真诚的服务而厌烦的。只要没有拿到签单，一切都存在变数。即使这次我们真的失败了，我们也会从中得到经验，为下次的成功奠定了坚实的基础。销售员必须记住的是，在没有结果之前，一切皆有可能。所以，想要获得订单，就不能选择放弃。

勇于挑战才能成功

一个销售人员，畏惧挑战，就无法赢得客户，害怕困难，就无法在事业上有所成就，这是销售界亘古不变的真理。

有两个年轻气盛的保险销售人员，一个叫小刘，一个叫小陈，他们一起到某县城做人寿保险的销售工作。

到达县城之后，两个人一家接着一家地推销人寿保险，这无疑是一项既枯燥辛苦又处处充满挑战的工作。时间一天天地过去了，他们拜访的客户也一天天地增多，小刘和小陈的脚都已经磨破了，也面临许多的困难。终于，在拜访第九百九十九个客户的时候，小陈退缩了，他决定离开。

这时，小刘不甘心地说："我们已经都拜访了第九百九十九家了，就这样放弃了岂不是半途而废？要不就再拜访一家凑到第一千家吧，说不定最后一家就可以买很多的保险呢。"

小陈不耐烦地说："我遇到的困难已经够多的了！不是我要退缩，而是再这样坚持下去也没有意义了。"说完，他头也不回地走了。

在这种情况下，小刘没有被眼前的困难吓倒，他依旧接着拜访客户。没想到，第一千个客户竟然是这个县城的一位副县长，是专门负责全县公务员人寿保险工作的。

副县长听了小刘的介绍后，决定为全县的公务员都买小刘的保险，这可是一笔大单子啊！就这样，小刘一下子完成了公司交给他3年的保险销售任务。而小陈却不能坚持这最后一步，因而与成功失之交臂，实在可惜！

让顾客心动的王牌销售

销售人员在销售工作中遇到的最大挑战，恐怕就是客户的拒绝。如果一名销售人员不敢面对客户的拒绝，那么，他就根本没有希望取得好业绩。面对客户的拒绝，销售人员只有抱着坚定的信念，即使客户冷眼相对，表示厌烦，自己也信心不减，只有这样坚持不懈地拜访客户，才能取得最终的成功。

美国经济大萧条时期，很多人都失业在家无事可做。克劳德先生的工厂也裁员了，因为他要尽量缩减开支渡过难关。正当克劳德在脑子里盘算这些事的时候，一个男人的声音打断了他，男人问道："您需要园丁吗？我可以为您修剪草坪。"克劳德看看这名男子，说："不需要。我雇不起。"然后径直离开。

第二天，克劳德发现家里的草坪被修剪得很整齐，便问妻子："你修剪过草坪？"妻子说："昨晚有个男人来修剪的，他干得很卖力很认真呢。我以为他是你雇来的。"克劳德发现这真是一个有意思的人，干了活却没有来要工钱。

不久之后，克劳德的工厂挺过了难关又可以正常运营了，家里的经济状况也有所好转。这时，那个为他修剪草坪的男人又出现在他家门外："先生，您需要园丁吗？我修剪的草坪很整齐。"克劳德相信他说的话，决定雇用他，便说："好的。但是我付的薪水不会太多。""没关系，我愿意。先生，从今天起我就是您的雇员了，您可以叫我托尼。"

接下来的几个月里，这个男人每天都早早就来为克劳德家修剪草坪、打理花园，有时还帮克劳德的妻子做做家务。妻子总是夸此人聪明能干还很老实。他们决定给他加点薪水。

冬天到了，园子里的积雪被托尼打扫得干干净净。有一天，托尼对克劳德说："先生，您的工厂里面需要铲雪的杂工吗？"克劳德说："托尼，你真是个聪明的家伙。你的请求总是让人难以拒绝。"然后，托尼成了克劳德工厂里的一个工人。后来克劳德问工厂的人事部门："托尼做得怎么样？"他们都说他是个勤奋的人，还很热心，大家都很喜欢他。

虽然克劳德很器重他，但当托尼向克劳德提出想当一名技术工人的时候，克劳德还是犹豫了。克劳德怀疑他是否看得懂图纸，在没有一点基础的情况下是否能熟悉技术工作。但是托尼的真诚让他难以拒绝，只好勉强地答应了下来。几个月后，人事部门的报告中提到："托尼工作表现良好，已经能熟练操作。"这让克劳德颇感欣慰。

　　两年后，托尼对克劳德说："我想买幢旧房子，您能帮我吗？"克劳德知道他是被信贷的事难住了，便打电话给自己一个在银行工作的朋友，让他贷款给托尼。

　　又一个两年过去了。托尼又跑来找克劳德，说："先生，我把那房子卖了，赚了 6000 美元！"他很兴奋。克劳德很惊讶。托尼接着说下去："我用那笔钱买了个农场，把妻儿都从乡下接过来住了。我们一家终于能团圆了。"

　　"胆识，就是先要有勇气，然后才是你的能力。"一位企业家如是说。有了信心，然后敢于尽力争取，生命便会蓬勃灿烂、生生不息！销售员需要的正是这种勇于进取的精神。

　　1998 年，当时已经很出名的大导演张艺谋带着剧组钻进了一个偏远的小山村去拍摄电影《一个都不能少》。为了真实体现农村的教育现状，剧组决定在当地寻找本色"主角"。

　　这真是一个近乎封闭的村庄，村民对于外界信息知之甚少，甚至不知道拍电影是什么含义。所以当剧组招聘演员时，围观的村民都拘谨地站在原地，没有人愿意上前报名。这时一个十几岁的小姑娘向前走了过来，说："我想拍。"这个女孩叫魏敏芝，长相普通，单眼皮儿，小眼睛，一个非常不起眼的女孩儿，但身上带着山里娃的淳朴和倔强。副导演郦虹问她会不会唱歌跳舞，小姑娘壮了壮胆子，说会，然后边唱边跳："我们的祖国是花园，花园的花朵真鲜艳……"歌唱得跑调了，引得围观村民哄堂大笑，她却仿佛没听见一样，仍旧顾自唱着跳着。

　　人们认为小姑娘的毛遂自荐只是一场闹剧罢了，没想到张艺谋冲她点点头说："就是你了。"她的勇敢为自己赢得了幸运的一票。导演觉得她是一个很不错的苗子，就带着她试了镜，后来她就成了著名电影《一个都不能少》里面的女一号，一下飞升为演艺界的一颗新星。

　　机遇总是偏爱有勇气的人，幸运总是关照有勇气的人。一个成功者和失败者的区别，往往不在于视野的宽窄、能力的大小、经验的多少，而在于能不能在关键时刻有勇气向前迈出一步。

　　很多时候，我们的交易不会成功，并不是我们的产品不够好，也不是我们的讲解不够详细，只不过是我们在面对一些客户的时候，不能勇敢地迈出一步。再前进一步，成功就是属于我们的。

自信是销售成功的保障

销售是与人打交道的工作，在销售拜访中，我们的客户可能是地位显赫、阅人无数的公司高层管理人员，也可能是经验丰富、十分专业的采购人员。销售人员要与这些人打交道，并且要赢得他们的信任和好感、努力说服他们，就必须相信自己的能力，信心百倍地去敲客户的门。如果销售人员缺乏自信，在没有见客户之前就开始怀疑自己、胆怯退缩的话，那么我们拜访时首先在气势上就输给了客户，最终很可能会一无所获。

创建于1972年的布鲁金斯学会，以培养世界上最杰出的销售人员著称于世。这个学会有一个传统，就是每学期学员毕业的时候，学会都设计一道最能考验销售人员能力的题目。在小布什总统当政期间，布鲁金斯学会把题目设置成：把一把斧子销售给布什总统。

很多学员都主动放弃了这个销售的机会，他们认为总统什么都不缺；即使缺少什么，也不一定缺少一把斧子；即使他要购买，也不会亲自购买；即使他亲自购买，也不一定要购买这把斧子。

就在这么多的不一定的条件下，一个名叫乔治·赫伯特的学员却做到了。他不仅说服了布什总统买了他的斧子，而且还得到了布什总统寄来的15美元费用。布普金斯学会得知这个消息后，就把刻有"最伟大的销售人员"的金靴子颁发给了他。这是自1975年该学会的一名学员成功地把一台微型录音机卖给尼克松总统以来，又一名学员获此殊荣。

乔治·赫伯特在接受记者采访时说："我认为，把一把斧子销售给小布什总统是完全可能的。因为布什总统在得克萨斯州有一个农场，那里种着许多树。于是我给他写信说：我想，您一定需要一把小斧头，但是从您现在的体质来看，小斧头显然太轻，因此您仍然需要一把不太锋利的老斧头。现在我这儿正好有一把这样的斧头，它是我爷爷留给我的，很适合砍伐枯树。假若您有兴趣的话，请按照这封信的地址，给予回复。最后他就给我汇了15美元。"

布鲁金斯学会把那只金靴子表彰给乔治·赫伯特的时候说："金靴子奖已

空置了 26 年。26 年间,布鲁金斯学会培养了数以万计的销售人员,造就了数以百计的百万富翁,这只金靴子之所以没有授予他们,是因为我们一直想寻找这么一个人,这个人从不因为有人说某一目标不能实现而放弃,从不因为某一件事难以办到而失去自信。"

在这个案例中,乔治·赫伯特正是凭借着坚定的信念成功地将斧子销售给布什总统的。所以,销售人员在拜访之前一定要建立起自信心,不要轻易地怀疑和放弃。当我们相信自己一定能与客户达成交易的时候,就会发现很多困难原来是可以被克服的,很多事情并不像想象中那么难。

成功从拒绝开始

被拒绝并非是一件坏事,反而有可能是成功的开始。如果确实在遭受拒绝后仍然不能取得成功,销售员不妨把"被拒绝"看成一次历练。

小陈在一家药业集团从事药品招商工作,经过自己三年来的努力,她现在已经是部门经理了。

参加完公司简单的培训后,小陈被安排在招商部担任药品招商专员。上班第一天,小陈从领导那里拿到了一些代理商在药交会上给公司留下的电话号码。面对这些电话号码,她很茫然,因为她不知道该怎样开始给客户打电话,徘徊了一阵后,她有些紧张了,想打退堂鼓,毕竟她还是一个 20 来岁的刚出校门的小女孩,脸上还带着几分青涩。

回忆这一段经历时,小陈说:"我站在电话机前,不知道该怎么做,更不知道自己能不能将产品推销出去……我一面发料,一面默默地对自己说:'当你尝试去做一件对自己只有益处而无任何伤害的事时,就应该勇敢去做,而且应该立即行动。'"于是,小陈毅然拨通了第一位客户的电话。她想,如果被拒绝,就再一次壮着胆再打下一位,决不退缩。小陈没有被困难吓倒,那份客户名单上的每一个号码她都拨通了。在这位客户里遭到拒绝后,她便毫不犹豫地去拨打下一位客户的电话,不断地把自己公司的产品卖点和销售卖点告诉给客户,劝说客户采购她公司的药品。是那份心里默默燃起的希望,让她坚持着。

让顾客心动的王牌销售

在小陈打完所有电话后,终于有两位客户采购她公司的药品。两个客户的业务量很大,但对小陈来说,其意义远不止成交了两笔生意,而是意味着她在药品招商方面迈出了重要的一步。与此同时,她还学到了该怎样去克服心理障碍,以及向陌生客户推销的方法。从第一天的推销中,她发现了一个秘诀,就是拨打完一个客户电话后应立刻拨打另一个客户的电话,这样做是为了不给自己时间犹豫,从而克服自己的畏惧感,让自己勇气十足。正是凭着过人的勇气、自信和上进心,凭着鼓励自己的内动力,她才克服了害怕遭人白眼和被拒绝的心魔,勇敢地向每一个可能遇到的陌生客户推销自己的商品。

案例中的小陈因为能够不断克服自己的胆怯,不断进取,才获得了今天的成功。如何使客户认同自己并接纳自己推销的产品,这是一个不断克服自我的缺陷,内心不断强大,勇敢推销自己的过程。这期间充满复杂的内心斗争,也是自我成长化蛹成蝶的过程。当你满怀自信地面对客户,一切了然于胸,成长已悄然而至。

每一个销售员从做销售员的第一天起,就和拒绝这两个字结下了不解之缘。是拒绝陪伴着销售员成长,也是拒绝让很多销售员退出了这个职业。拒绝让有的销售员越战越勇,也是拒绝让有的销售员顶不住压力,急流勇退。那么该如何面对拒绝呢?该如何从拒绝中找出销售成功的希望呢?我们先来看一个害怕拒绝的案例。

一天刚上班,经理走到销售员小王的办公桌前,递给她一张名片,要她给名片上的这个人打个电话。这是一个有可能买我们产品的潜在客户。"你打电话约约看"。经理对他说。小王看了一眼名片,上面的头衔是总经理。

"我今天的事太多,要不,让小李打吧?"小王皱起了眉,为难地摊开两手,用眼光示意桌面上的一堆资料。

"这事还是你负责吧。小李一会儿有别的事。"经理说。

"那好吧。我处理完手头这些事马上就办。"小王点头答应,立即埋头工作,一副忙得不亦乐乎的样子。

下午经理经过小王的办公桌,顺便问她给那位客户打电话约在什么时候见面。小王却答说忙得还没时间打电话。经理听后不高兴地一屁股坐在小王办公桌的对面,命令她现在就打这个电话。小王拨电话时脸上的表情真是又为难又担忧。当电话那头开始问话,她说那句"请找刘总"时,脸上的表情就像马上就要引爆一颗炸弹,随时都要扔下电话的样子。

很显然,案例中的小王没有从有可能被拒绝中看到成功的希望。其实,很多时候成功就是从被拒绝开始的。而小王在还没有遇到拒绝的时候就先进行了自我拒绝,这种做法是非常不明智的。自我拒绝构成了销售成功的最大障碍。自我拒绝使销售员逃避困难和挫折,不能发挥出自己的能力。松下幸之助说:"自我拒绝是销售员的大敌,是阻碍成功的绊脚石。"任何销售员如果有自我拒绝的倾向,在销售行业他是不会有成功希望的。

原一平总是比别人多一分执著。

大骂丰田董事长之后,原一平向公司提出辞呈。

正在这时,丰田董事长向阿部常务董事长打来了电话,说刚才来了一个很厉害的年轻人,吓了他一大跳。

原来,原一平大骂董事长气愤地冲出去之后,董事长仔细地思考,发现自己以前对保险有偏见,既然是明治保险公司的高级主管,不但对保险应该有正确的看法,而且应当积极地去推动保险业务的扩展才对。

常务董事长拍了拍原一平的肩膀,说:"董事长告诉我说,虽然今天是星期六,还是立即召开高级主管紧急会议,要把三菱关系企业的退休金全部转投到明治保险,他还夸奖你是优秀的职员呢!"

从满怀希望,到出言不逊,最后等待处分,胸襟宽大的董事长非但不以为忤,反而称赞原一平。

原因有许多,最主要是原一平对人寿保险的执著,他相信自己所从事的是一份伟大的事业,为了这个伟大的梦想,他才做出了后面的举措,虽然他的动作可能大了点,但如果不是他这样任劳任怨,无怨无悔地坚持,哪有后来推销之神原一平。

原一平认为:"任何事情只要你认为正确的,事前切勿顾虑过多,最重要的是,拿出勇气全力冲过去。过分的谨慎,反而成不了大事。"任何事情与其想其困难,不如平常心看待,这样才有勇气去冲破困难,才会走向成功。

让顾客心动的王牌销售

一家经销中英文电脑记事簿的公司聘请老刘做销售顾问，培训指导推销员。老刘带着推销员小张前去拜访省教委一位处长。

小张向顾客详细地介绍了商品，并拿出样品给顾客作一番演示，顾客接过电脑记事簿摆弄一番，说："很不错，这样吧，我现在还有点事，改天我给你打电话。"

十分显然，这是顾客在委婉拒绝。小张只好抱着万分之一的希望对顾客说："那我等您电话。"

老刘在旁边仔细地观察着这一幕。这时，他站起来，来到处长的办公桌前，向处长问道："张处长，使用电脑记事很方便，带在身上也很气派，您说对吧？"

张处长点头说："是很方便、气派。"

老刘盯着顾客眼睛大声地一字一句地说："这么好的产品，那您为什么不买呢？"

张处长默默地看着老刘，终于点点头说："好，我买一台。"

告别顾客，回到公司，在当天举行的公司推销员检讨会上，老刘向大家讲道："推销是一个以业绩定输赢、以成败论英雄的工作，交易不成万事空。无论你推销中其他工作做得再好，如果不能与顾客达成交易，就毫无意义。英文成交一词是'close'，去掉'c'，就是'lose'，即失败。这就是说，没有成交就是失败。推销员与顾客达成交易，要有'咬定成交不放松'的坚定信念，要有技巧地诱导顾客下定购买决心。"

接着，老刘给大家讲了自己做推销时诱导顾客成交的经历：一次，他向顾客推销一个创意，即在美容店、理发店内悬挂小型广告牌作宣传。在向顾客介绍了"创意"的某些要点之后，他就会主动地提出成交要求。有时，他会将已准备好的写有顾客公司名称、产品图片的广告牌样品，展示给顾客，然后询问顾客："您看，不错吧？"

这是一种"假设成交"的技巧，如果顾客没有提出不同意见，就意味着生意到手了。所以，在遭受客户的拒绝后，还是要坚持"咬定成交不放松"的精神。只有这样，才有可能达到成交的目的。但是，前提是你的产品确实不错，而且得到了客户的认可。

用思路来寻找销售的出路

从前,有三个人:艾伯、贝克和查理。他们住在一座岛上。这座小岛上的食物只有鱼。这些鱼全部属于同一种类,每一条鱼都很大,足够一个人吃一天。然而,这个地方很闭塞,人类先进的捕鱼技术这里一样都没有。他们能做的只有跳进水里,用手去抓鱼。

除了捕鱼,艾伯还想做几件更好、更时尚的棕榈叶衣服;他想要一个遮风挡雨的住所。但他每天净忙着捕鱼糊口,这些梦想又如何成真呢?

他的大脑飞快运转着,突然他想到了捕鱼器。有了这个新装置,他就能在较短的时间里捕到更多的鱼了!而那些余下的时间,他就可以用来做更好的衣服,建个住所。

艾伯决定给自己的捕鱼器取个名字,叫做"渔网",然后开始找材料来织这张网。

第二天,贝克和查理注意到艾伯没有捕鱼,而是站在沙滩上用棕榈树皮搓绳子。"你干什么呢?"贝克问。

艾伯解释说:"我突然有个灵感,想做个捕鱼器。"

查理嘲笑着说:"要是你这捕鱼器不好使,可别哭着来跟我要鱼吃。"

艾伯没有被查理的话吓倒,仍然继续织网。到这一天结束时,艾伯终于织完了自己的渔网。艾伯拿着渔网朝海浪冲去,几分钟后,他就捕到了一条鱼。

贝克和查理不再笑了。在接下来的一小时里,艾伯又捕到了第二条鱼。两个伙伴惊叹不已。毕竟,他们通常一整天才能抓住一条鱼!

从这样一个简单的行动开始,这座小岛上的经济开始发生巨大的变化。艾伯提高了生产力,这对每个人而言都是好事。

艾伯说:"既然我一天捕到的鱼就可以吃两天,我可以利用隔天休息的时间做点别的事情。能做的事情太多啦!"

这个故事的寓意是不言而喻的。但是如果把这个故事联系到销售上面,又会是一种什么样的效果呢?好想法是迈向成功的第一步,如果一个人连一个改变的想法都没有,而是安于现状,自然也就不会有什么突破了。作为一个销售员,虽然很多事情都不是自己能够决定的,但是,推销产品的方式、对产品的阐述技巧以及拉近与顾客之间的距离却是自己可以控制和改变的。所以，把不可能变为可能，把固定模式变为灵活运用，就需要有一个好的想法。我们不能忘记的是，好想法一定可以带来无限的收益。

休·摩尔出生于美国堪萨斯州，到 1907 年进入哈佛大学之前，他还是一个与发明没有任何关系的普通学生。而他最终能发明纸杯，是由于他作为发明家的弟弟。休·摩尔刚进大学时，比他大一岁的哥哥劳伦斯发明纯净水自动售卖机后，声名显赫。

但是，哥哥的发明出现了些问题，纯净水自动售卖机中使用的陶瓷杯易碎正是问题所在。为此，哥哥伤透了脑筋。起初，出于有新意而热卖的这种自动售卖机，渐渐地人气大跌，最后以至于无人闻津。看着因此而日益消沉的哥哥，休·摩尔自然想到了要帮哥哥解决问题。

"如果说陶瓷杯的缺点是易碎，那么使用不碎的杯子不就可以解决问题了吗？"

这个办法实在是简单。然而，这只是想起来容易，把想法变为现实的研究过程可不容易。

"不会碎的东西有什么呢？纸，对了，是纸。要是能把纸做成杯子就好了。又轻，又摔不碎……"

"但是纸被水浸透的话，也会碎掉的。碎掉的纸，怎么样才能让它不碎呢？"最后，他终于成功地找到了不易被水浸湿的纸。

休·摩尔在发明了不被水浸湿的纸杯之后离开了大学。哥哥所发明的纯净水自动售卖机又重新在各地设置，售卖机中的陶瓷杯也换成了自己所发明的纸杯。

休·摩尔发明的纸杯打出方便、安全的招牌，正式展开了销售。对于普通人来说，纸杯是卫生杯的形象开始被认识到。刚开始只有充满好奇心的少数消费者购买的纸杯，其消费层逐渐扩大。

就在这时，休·摩尔迎来了巨大的意外之喜。在民间保健研究所埋头于研究的克伦宾博士发表了有关研究结果，再次证明休·摩尔的纸杯是一个伟大的发明。

该研究强调，将人类从病毒中解救出来的方法只有一个，那就是使用一次性纸杯。之后，纸杯得到了巨大的好评，受到了人们的青睐。

平凡中处处孕育着创意，而这种创意自然也会带来无限的收益，因为它更贴近生活。销售员的推销过程也是一种获取灵感，制造创意的过程。带着这份创意，推销的过程才不会显得枯燥，才会变得更加容易。

做最真实的自己

美国一些大公司在招聘销售人员的时候，总会问这样一个问题："你为什么要做销售人员？"对于这个简单的问题，大部分的应聘者会回答"我喜欢这个有挑战性的工作""为了实现自己的梦想"等。做出这样回答的应聘者一般是不会被录取的。相反，如果应聘者说"为了赚钱"，招聘者反而会露出满意的笑容，祝贺他被录用。

究其原因，是因为招聘者能够从这个回答中看到应聘者所拥有的一颗真实的心。拿破仑曾说："不想当将军的士兵不是好士兵。"这句话套用到销售员身上，就可以这样说："不想赚大钱的销售人员不能成为一个顶尖的销售人员。"事实也确实如此，一个不想赚大钱的销售人员一般都不能创造良好的业绩。

原一平在27岁时进入日本明治保险公司，开始了他的推销生涯。在他从事这份工作之初，他穷得连午餐都吃不起，只能露宿街头。但一个极为偶然的机会，这位落魄的销售人员因为一位老和尚的一席话而改变了一生。

有一天，他向一位老和尚推销保险。原一平详细地说明之后，老和尚平静地说："听完你的介绍之后，丝毫没有引起我投保的意愿。"

老和尚注视原一平良久，接着说："人与人之间，像这样相对而坐的时候，一定要具备一种强烈吸引对方的魅力，如果你做不到这一点，将来就没有什么前途可言了。"

原一平哑口无言，冷汗直流。

老和尚又说："年轻人，先努力改造自己吧！"

"改造自己？"

"是的，要改造自己首先必须认识自己，你知不知道自己是一个什么样的人呢？"

老和尚又说:"你在替别人考虑保险之前,必须先考虑自己,认识自己。"

"考虑自己? 认识自己?"

"是的,赤裸裸地注视自己,毫无保留地彻底反省,然后才能认识自己。"

老和尚的这一席话,如醍醐灌顶,原一平终于明白了自己失败的原因所在。他从此努力认识自己、锤炼自己,终成一代推销大师。

认识自己是一个非常艰难的过程,必须经由自我剖析与别人批评的过程之后,才能够逐步认识自己。很多销售员对自己都没有信心,但经过自我剖析之后,知道了自己性格的弱点,并因此相信自己的能力,确定自己努力的方向,从工作中找到自己,也拾回了信心。

销售的最高境界是销售自己

乔·吉拉德认为,卖汽车,人品重于商品。一个成功的汽车销售商,肯定有一颗尊重普通人的爱心。他的爱心体现在他的每一个细小的行为中。

有一天,一位中午妇女从对面的福特汽车销售商行,走进了吉拉德的汽车展销室。她说自己很想买一辆白色的福特车,就像她表姐开的那辆,但是福特车行的经销商让她过一个小时之后再去,所以先过这儿来瞧一瞧。

"夫人,欢迎您来看我的车。"吉拉德微笑着说。

妇女兴奋地告诉他:"今天是我55岁的生日,想买一辆白色的福特车送给自己作为生日的礼物。"

"夫人,祝您生日快乐!"吉拉德热情地祝贺道。随后,他轻声地向身边的助手交待了几句。

吉拉德领着夫人从一辆辆新车面前慢慢走过,边看边介绍。在米到一辆雪佛莱车前时,他说:"夫人,您对白色情有独钟,瞧这辆双门式轿车,也是白色的。"

就在这时,助手走了进来,把一束玫瑰花交给了吉拉德。他把这束漂亮的花送给夫人,再次对她的生日表示祝贺。那位夫人感动得热泪盈眶,非常激动地说:"先生,太感谢您了,已经很久没有人给我送过礼物。刚才那位福特车的推销商看到我开着一辆旧车,一定以为我买不起新车,所以在我提出要看一看车时,他就推辞说需要出去收一笔钱,我只好上您这儿来等他。现在想一想，也不一定非要买福特车不可。"

后来，这位妇女就在吉拉德那儿买了一辆白色的雪佛莱轿车。

乔·吉拉德说："推销的要点是，不是在推销商品，而是在推销自己。"正是这种许许多多细小行为，为吉拉德创造了空前的效益，使他的销售取得了辉煌的成功。

约翰尼是一家连锁超市的打包员，他利用自己所学的计算机知识，设计了一个程序，他把自己寻找的"每日一得"都输入计算机，再打上好多份，在每一份背面都签上自己的名字。第二天他给顾客打包时，就把那些写着温馨有趣或发人深思的"每日一得"纸条打到买主的购物包中。

一个月之后，连锁店里发生了一种奇怪的现象：无论在什么时间，约翰尼的结账台前排队的人总要比其它账台多好多倍。值班经理很不理解，就大声对顾客说："大家多排几队，请不要都挤在一个地方。"

可是没有人听他的话，顾客们说："我们都排约翰尼的队，因为我们想要他的'每日一得'。"

我们经常为推销不出自己而烦恼，总认为自己很努力，但推销效果却甚微。打包员推销成功的秘诀归纳起来有两点：一是时刻想着为顾客创造快乐；二是与众不同的推销方式。

销售员首先要战胜的是自己

有一次，日本松下公司要招聘一批销售员，选拔方式是笔试与面试相结合。录取的名额只有10个，可报考的却有几百人。经过一个星期繁忙的招考，最后通过电子计算机计分，选出了10名佼佼者。

当松下幸之助查看录取者名单时，发现面试时给他留下深刻印象、成绩特别出色的神田三郎没有在这10人之列。他感到很奇怪，当即叫人复查考试分数统计情况。经过复查，发现神田三郎综合成绩名列第二名，只因电子计算机出了故障，把名次排错了，才导致神田三郎落选。

松下幸之助立即吩咐纠正错误，给神田三郎发录用通知书。

让顾客心动的王牌销售

　　第二天，给神田发通知书的助手向松下幸之助报告了一个惊人的消息：神田三郎因没有被录用而跳楼自杀了，录用通知书到时，他人已死。

　　闻言，松下幸之助沉默了好长时间。助手在一旁自言自语说："可惜了，这么有才的一位青年，我们没有录用他。"

　　松下不以为然地摇摇头说："幸亏我们公司没有录用他。意志如此不坚强的人是干不成大事的。"

　　这个例子中的神田三郎在我们的生活中其实并不少见。他们并不是没有能力，并不是不如别人，而是由于他们战胜不了自己，最后导致悲剧的发生。作为销售员来说，由于更多地要直接面客户，经常会面对客户的拒绝，这就需要他内心坚强，有健康的心态，能够面对打击，不怕挫折。所以，首先要在心理上战胜自己，然后才能战胜别人。

第四章　熟悉一切与产品相关的知识

作为一个合格的销售员，首先要具备的素质就是对产品相关知识的了解必须达到耳熟能详的程度，进而达到举一反三的表述能力。很多情况下，客户需要的并不仅仅是了解产品的特性，更多的是产品的外在表现，即产品能够给他们带来的外在价值。如果销售员不能很好地熟悉与产品相关的知识，就不能让客户信服和产生购买欲望。

要从客户的角度熟悉产品的性能

一位客户在商场看到一种新型的香皂，香皂上边挂了一个用毛线做的十二生肖，非常小巧可爱。他就问营业员，这香皂是干什么用的，营业员不耐烦地回答说洗澡洗手用的，语气好像责备客户怎么会提出这么愚蠢的问题。

这时，旁边的另一位客户纠正营业员的说法，说这种香皂不是用来洗澡和洗手的，而是吊在浴室里或挂在别的地方，利用水蒸气让香皂慢慢挥发，从而达到满室芬芳的效果。

这样一来，那位客户自然很不满意商场的这种不懂装懂且又不耐烦的服务态度，营业员也对自己的服务态度感到不好意思。

销售员要掌握正确的商品知识，熟悉商品的性能，有礼貌地对待客户。商品知识很重要，如果销售人员都不知道商品怎么使用，又如何能向客户解释清楚、做好销售呢？

商品知识包括很多层面。例如商品的起源，商品是基于何种动机而制造，商品的制造工艺，商品的使用方法，商品的保养方法；与同类竞争商品的比较等。对销售员来说，最重要的商品知识并不是站在销售人员的立场来看，而是从客户的观点而言，销售人员销售的商品能够给客户带来什么好处。

销售员："您好，我们公司有很多款电动按摩椅，保证能符合您的要求。"

顾客:"你们都有哪些品牌?"

销售员:"其他的品牌也代理,我们自己也生产。"

顾客:"那你们生产按摩椅的档次和价格怎么样?"

销售员:"有不同的档次和不同的价位。"

顾客:"你能具体介绍一下这些产品之间的差别吗?"

销售员:"……"

顾客:"那我还是先考虑考虑吧!"

在这个案例中,顾客多提几个问题,就把销售员"问"住了,许多顾客往往因为得不到对产品的满意回答而打消了购买的念头,结果销售人员就因对产品解释不清或宣传不力而影响了销售业绩。

销售员只有百分百了解自己的产品,才能从容面对顾客的各种疑惑。如果面对顾客的问题,你吱吱唔唔说不上来,那么,顾客是不会相信你的,最终只能失去这个顾客。

那么,作为一个销售员应该从那些方面来了解自己的产品呢?以下几个建议可作为参考:

1.优点

顾客之所以购买某种产品,是因为使用该种产品能解决他面临的某些问题,他所需的是产品的好处,也就是产品的功能之所在。

2.成分及生产工艺

要充分了解产品的成分和生产工艺,充分了解产品的外缘知识,以便能够灵活应付各种突发事件。

3.性能价格比

如今的消费者都变得越来越现实了,他们在选购商品方面由原来的注重价格因素,转为注重价格和性能双重因素。因此,强调产品的性价比也是与顾客沟通的一个主要内容。

4.服务

如今的消费者,不仅仅看重产品的质量和价格,也十分注重产品的售后服务。当然,产品的服务不仅仅是指售后服务,事实上这种服务贯穿于产品销售的整个过程中。因此,了解清楚产品的服务,也是与顾客进行沟通的一项重要内容。

5.竞争力

当今市场,竞争异常激烈,要想使自己的产品在竞争中脱颖而出,就必须让自己的产品富有特色。对于销售人员来说,在与顾客沟通的过程中,必须要把自己所销售产品的特色介绍清楚。这些特色可以表现在产品名称、材料、质地、规格、美感、颜色、包装、功能、科技含量、价格、结算方式、运输方式、服务、市场占有率、顾客满意度等方面。

6.包装

解说产品的包装,有效地向顾客塑造产品的价值,能帮助销售人员建立更有效的说服力。

7.运输方式

了解产品的送货方式,可以让顾客知道自己什么时候能得到产品。顾客比较愿意知道产品什么时候可以交货。

8.同类竞争对手的产品

只有了解竞争对手的产品,才能帮助销售人员做有效的顾客分析,帮助顾客做有效的比较。但销售人员不能批评竞争对手,只能做分析。

9.缺点

每一样产品都会有缺陷和不足,不讳言产品的缺点会让顾客觉得你很真诚,让你有机会建立和维护顾客关系,并让顾客成为你推销的产品良好的"宣传员"。

让产品与市场有效衔接

有一个单位招聘业务员,由于公司待遇很好,所以很多人面试。经理为了考验大家就出了一个题目:让他们用一天的时间去推销梳子,向和尚推销。很多人都说这不可能的,和尚是没有头发的,怎么可能向他们推销?于是很多人就放弃了这个机会。

但是有三个人愿意试。第三天,他们回来了。第一个人说:"我推销了一把梳子。"

经理说:"你告诉我你怎么向和尚推销的?"

第一个人说:"我到处跟和尚讲,我们的梳子是多么多么的好,对头发是多么多么的好,结果那些和尚都骂我神经病,说我笑他们没有头发,赶我走甚至

让顾客心动的王牌销售

要打我。我很绝望,这时候我看到一个小和尚,头上生了很多癞子,很痒,在那里用手抓。我就告诉他,抓头用梳子抓,然后就卖出了一把。"

第二个回来了:"我卖出了10把梳子。"

经理说:"你怎么向和尚推销的?"

第二个人说:"我想了很多办法,后来我到了一个最高的山上的寺庙里,我问和尚,这里是不是有很多人拜佛?和尚说是的,我又问他,如果他们的头发被山风吹乱了,拜佛尊敬不尊敬?和尚说当然不尊敬。我说你知道了又不提醒他,是不是一种罪过?他说当然是一种罪过。于是我建议他在每个佛像前摆一把梳子,游客来了梳完头再拜佛!一共10个佛像我卖出去10把。"

第三个回来了:"我卖出了3000把梳子!"

经理说:"你告诉我你怎么卖的?"

第三个人说:"我到了最大的寺庙里,直接跟方丈讲,你想不想增加收入?方丈说想。我就告诉他,在寺庙最繁华的地方贴上标语,捐钱有礼物拿。什么礼物呢,一把功德梳。这个梳子有个特点,一定要在人多的地方梳头,这样就能梳去晦气梳来运气。于是很多人捐钱后就梳头又使很多人去捐钱。一下子就卖出了3000把。"

销售员要有敏感的市场意识,只有这样才能使产品与市场得到有效的衔接。销售员不仅要了解产品的特性,更要在这个基础上深度挖掘产品的市场价值,以满足市场的多层次需求。也只有这样,才能称得上是一个合格的销售员。

小李拎着刚买的衣服从商场出来,站在门口等一个朋友。一个职业乞丐发现了他,非常专业的、径直地停在小李面前。

"先生……行行好,给点吧。"小李一时无聊,便在口袋里找出一个硬币扔给他并同他攀谈起来。

乞丐很健谈:"我只在城北一带乞讨,你知道吗?我一扫眼就见到你。在商场买衣服,一定舍得花钱……"

"哦?你懂的蛮多嘛!"小李很惊讶。

"做乞丐,也要用科学的方法。"他说。

小李一愣,饶有兴趣地问:"什么科学的方法?"

"你看看我和其它乞丐有什么不同的地方先？"

小李仔细打量他，头发很乱、衣服很破、手很瘦，但都不脏。

他打断小李的思考，说："人们对乞丐都很反感，但我相信你并没有反感我，这点我看的出来。这就是我与其它乞丐的不同之处。"

小李点头默认，确实不反感，要不他怎么同一个乞丐攀谈起来。

"我懂得swot分析，优势、劣势、机会和威胁。对于我的竞争对手，我的优势是我不令人反感。机会和威胁都是外在因素，无非是深圳人口多和深圳将要市容整改等。我做过精确的计算。这里每天人流上万，穷人多，有钱人更多。理论上讲，我若是每天向每人讨1块钱，那我每月就能挣30万。但是，并不是每个人都会给，而且每天也讨不了这么多人。所以，我得分析，哪些是目标客户，哪些是潜在客户。"他润润嗓子继续说，"在华强北区域，我的目标客户是总人流量的3成，成功几率70%。潜在客户占2成，成功几率50%；剩下5成，我选择放弃，因为我没有足够的时间在他们身上碰运气。"

"那你是怎样定义你的客户呢？"小李追问。

"首先，目标客户。就像你这样的年轻先生，有经济基础，出手大方。另外还有那些情侣也属于我的目标客户，他们为了在异性面前不丢面子也会大方施舍。其次，我把独自一人的漂亮女孩看作潜在客户，因为她们害怕纠缠，所以多数会花钱免灾。这两类群体，年龄都控制在20~30岁。年龄太小，没什么经济基础；年龄太大，可能已结婚，财政大权掌握在老婆手中。这类人，根本没戏，恨不得反过来找我要钱。"

"那你每天能讨多少钱。"小李继续问。

"周一到周五，生意差点，两百块左右吧。周末，甚至可以讨到四五百。"

"这么多？"

见小李有些怀疑，他给小李算了一笔账："跟你们一样，我也是每天工作8小时，上午11点到晚上7点，周末照常上班。我每天乞讨1次的时间大概为5秒钟，扣除来回走动和搜索目标的时间，大概1分钟乞讨1次得1块钱，8个小时就是480块，再乘以成功几率60%[(70%+50%)÷2]，得到将近300块。"

"千万不能黏着客户满街跑。如果乞讨不成，我决不死缠滥打。因为他若肯给钱的话早就给了，所以就算腆着脸纠缠，成功的机会还是很小。不能将有限的时间浪费在无施舍欲望的客户身上，不如转而寻找下一个目标。"

强！这个乞丐听上去真不可貌相，倒像是一位资深的市场营销总监。

"你接着说。"小李更感兴趣了,看来今天能学到新的东西了。

"有人说做乞丐是靠运气吃饭,我不以为然。给你举个例子,女人世界门口,一个帅气的男生,一个漂亮的女孩,你选哪一个乞讨?"

我想了想,说不知道。

"你应该去男的那儿。身边就是美女,他不好意思不给。但你要去了女的那边,她大可假装害怕你远远地躲开。"

"再给你举个例子。那天在购物中心门口,一个年轻女孩,拿着一个购物袋,刚买完东西;还有一对青年男女,吃着冰淇淋;第三个是衣着考究的年轻男子,拿着笔记本包。我看一个人只要3秒钟,我毫不犹豫地走到女孩面前乞讨。女孩在袋子里掏出两个硬币扔给我,并奇怪我为什么只找她乞讨。我回答说:'那对情侣,在吃东西,不方便掏钱;那个男的是高级白领,身上可能没有零钱;你刚从超市买东西出来,身上肯定有零钱。'"

有道理! 小李越听越有意思。

"所以我说,知识决定一切!"

小李听过十几个总裁讲这句话,第一次听乞丐也这么说。

"要用科学的方法来乞讨。天天躺在天桥上,怎么能讨到钱?走天桥的都是行色匆匆的路人,谁没事走天桥玩,爬上爬下的多累。要用知识武装自己,学习知识可以把一个人变得很聪明,聪明的人不断学习知识就可以变成人才。21世纪最需要的是什么? 就是人才。"

"有一次,一人给我50块钱,让我替他在楼下喊'安红,我想你',喊100声。我一合计,喊一声得花5秒钟,跟我乞讨一次花费的时间相当,所得的酬劳才5毛钱,于是我拒绝了他。"

"在深圳,一般一个乞丐每月能讨个千儿八百。运气好时的大概两千多点。全深圳十万个乞丐,大概只有十个乞丐,每月能讨到一万以上。我就是这万里挑一中的一个。而且很稳定,基本不会有很大的波动。"

太强了! 小李越发佩服这个乞丐了。

"我常说我是一个快乐的乞丐。其它乞丐说是因为我讨的钱多,所以快乐。我对他们说,你们正好错了。正是因为我有快乐、积极的心态,所以讨得钱多。"

说的多好啊!

"乞讨就是我的工作,要懂得体味工作带来的乐趣。雨天人流稀少的时候,其他乞丐都在抱怨或者睡觉。千万不要这样，用心感受一下这座城市的美。晚上下班后带着老婆孩子逛街玩耍看夜景，一家三口其乐融融，也不枉此生了。若是碰到同行，有时也会扔个硬币，看着他们高兴地道谢走开，就仿佛看见自己的身影。"

"你还有老婆孩子？"小李不禁大声赞叹，引来路人侧目。

"我老婆在家做全职太太，孩子念小学。我在福田区按揭了一套房，十年分期，还差六年就还清了。我要努力挣钱，供我儿子读大学念市场营销专业，然后子承父业当一个比我更出色的乞丐。"

"我5年前在一家企业做市场策划，2年前升为营销经理，月薪5千。那时按揭了一台1万多的三星笔记本，每个月还款2千，要死要活的。后来我想这样永远也出不了头，就辞职不干了，下海来做乞丐，我愿意做一个高素质的乞丐。"

听完，小李激动地说："你有没有兴趣收我做徒弟……"

从上面的这个案例中，我们不难看出这个乞丐已经超出了仅仅作为一个乞丐的职能范围，完全就是以一个市场营销人的角色来进行乞讨的。那么，作为一个销售员，我们能从中学习到什么呢？首先，要充分了解自己的产品。销售员最大的问题就是"为了销售而销售"，甚至只用一些巧妙的语言来试图打动客户以达成交易。这种做法是错误的。销售员的销售行为必须要建立在已经完全掌握产品的前提下进行的。其次，要充分了解产品的边缘知识。不能了解产品的边缘知识，就不能灵活地讲解产品，更不能让产品与市场进行有效的衔接。再次，要学会分析产品的市场价值。市场的占有额是检验产品好坏的唯一途径。不能深度挖掘产品的市场价值就不能占有更多的消费群体，销售业绩也就无所谓高低了。

以丰富的知识为销售做准备

客户最希望销售人员能够提供有关产品的全套知识与信息，让客户完全了解产品的特征与效用。倘若销售人员一问三不知，很难在客户中建立信任感。因此，销售员要先充实自己，多阅读资料，并参考相关信息。只有做一位产品专家，才能赢得顾客的信任。

让顾客心动的王牌销售

多了解产品知识很有必要,产品知识是建立热忱的两大因素之一。若想成为杰出的销售高手,工作热忱是不可或缺的条件。乔·吉拉德曾说:"一定要熟知你所销售的产品的知识,才能对你自己的销售工作产生真切的工作热忱。"能用一大堆事实证明做后盾,是一名销售人员成功的信号。要激发高度的销售热情,你一定要变成自己产品忠诚的拥护者。如果你用过产品而满意的话,自然会有高度的销售热情,不相信自己的产品而进行销售的人只会给人一种隔靴搔痒的感受,想打动客户的心就很难了。

上古时代,黄帝带领了六位随从到贝茨山见大傀,在半途上迷路了。他们巧遇一位放牛的牧童。

黄帝上前问道:"小童,贝茨山要往哪个方向去,你知道吗?"

牧童说:"知道呀!"于是便指点他们路向。

黄帝又问:"你知道大傀住哪里吗?"

他说:"知道啊!"

黄帝吃了一惊,便随口问道:"看你年纪小小,好像什么事你都知道不少啊!"接着又问道:"你知道如何治国平天下吗?"

那牧童说:"知道,就像我放牧的方法一样,只要把牛的劣性去除了,那一切就平定了呀!治天下不也是一样吗?"

黄帝听后,非常佩服,真是后生可畏,原以为他什么都不懂,却没想到这小孩从日常生活中得来的道理,就能理解治国平天下的方法。

我们需要产品知识来增加勇气。许多刚出道不久的销售人员,甚至已有多年销售经验的业务代表,都会担心顾客提出他们不能回答的问题。对产品知识知道得越多,工作时底气越足。

产品知识会使我们更专业。产品知识会使我们在与专家对谈的时候,能更有信心。尤其在我们与采购人员、工程师、会计师及其他专业人员谈生意的时候,更能证明充分了解产品知识的必要。

你对产品懂得越多,就越会明白产品对使用者来说有什么好处,也就越能用有效的方式为顾客作说明。

此外,产品知识可以增加你的竞争力。假如你不把产品的种种好处陈述给顾客听,你如何能激发起顾客的购买欲望呢?了解产品越多,就越能无所惧怕。产品知识能让你更容易赢得顾客的信任。

有一对老夫妇去看一所房子。当销售人员把他们领到房间后,客户看到房间里的地板已经很破旧并且凹凸不平,心里便有些小嘀咕。但当他们走到阳台上看到院子里有一棵茂盛的樱桃树时,两位老人的神色显得很愉快。

老妇人对销售人员说:"你这座房子太破旧了,你看地板都坏成这样了。"但销售人员看到了他们对樱桃树的喜爱,就对客户说:"这些我们都可以给您换成新的,最重要的是院里的这棵樱桃树,一定会使您二老的生活更加安详舒适。"销售人员把老人的目光引到屋外的樱桃树,老人一看到樱桃树马上变得高兴起来。

当他们走到厨房时,两位老人看到厨房的设备有很多已经生锈。还没等客户抱怨,销售人员就对他们说:"这也没有关系,我们会全部更换的,同时,最重要的是院里的这棵樱桃树,会让你们喜欢这里。"当销售人员提到樱桃树时,客户的眼睛又闪出愉悦的光芒。在这里,"樱桃树"就是客户买下这所房子的"关键点"。

销售员只有在了解产品的基础上才能找到产品的卖点,才能用卖点留住客户。所以,销售员必须要熟悉产品的相关知识,用全面的知识来武装自己,为销售做好充足的准备。

销售员要成为产品专家

美国有一个销售员,除了销售的商品之外他对别的一无所知。他的雇主是全国范围内知名的科技专家。然而,这个人除价格外,对他的商品只有肤浅的认识。这个人曾被认为是一个销售天才,他能判断顾客,像棋手一样在棋盘上与顾客博弈。他了解人和事物,博览群书,熟悉所销售商品之外的任何东西。但他仍遭遇了巨大的失败。他没有竭尽全力,因为他太懒惰了,以至于无法全副武装应对商场上的竞争。他若能充分使用大自然赋予他的聪明才智,如果他了解生意,了解商品,他将不止是一个销售人员,而是老板。

销售员想要取得客户的信赖,就必须用足够多的知识把自己包装成产品专家。只有成为产品专家，我们才更有说服力，才能更好地进行销售活动。那么，如何才能使自己很快进入专家的这个角色呢？

一、了解公司的情况

公司的形象、规模、实力、行业地位、声誉等都会使顾客产生联想，从而影响到顾客对产品的信任。销售员了解公司情况，既可以使说服顾客的工作更容易，也可以对公司有一种荣誉感、自豪感，从而增强销售信心。销售员要了解的公司情况包括：公司的历史（发展历程）、现状（规模、实力）、未来（发展规划、前景）、形象（经营理念、行业地位、荣誉、权威机构的评价）和公司领导（经历、荣誉）等。

二、了解产品

产品知识就是推销力，产品技术含量越高，产品知识在销售中的重要性越大。销售员要成为产品专家，因为顾客喜欢从专家那里买东西。

有一个推销员上门去推销化妆品，必要的礼仪招呼打过之后，他说明了来意。对方看见化妆品包装上有果酸字样，就问他这是什么意思，有什么作用，这个推销员一听马上就懵了，吞吞吐吐谈不出个所以然，结果我们可想而知。而另一家化妆品公司的推销员，不论顾客问什么，有什么要求，他都对答如流，并尽量满足顾客的需求，销售业绩在同事中遥遥领先。

销售员掌握产品知识的途径有：听——听专业人员介绍产品知识；看——亲自观察产品；用——亲自使用产品；问——对疑问要找到答案；感受——仔细体会产品的优缺点；讲——自己明白和让别人明白是两个概念。

更进一步地讲，销售员要在了解产品基础上做到：

1.找出产品的卖点及独特卖点。卖点即顾客买你产品的理由；独特卖点是顾客为什么要买你的产品而不买竞品的原因。销售员面对顾客不能说出三个以上顾客买你产品的理由，就无法打动顾客。

2.找出产品的优点与缺点，并制定相应对策。销售员要找出产品的优点，把它作为子弹打出去；找出缺点，则考虑如何将缺点转化为优点或给顾客一个合理的解释。实践中存在的问题是，一些销售员对产品了解的越多，就对产品的缺点认识得越透，而对产品的优点则熟视无睹，销售员的视线被缺点档住了。

3.信赖产品。在了解产品知识的基础上,销售员要更进一步地欣赏自己的产品的优点,相信自己的产品是一个好产品,是一个能够为顾客带来好处的产品,一个值得顾客购买的产品。这种信赖会给销售员以信心,从而使说服顾客的能力更强。可以说,初级的销售员知道产品的基本知识,中级的销售员能进一步地了解产品的卖点及优缺点,并制定应对之策,高级的销售员则在了解产品的基础上信赖产品。

三、了解竞争品牌情况

某家电公司销售员小郝,主要销售电视机、洗衣机等大件家电产品,每次客户要货,小郝都会亲自送货上门,将货送到客户家里,按客户的要求放到客户认为最合适的位置,如有客户告知需要维修,小郝就会及时赶到,快速高效地修好;而另一家电公司的销售员小陈,同样也实行送货上门服务,但每一次都是把货送到门口甚至楼下就不管了,客户要求上门维修,他却迟迟不愿照面,经过三催四请终于来了,却修理不到位,修好的电视没多长时间就又开始出现毛病了。凑巧小郝的客户和小陈的客户住的不远,有一次没事聊天的时候,话题就扯到家电上面,小陈的客户一听小郝客户的介绍,感叹万分。经过介绍,小陈的客户见到了小郝,并亲身体验了一下他的售后服务。从那儿以后,小陈的客户每次遇到亲戚朋友需购买电器时,都会把他们介绍给小郝。前不久,他的儿子结婚添置的家电产品几乎都是从小郝的公司卖的。

销售员在推销产品之前,除了对自己的产品有很深的认识外,还应充分了解竞争对手的产品及销售情况。如果他对竞争对手的销售状况及弱点有很好的了解,在争夺客户时,就会得心应手,比较容易抓住销售机会,反之不但争夺不到竞争对手的客户,还会让他们对自己的产品产生怀疑,影响公司的形象。

顾客常常会把销售员所推销的产品与竞争品牌的产品进行对比,并提出一些问题。销售员要了解竞争对手的以下几种情况:

1.品种。竞争对手的主营产品;为招揽顾客而展示促销的产品;竞品的主要卖点、质量、性能、特色以及价格;竞品与本公司同类产品的价格差别;对手是否推出新产品等。

2.陈列展示。竞争对手柜台展示的商品和展示特色以及 POP 广告表现是什么样的风格。

3.促销方式。包括促销内容和促销宣传。

4.销售员的销售技巧。竞品销售员的服装、外表以及接待顾客的举止和产品介绍的形式。

5.顾客。竞品的顾客数量以及顾客层次是怎么样的。

销售员要从不同的角度把你的产品、你负责的柜台与竞争对手进行比较，力求比他们做得更好。谁能做得更好，谁才能更吸引顾客、赢得顾客。

第五章 一句话暖人心

很多情况下，就是因为销售员不经意的一句话就能促成交易。而销售员的这种行为恰恰是其完美人格的最佳体现。一句话就能够触动客户的敏感神经是销售员必备的素质之一。

爱心表现在行为中

有个 30 多岁的业务人员，为了销售公司的产品，整整一年没有回过家。到了年底，回到了公司，他创造了全公司销售第一，获得了销售冠军的称号，非常高兴。按照公司销售提成比例的规定，他也应该得到 3 万元。而庆祝会开完后，他却只拿到一万块钱的销售提成。此时，他十分恼怒，准备找老板谈谈，大干一场，然后拍桌子走人。就在这时，老板约他去吃年饭。当他匆匆忙忙赶到酒店时，一下子傻眼了，在酒店的包厢里，除他一年没见的父母亲和他的妻儿，没有旁人。

老板笑呵呵地说道："来来来，辛苦辛苦，好好吃一顿团圆饭吧。"然后，对他的父母亲说道："感谢两位老人，为公司培养出这样优秀的人才，我代表公司向二老表示深深的敬意！送一万块给你们过个好年吧。"又对他的妻子和孩子说道："对不起你们，公司对你们关心不够，这一万块是给你们的，是要奖励你们，因为你们有一个好丈夫和一个伟大的父亲，就是陪你们的时间太少了！"这时，这位业务员再也忍不住了，哭着说道："老板！你放心，明年我一定还是最优秀的！"

公司关心员工会得到员工的忠诚，同样的道理，销售员关心顾客也能提高顾客的忠诚度。作为销售员，一定要把客户的感受放在首位，而不是单纯地以销售为目的。否则就只能眼睁睁地看着订单流失，以致以失败告终。

东京一家贸易公司有一位小姐专门负责为客商购买车票。她常给德国一

让顾客心动的王牌销售

家大公司的商务经理购买来往于东京、大坂之间的火车票。不久，这位经理发现一件趣事：每次去大坂时，座位总在右窗口，返回东京时又总在左窗边。经理询问小姐其中的缘故。小姐笑答道："车去大坂时，富士山在您右边，返回东京时，富士山已到了您的左边。我想外国人都喜欢富士山的壮丽景色，所以我替您买了不同的车票。"就是这种不起眼的细心事，使这位德国经理十分感动，促使他把对这家日本公司的贸易额由400万马克提高到1200万马克。他认为，在这样一个微不足道的小事上，这家公司的职员都能够想得这么周到，那么，跟他们做生意还有什么不放心的呢？

一个善意的行为就可以让客户动容，从而促成自己更大的成功。销售员要做的就是把自己的善意用行为表现出来，让客户看到自己的真诚。

做一个会赞美的销售员

比恩·崔西是美国的一位图书推销高手，他曾经说："我能让任何人买我的图书。"他推销图书的秘诀只有一条：非常善于赞美顾客。

某次，他出去推销书籍，遇到了一位非常有气质的女士。那时候，比恩·崔西还是刚刚开始运用赞美这个法宝。当那位女士听到崔西是推销员时，脸一下子阴了下来："我知道你们这些推销员很会奉承人，专挑好听的说，不过，我不会听你的鬼话的。你还是节省点时间吧。"

比恩·崔西微笑着说："是的，您说得很对，推销员是专挑那些好听的词来讲，说得别人昏头昏脑的，像您这样的顾客我还是很少遇到，特别有自己的主见，从来不会受到别人的支配。"

这时，细心的崔西发现，女士的脸已由阴转晴了。她问了崔西很多问题，崔西都一一作了回答。最后，崔西开始高声赞美道："您的形象给了您很高贵的个性，您的语言反映了您有敏锐的头脑，而您的冷静又衬出了您的气质。"

女士听后开心得笑出声来，很爽快地买了他一套书籍。而且，后来，她又在崔西那里购买了上百套书籍。

随着推销图书经验的日渐丰富，比恩·崔西总结了一条人性定律：没有人不爱被赞美，只有不会赞美别人的人。

一天，比恩·崔西到某家公司推销图书，办公室里的员工选了很多书，正要准备付钱,忽然进来一个人,大声道:"这些跟垃圾似的书到处都有,要它干什么?"

　　崔西正准备向他露一个笑脸,他接着一句话冲了过来:"你别给我推销,我肯定不会要,我保证不会要。"

　　"您说得很对,您怎么会要这些书呢?明眼人一下子都能看得出来,您是读了很多书的,很有文化素养,很有气质,要是您有弟弟或者妹妹,他们一定会以您为荣为傲,一定会很尊重您的。"崔西微笑着,不紧不慢地说。

　　"你怎么知道我有弟弟妹妹的?"那位先生有点兴趣了。

　　崔西回答:"当我看到您,您给我的感觉就有一种大哥的风范。我想,谁要是有您这样的哥哥,谁就是上帝最眷顾的人!"

　　接下来,那人以大哥教导小弟的语气说话,崔西像对大哥那样尊敬地赞美着,两人聊了十多分钟。最后,那位先生以支持崔西这位兄弟工作为由,为他自己的亲弟弟选购了五套书。

　　崔西在当天的日记中写道:"其实,我心里很明白,只要能够跟我的顾客聊上三分钟,他不买我的图书,那是不可能的。因为,无论做人还是做事,要改变一个人,最有效的方式是,传递信心,转移情绪。"

　　同时,他也写下了又一条人性定律:"人是感性左右理性的动物。若一个人的感性被真正调动了,那么,他想拒绝你,比接受你还要难。而要想迅速控制一个人的感性,最有效和快捷的方法就是恰如其分的赞美。"

　　没人有会拒绝赞美,但是赞美也是有技巧的。销售员不能毫无缘由地赞美客户,否则只会引起客户的反感。相反,适当地进行赞美就能拉近与客户的距离,让客户放下戒心,从而赢得客户的好感,促成销售。

　　比恩·崔西路过一家店铺时,看见一个年轻人正坐在里面的一张老板椅上,看着一本叫《穷爸爸,富爸爸》的书。比恩·崔西走进去说:"喔噢!你也在看这本当今市面上最畅销的热门书呀!我也很爱看这本书。"

　　"这本书写得太棒了,简直就是一本大学教材,社会大学的大学教材。我没有上过大学,但我个人认为,社会大学通常要比课本上学到的东西多得多。"

　　"对,你说得很对,这本书里面的富爸爸提倡的就是这种观念。一个人具备什么样的心态和智慧,决定了他有什么水平的认识。从刚才你说出来的话,我可以判断得出来,你对这本书不光是读一读那么简单,应该研究得很彻底了吧?"

　　"哈哈,我这个人天生不爱上学,就爱看看课外书。"

"但是,你具备读书的天赋呀,只是可能你身边有一些长辈,如你的老师或者父母,观念可能一时跟不上,没有赞同你。我感觉你很会运用知识。你看,你这么年轻就开了一家如此精致的店子,以后,你的店面一定还会不断扩大的。而且,如果你能结合你所在的领域,融入这本书的观念去做事,你一定会很了不起的。"

听了崔西对他的观点和认识作的逐一正面引申赞美后,年轻人话兴大增,不由得夸夸其谈、眉飞色舞起来,大讲自己的理想和人生计划。当然,最后他也接受了崔西介绍的好几套与成功、理财相关的书籍。

说话时,要想获得对方认同,就应该善于抓住每件事情的重点来说自己的感受,让对方能够感受到,你可以直接认可他最核心的东西。销售员应当善于分析客户心里所关心的话题,然后有计划地实施自己的赞美策略,从而抓住客户的兴趣点。

会说话好办事

怎样才算是会说话呢?说起来很简单,就是在恰当的时机,对恰当的人,说出恰当的话。但是,要真正达到这一效果和境界,其实很不简单。

古代有一位国王,一天晚上做了一个梦,梦见自己满嘴的牙都掉了。于是,他就找了两位解梦的人。国王问他们:"为什么我会梦见自己满口的牙全掉了呢?"

第一个解梦的人就说:"皇上,梦的意思是,在你所有的亲属都死去以后,你才能死,一个都不剩。"皇上一听,龙颜大怒,杖打了他一百大棍。

第二个解梦人说:"至高无上的皇上,梦的意思是,您将是您所有亲属当中最长寿的一位呀!"皇上听了很高兴,便拿出了一百枚金币,赏给了第二位解梦的人。

同样的事情,同样的内容,为什么一个会挨打,另一个却受到嘉奖呢?因为挨打的人不会说话,受奖的人会说话而已。客户就是上帝。所以,销售员想要得到客户的认可就必须时机恰当地说出客户所想的东西。只有让客户感觉心理舒服了,才能得到客户的认同,才能取得销售业绩。

有一家公司新生产了一种空调,让两个推销员去推销。最后的结果却是天壤之别:一个推销员一天卖了两台,另一个推销员一天卖了三十多台。而最大的差别就在于是否会说话。

卖了两台的推销员见到准顾客时会说:"先生你买空调吗?我们这新造的空调可好了,您买吧!"顾客说:"我不买。"他便扭身就走。

卖了三十多台的推销员是这样说的:"先生,您忙不忙?您要不忙的话,我向您介绍一下我们最新生产的空调。这个空调的整个功能与过去所有的空调都不一样,它不仅能够杀菌,而且还能过滤空气,能自动定时关闭,能自动调温。这个空调在整个现有的空调当中,质量是最好的,功能也最齐全,而且价钱还比所有的空调都便宜。别人承诺可以保修两年,保修三年,我们则能保修五年。先生,您可以试一试,先使用它几天都可以。"听了这样的话,只要确实有需要,大多都会购买的。

对于销售员来说,是否会说话往往直接决定了交易的成败。所以,销售员应该有目的地练习这方面的能力,为以后的销售行为增添无穷的动力。

日本著名的推销员夏目志郎的好口才在日本众人皆知,他口才之好竟可以向不识英语的农民推销英语百科辞典。

东京附近的农村中,那里的农民与英语扯不上任何关系,但夏目志郎抱着向艰难挑战的精神,积极地想突破销售障碍,于是便来到某个农村推销他的英语百科辞典。他敲开一农家的门,彬彬有礼地说明了来意。"我们农夫没有必要讲英语。"农家主人一口拒绝了他。

但夏目志郎并没有放弃,他迎难而上:"如今的日本不同于过去了,很多地方都要使用英语,今后英语的重要性会大大提高。而您不擅长英语这一点就照样会传给您的儿子和孙子,使他们无法在今后的社会上立足,这样实际上是对下一代的不负责任。"他毫不客气的批评农家不重视英语会影响下一代的生存能力,是对下一代的不负责任。这番批评果然奏效,农夫不再反驳,并将即将要关上的门又重新打开。

"府上养狗,您和家人怕狗吗?"他问农夫。

"不,我们怎么会怕狗。"农家主人答道。

说到这里,夏目志郎灵机一动,说:"你们不怕狗是因为惯于养狗,因此

让顾客心动的王牌销售

说,从小养成某个习惯对今后的生活非常重要,英语也是如此,孩子若从小就学英语,那么他长大了自然不会害怕说英语,这对英语学习是非常重要的。如果在您身边有这样好的英语教材,您的小孩子一定会亲近它,不知不觉中就会对英语产生兴趣,这样不是很好吗?"夏目志郎别出心裁地以农家养狗为例,向农民说明了英语百科辞典在英语教学上的好处,顺利说服农民买下一套精装本的儿童英语百科辞典。

夏目志郎的口才已经达到了化腐朽为神奇的境界,他先使农夫改变想法,接受原以为不需要的东西其实是很需要的,然后进一步将这可能需要的东西,变为眼前的需要,循序渐进地说服了那位农民。

想要成为一名合格的销售员,前提就是必须有一副能够灵活地应付各种尴尬的好口才。有时候销售员会无故地遭到客户的谩骂,或嘲讽,或拒绝,或挑剔。无论哪种情况,销售员最终要做的就是利用自己的口才令客户对产品动心。正所谓"会说话,好办事"就是这个道理。把自己的优势发挥到极致,让客户跟随自己的节奏来进行洽谈,才能最终赢得客户的信任,才能获得交易上的成功。

罗斯是一家工厂的老板,平时工作非常繁忙。很多推销员都在他面前无功而返,但乔·库尔曼却成功地让这个大忙人接受了自己的推销。

见到罗斯后,库尔曼便主动地打招呼:"您好!我叫乔·库尔曼,保险公司的推销员。"

罗斯不悦地说:"又是一个推销员。别烦我了,我没时间。你是今天向我推销的第十个推销员了,我还有很多事要做,没工夫听你说。就算有时间也不想浪费在你们这些烦人的推销员身上。"

库尔曼依然保持着微笑:"请允许我做一个自我介绍,1分钟就足够。"

罗斯有些不耐烦:"我很忙,根本没时间听你说话,你快走吧!"

库尔曼当然不会走,只见他低下头来,似乎全然忘记了自己推销的身份。花了整整一分钟时间去看放在地板上的罗斯工厂生产的产品,然后问罗斯:"您生产这些产品?"在得到肯定的回答后,库尔曼又问:"您从事这一行有多长时间了?"

罗斯回答:"哦,22年了。"

库尔曼继续问道:"真了不起啊!那您是怎么开创你的事业呢?"当他向罗斯问到这句话时,这句库尔曼知道充满了魔力的话,果然在罗斯身上也发挥了效用。只见罗斯放下了戒备，开始慢慢放松地跟库尔曼谈了起来，从自己早年的不幸谈到自己艰苦创业的经历，一口气谈了一个多小时。

最后，罗斯热情地邀请库尔曼参观了自己的工厂。这第一次和罗斯的见面，库尔曼虽然没有卖出一份保险，却和罗斯成了朋友。先交朋友，后做生意。在接下来的三年里，罗斯竟然主动地从库尔曼那里买走了 8 份保险大单。

会说话，拿订单。在面对客户的时候，任何一个推销员的最重要的工作都是——说服顾客。而要说服顾客，没有好的口才是不行的。要知道，货卖一张嘴，全凭舌上功！通常，人们对陌生的推销员总是心存戒备的，往往以没有时间为由将其打发走。作为推销员，如果能够和客户成为朋友，交易就变得很容易，订单就很好拿了。这时，就需要好口才来打动客户了。

买卖不成话不到

销售员不仅需要有精明的头脑，也需要有好的口才。俗话说："买卖不成话不到，话语一到卖三俏。"出色的口才是销售成功的有力保证。一位世界推销大师一针见血地指出，发生在金牌销售人员身上的奇迹，有 80% 是由口才创造的。所以，销售员需要有意识地培养自己的口才能力。世界推销大师戴尔·卡耐基也曾说过："口才并不是一种天赋的才能，它是靠刻苦训练得来的，销售口才也是如此。"

小李和他太太刚刚吵完架，吵架原因是他们准备去参加一个聚会，但他的太太试穿了很多衣服，小李都说不合适，最后他还说："就你这身材，穿什么都不好看。"本来就有些郁闷的太太听后便与他吵了起来。最后，非要让他陪自己去买衣服。

他们一起来到商场，那里的一位营销员小姐与小李太太沟通的时候，了解到了她的苦恼。于是，根据小李太太的体型，向她推荐了一款衣服，结果原本爱挑剔的她，一反常态，毫不犹豫地掏出了钱包。

看看自己太太第一次这么干脆地就搞定了这件事情，小李有些奇怪，后来在聊天的时候，得知让她这么快下定决心购买的主要是因为是那位销售员小姐说了一句她非常在意的话。

让顾客心动的王牌销售

其实,那是一句很简单的话:"太太,如果您穿上这件衣服的话,就可以成全您的美丽。"

一句非常平常的话在不平常的场合下就能达到不一样的效果,让客户在不知不觉中感受到,不是他在照顾别人的生意,而是别人在成全他的美丽。

一个小区里有两名保险销售人员,但他们属于不同的保险公司。小李一直想买一种保险,但对保险销售员的工作效率又抱有怀疑,总感觉他们是在作秀,担心会上当受骗。

一天, 小李抱着怀疑的态度分别去了两家公司做有关保险理赔速度方面的咨询。其中的一家公司的保险员说他的公司十有八九能在意外发生的当天, 把赔付的支票送到投保人的手中;而另一家公司的保险销售员却对小李幽默地说:"记得我的一位顾客不小心从楼上摔下来了,当医院的救护车还没来到时,我就已经把该赔付的支票送到他的手上了。"

最后,我们可以想到小李会选择哪一家保险公司了。

销售员要善于运用幽默的语言来代替生硬的讲解,这样更有利于客户从内心接受自己的产品。幽默的语言可以说是销售人员必不可少的口才技能,它具有一种很强的感染力和吸引力,可以迅速地打开客户的心灵之门。当客户在会心一笑的瞬间,无论是对销售员本人,还是对商品或服务都会产生好感,从而诱发其购买的动机,促进交易迅速达成。由此可见,一个语言幽默的销售员更容易吸引客户的"眼球"。

美国费城的一家再生物资公司的老板盖德投保的平生第一份保险,是从他的朋友、保险推销员洛韦那里买的。有一次,盖德对洛韦说:"我突然想起来,我是怎样从你那里买下平生第一份保险的了。其实当时你对我说的那些话,别的保险推销员都说过。但你的高明之处在于,你并没有跟我争辩,而只是一个劲地问我问题。你不停地问我问题,我就得不停地解释,结果,我就这样把自己给'卖'了。其实,我解释得越多,我的真实想法就让你知道得越多。可以说,我的防线最终是被你的提问冲垮的。换言之,并不是你在向我卖保险,而是我自己'主动'在买。"

口才好的推销员,往往懂得用一个又一个"为什么",像一架探测仪似的,探寻出客户内心真正的需要。有时候,即便是客户自己,也不一定知道其内心的真正需要。作为推销员,我们很有必要通过不断地提问来帮助对方发现这种需要,这样一来,我们的推销就变得易如反掌,订单就会得来全不费功夫。

话要说到客户心里去

说话是一门艺术,它能反映出一个人的涵养和魅力,也能促成情感的交流和信息的有效传递。客户拜访成功与否很大程度上取决于沟通是否得当,是否把话说到了客户的心窝里。在此,我们例举了销售员进行推销活动时应该说的六种话,说好这六种话,客户服务自然就会提升。

寒暄的话要说

拜访客户寒暄问候是首要的,一句客户喜欢的轻松话语既能拉近距离,又能渐渐引入话题,这样使得客户在边做生意的同时愿意与我们进行有效沟通,既增进亲和力又解决实际问题,不至于显得目的性过强,给客我之间的交流带来心理隔膜。

赞美的话多说

有一次,一个顾客在一款地砖面前驻留了很久,导购走过去对顾客说:"您的眼光真好,这款地砖是我们公司的主打产品,也是上个月的销售冠军。"

顾客问道:"多少钱一块啊?"

导购说:"这款瓷砖,折后的价格是150一块。"

顾客说:"有点贵,还能便宜吗?"

导购说:"您家在哪个小区?"

顾客说:"在东方绿洲。"

导购说:"东方绿洲应该是市里很不错的楼盘了,听说小区的绿化非常漂亮,而且室内的格局都非常不错,交通也很方便。买这么好的地方,我看就不用在乎多几个钱了吧?不过我们近期正在对东方绿洲和威尼斯城,我们正在做一个促销活动,这次还真能给您一个团购价的优惠。"

顾客兴奋地说:"可是我现在还没有拿到钥匙呢?没有具体的面积怎么办呢?"

让顾客心动的王牌销售

导购说:"您要是现在就提货还优惠不成呢,我们按规定要达到20户以上才能享受优惠,今天加上您这一单才16户,还差4户。不过,您可以先交定金,我给您标上团购,等您面积出来了,再告诉我具体面积和数量。"

这样,顾客提前交了定金,两周之后,这个订单就算搞定了。

赞美不是虚情假意的奉承,也不是虚伪空洞的说词,它是对客户交谈中的可爱之处恰如其分的表达,对客户经营中的可敬之处实实在在的肯定,对客户生活中的可学之处真情实意的称赞。在客户拜访中,我们应该用心倾听、用心观察,善于发现客户的可赞之处,多说赞美之词。

专业的话巧说

客户拜访中,我们经常要宣传一些行业政策或品牌卖点,这些多半是精炼的专业术语,照本宣科无法让客户真正理解,我们应该将专业术语巧妙地口语化,站在客户的角度,用客户能接受的话去解说宣传。

承诺的话慎说

忙了整整一年,年终结算,有一位年轻的业务员按原定计划,他可以拿到三万元的销售提成,这位业务员美滋滋地盘算着,这下可热热闹闹地过个年了。当他要求公司兑现时,却发现老板支支吾吾,一会儿说公司资金周转困难,一会儿说提成比例的百分点算错了,始终不愿马上兑现给这位年轻的业务员。

刚巧在这时,公司有一笔货款要他去收,差不多也是三万块左右。这位业务员一不做二不休,把钱收了,拒而不交。于是他和老板由原来的争吵,最后双双动起了拳头并闹到了派出所。最后的情况可想而知,这位年轻的业务人员因私自侵吞公司的货款,按照有关法律条例,被法院判了有期徒刑,而这位说话不算话的老板,也让客户和他的员工纷纷远离,公司的生意一落千丈,很快就倒闭了。真可谓,言而无信,两败俱伤。本来一个好好公司,因为老板的失信和业务员对法律的无知,区区三万块钱,造成这样的后果实在是可惜。

"言必信,行必果",健康的人格最重要的就是诚信,任何时候任何情况下都不能把诚信抛在脑后,要一诺千金。既然承诺了客户,就要不折不扣地去实现,对于无法兑现的诺言不要轻易点头,要慎下承诺。

沉重的话轻说

客户拜访中应尽量避免说沉重的话,倘若确实存在无法避免的沉重话语,我们应该选择合适的场合和氛围,用合适的语气说合适的话,且要把握好用词的分寸,重话轻说、巧说。

埋怨的话不说

人无完人,客户怎么做自有他的道理,有些时候的做法可能不尽人意,或许是因为一时的疏忽或其它原因带来一些问题,埋怨和指责只会让问题变得更糟,此时应该静下心来细心分析问题和原因,寻找解决办法,避免类似问题重现。

总之,销售员要学会用语言来满足客户的优越感,把话说道客户心里去。只有这样,才能让客户停止挑剔和质疑,从而达成交易。

有位顾客到超市买东西,可是东找西找就是找不到想要的东西。

售货员便走上前询问:"先生,有什么需要我帮忙的吗?"

"我想买半棵高丽菜。"那人说。

"抱歉,本店只能卖整棵的。"

"不!我就是只想买半棵高丽菜!"

售货员没办法只好跑到经理室报告:"经理,外面有一个混蛋硬要买半棵高丽菜……"

售货员一转头,却看见那位顾客就站在自己后面!

"咳……而这一位先生呢,想买另外半棵……"售货员马上改口说。

之后,经理觉得此售货员反应快,就说:"我想调你去凤凰城分公司当主管!"

售货员立刻不高兴地说:"拜托!凤凰城那种地方只有妓女和曲棍球球员才会住在那里……"

经理顿时脸色大变:"是吗?真不巧!我老婆住在凤凰城已经两年了……"

售货员一听立刻转向:"嗯嗯……那……那你老婆是打哪一个位置?"

故事中这个售货员比较圆滑,或者说机智灵活,懂得"见人说人话,见鬼说鬼话"。这正是销售顾问应当掌握的语言沟通技巧。特别是工程类项目中,销

让顾客心动的王牌销售

售顾问需要沟通的客户不是一个人，而是多个人，所以销售顾问必须察言观色，注意如何说对话。

　　有个玩具店的销售员，迎来了一位看上去愁眉不展的男士，在玩具展台前瞧来瞧去，拿不定主意。销售员赶紧走过去，彬彬有礼地发出试探的信息："先生，您好，是给小孩买玩具吗？"

　　客户说："是的，我也不知道该买什么样的，现在的小孩真是难伺候极了。"

　　不经意的回答，尤其是最后一句，让销售员的心里顿时兴奋起来，马上就接着客户的话题说："是呀，尤其是 10 岁以前的小男孩，好像什么都满足不了他，当爸爸的可真是费脑筋呢！"

　　"太对了！我觉得爸爸是世界上最累心的角色了！"男士好像一下子找到情绪的发泄口，抬起头，跟销售员聊起他 8 岁的儿子，说他是多么的调皮，买的十几个五颜六色的气球，一会儿就扎破，给他买画册，也全给撕坏了，不管什么玩具，都玩不了几天，特别淘气。

　　销售员听到这里，顺势拿起一款玩具飞碟，向他推荐说："以我多年跟小孩打交道的经验看，这种飞碟一定适合您的孩子。"她一边说，一边打开玩具飞碟的开关，拿起遥控器，熟练地操纵着，强化着自己的语气："这种玩具飞碟，玩起来特别有趣，不像气球或画册，看两眼就没意思了。您的孩子很聪明，对新鲜玩具肯定是一学就会，所以，这种操纵较为复杂的飞碟，他一定能够长时间的喜欢，这样您就不必为了寻找更新更好的玩具而费心了。而且，还可以从小培养他强烈的领导意识呢！"

　　介绍产品的时间用了两三分钟，言简意赅，符合这位男士的期待心理。果然，客户马上就问："多少钱？"

　　销售员说："100 元，赠送两个遥控器。"

　　男士皱了皱眉头，犹豫地说："太贵了！"

　　销售员用亲和与理解的口吻，笑着说："的确，现在市场上很多同类的玩具都太贵了，在一些店里，这款玩具卖到了 150 元呢！孩子的玩心足，做爸爸很费心呀！每年在玩具方面的花费，就是一笔不小的数目！这样吧，价格给您降到90 元，您看可以吗？"

　　看到销售员这么善解人意，男士爽快地答应了，买了一套玩具飞碟。在即将出门时,他转身回来,又购买了两辆遥控小汽车,留下了电话号码,并且对销售员说:"谢谢你的建议,我今后一定多给他找一些耐玩且益智类的玩具,希望你也帮我留意一下,有新的玩具到货时,及时给我打电话。"

销售员认真地记下客户的电话,递上了自己的名片,最后又特意叮嘱客户:"现在市场上很多玩具质量都不好,如果您从本店购买的玩具发现了质量问题,三天之内可以凭借发票无条件更换、退货。"

说话时投其所好,沿着客户的思路对他循循善诱,对销售产品非常有益。根据客户的口吻和说话的习惯,用心揣摩客户说话时的心情、神态,同时调整自己,用客户说话的方式和他交流,更容易打动他的心。

顺着客户的思路,站在客户的角度,见缝插针,巧言善辩,才能进行零距离的交流,探知你想要的信息。摸清客户的消费心理后,再沿着他的想法,顺藤摸瓜,将他需要的产品推荐给他。既让客户如沐春风,又卖出了产品,还会在这样的交易中留住客户在你这儿长期消费的机会。

善于利用你的语言天赋

语言是最常用的一种说服说服工具,每个销售员从入行一开始就知道,口才的好坏直接影响说服的效果。客户购买的其实是一种感觉,能否运用语言描述在客户心里创造一些图像、声音、气味、感觉等,是推销成功的关键。因此,销售员的语言越风趣、越有魅力,客户对产品才越有兴趣,销售才越成功。不要等到顾客上门了才开始思考你的用词,平时就要一百遍地一千遍地研究与练习你进行隐秘说服的语言技巧,或称为创造感觉的语言艺术。

有一次,小陈告诉王小姐一个营养品的效果,他绘声绘色地告诉王小姐一个本来面色浅黄的女孩,是如何吃了一个营养品之后脸色开始变得红润娇嫩起来的,还有精神也开始变得振奋。本来王小姐只是姑妄听之,听着听着自己都觉得心动不已了:"给我带一瓶吧。"就这样,王小姐在不知不觉中被对方的招数击中了。这就是创造感觉的语言艺术的魅力,明知人家是在运用技巧,还是心动得想试一下。

让顾客心动的王牌销售

利用语言进行隐秘说服是一种信心的传递，一种情绪的转移。真正高明的说服术，可以让客户迫不待地购买产品。这就是语言的力量，因为它代表的是一种人与人之间感情遥融合。销售员在适合的时候给客户一定的语言暗示，既是对潜意识的引导暗示，也是销售员和客户建立互信的桥梁。

一只兔子在山洞前写文章。一只狼走了过来，问："兔子啊，你在干什么呢？"

兔子答曰："写文章。"

狼问："什么题目？"

兔子答曰："《浅谈兔子是怎样吃掉狼的》。"

狼哈哈大笑，表示不信。于是兔子把狼领进山洞。过了一会，兔子独自走出山洞，继续写文章。

一只野猪走了过来，问："兔子你在写什么？"

答："写文章。"

问："题目是什么？"

答："《浅谈兔子是如何吃掉野猪的》。"

野猪不信，于是同样的事情发生。

最后，在山洞里，一只狮子在一堆骨头之间，满意地剔着牙读着兔子交给它的文章，题目是《员工能力的大小，关键要看你的老板是谁》。

这只兔子不小心把这件事情告诉了他的朋友，于是这消息逐渐在森林中传播。狮子知道后非常生气，他告诉兔子："如果这个星期没有食物进洞，我就吃你。"

于是兔子继续在洞口写文章。

一只小鹿走过来："兔子，你在干什么啊？"

"写文章。"

"什么题目？"

"《浅谈兔子是怎样吃掉狼的》。"

"哈哈，这个事情全森林都知道啊，你别胡弄我了，我是不会进洞的。"

"我马上要退休了，狮子说要找个人顶替我，难道你不想变成写这篇文章的小鹿么？难道你不想成为森林里万物敬仰的明星吗？"

小鹿想了想，终于忍不住诱惑，跟随兔子走进洞里。过了一会儿，兔子独自走出山洞，继续写文章。一只小马走过来，同样是事情发生了。

最后,在山洞里,一只狮子在一堆骨头之间,满意的剔着牙读着兔子交给它的文章,题目是《销售人员如何发展下线为老板创造效益》。

随着时间的推移,狮子越长越大,兔子的食物已远远不能填饱肚子。

一日,他告诉兔子:"我的食物量要加倍,例如:原来4天一只小鹿,现在要2天一只,如果一周之内改变不了局面我就吃你。"

于是,兔子离开洞口,跑进森林深处,他见到一只狼:"你相信兔子能轻松吃掉狼吗?"

狼哈哈大笑,表示不信,于是兔子把狼领进山洞。过了一会儿,兔子独自走出山洞,继续进入森林深处。

这回他碰到一只野猪:"你相信兔子能轻松吃掉野猪吗?"

野猪不信,于是同样的事情发生了。原来森林深处的动物并不知道兔子和狮子的故事。

最后,在山洞里,一只狮子在一堆骨头之间,满意的剔着牙读着兔子交给它的文章,题目是《如何实现由坐商到行商的转型》。

两年过去了,狮子已经长得很胖了,由于长期缺乏锻炼,吃了就睡,它的体态已经很臃肿了。一日,狮子决定出去散散心,突然发现由于前段时间雨季,山石滚落,现在的洞口大小只能自由进出几只兔子,它的身体根本无法出去。

兔子站在洞口,手叉腰间大声说道:"这一天我等了很久了,今后你得什么都听我的,否则别想让我给你弄吃的。"

狮子听后无奈地说道:"好吧!只要给我吃的,什么都可以。"狮子低头时发现了兔子的论文题目:《战略决定高度——论兔子是如何借力狮子的》。

上面的故事生动地呈现了说服力的魅力。兔子在狮王的强大压力之下,却镇静自若地以诱人眼目的字眼(概念)加以巧舌如簧的说服,不断地满足狮王(公司领导)的苛刻要求(业绩)。理论上讲,被兔子说服的那些动物们应该有自己独立的思维判断能力,但却都在好奇心的驱使下被兔子说服了。

所以,销售员要善于利用自己的语言优势来说服客户,抓住客户的好奇心,让客户认同自己的产品,从而达成交易,提高销售业绩。

第六章 让顾客知道自己的选择没有错

从顾客的角度着想,为顾客的利益考虑,是为了让顾客的每一分钱都花得物有所值,花得愉快。面对这样的贴心服务,没有哪位顾客会拒绝的。总的来说,想要让顾客知道自己的选择没有错,就必须要保证产品拥有过硬的质量,销售人员要拥有到位的服务。

把客户的利益放在首位

有一位经济学者去一家店里买鞋,然而最合适的鞋码已经卖完了,于是他勉为其难换了一双小一号的。虽然有点儿紧,但鞋子总是会越穿越松的,于是想付款买下。

让他奇怪的是售货员却拒绝卖给他这双鞋,这位学者好奇地探究理由,售货员说,在他试穿时,她注意到他的面部表情不对劲儿,她说:"我不能将顾客买了会后悔的鞋子卖出去。"

见多识广的经济学者也不禁大为感叹,这样的不卖,看着有些一根筋的傻,却正是能卖得更好的秘诀啊。

客户的口碑是最好的广告。如果销售员能够把客户的利益放在上首位,时刻站在客户的角度去思考利弊,就能更好地留住客户,从而取得更大的业绩。讲到这里,就不得不说一下"海尔砸冰箱"的经典故事了。

1985年,青岛电冰箱总厂生产的瑞雪牌电冰箱(海尔的前身),在一次质量检查时,库存不多的电冰箱中有76台不合格,按照当时的销售行情,这些电冰箱稍加维修便可出售。但是,厂长张瑞敏当即决定,在全厂职工面前,将76台电冰箱全部砸毁。当时一台冰箱800多元钱,而职工每月平均工资只有40元,一台冰箱几乎等于一个工人两年的工资。当时职工们纷纷建议便宜处理给工人。

张瑞敏对员工说:"如果便宜处理给你们,就等于告诉大家可以生产这种带缺陷的冰箱。今天是 76 台,明天就可能是 760 台、7600 台……因此,必须解决这个问题。"

于是,张瑞敏决定砸毁这 76 台冰箱,而且是由责任者自己砸毁。很多职工在砸毁冰箱时都流下了眼泪,平时浪费了多少产品,没有人去心痛;但亲手砸毁冰箱时,感受到这是一笔很大的损失,痛心疾首。

卖给客户一次货非常容易,但要想招揽"回头客"就难多了。要做到这一点,就必须千方百计地让客户满意。任何产品都不是尽善尽美的,当有客户表示对商品不满意时,销售员应该站在客户的角度来看,可与客户讨论这个产品会给他带来什么好处,采取不反驳的态度,耐心地倾听意见。客户谈得越多,能满足其需要的机会就越大。销售员必须要牢记的是,满意的客户是最好的广告和推销员。

为了发展海尔整体卫浴设施的生产,1997 年 8 月,33 岁的魏小娥被派往日本,学习掌握世界最先进的整体卫浴生产技术。在学习期间,魏小娥注意到,日本人试模期废品率一般都在 30%、60%,设备调试正常后,废品率为 2%。

"为什么不把合格率提高到 100%?"魏小娥问日本的技术人员。"100%?你觉得可能吗?"日本人反问。从对话中,魏小娥意识到,不是日本人能力不行,而是思想上的桎梏使他们停滞于 2%。

作为一个海尔人,魏小娥的标准是 100%,即"要么不干,要干就要争第一"。她拼命地利用每一分每一秒的学习时间,3 周后,带着先进的技术知识和赶超日本人的信念回到了海尔。

时隔半年,日本模具专家宫川先生来华访问见到了"徒弟"魏小娥,她此时已是卫浴分厂的厂长。面对着一尘不染的生产现场、操作熟练的员工和 100%合格的产品,他惊呆了,反过来向徒弟请教问题。

"你们是怎么做到现场清洁的?100%的合格率是我们连想都不敢想的,对我们来说,2%的废品率、5%的不良品率天经地义,你们又是怎样提高产品合格率的呢?"

"细心。"魏小娥简单的回答又让宫川先生大吃一惊。细心,看似简单,其实不简单。

魏小娥在实践中把2%放大成100%去认识。比如她发现,有的产品成型后有不易察觉的黑点,就马上召集员工商量对策。有的员工说:"这个黑点不仔细看根本看不见,再说,经过修补后完全可以修掉……"

魏小娥说:"这些有黑点的产品万一流向市场,就会影响海尔的美誉度,用户都能拿着放大镜、听诊器去买冰箱,也会拿着这些东西来买卫浴设施。所以,既是'白璧'就不能有'微瑕',产生这个小黑点的原因就是我们的现场还不能做到一尘不染。"

看过魏小娥带回的日本生产卫浴产品现场照片的职工说:"日本人的现场都那么脏,我们比他们强多了。再说,压出板材后,难免会有清理下来的毛边落下来……"

魏小娥听后深不以为然:"脏乱绝不是标准,一尘不染是海尔的标准!日本人做不到的,海尔何尝一定做不到?"但清理毛边的确要出现飞扬的尘土,怎么解决?魏小娥用上了心,吃饭走路都想着这个事。

一天,下班回家已经很晚了,吃着饭的魏小娥仍然在想着怎样解决"毛边"的问题。突然,她眼睛一亮:女儿正在用卷笔刀削铅笔,铅笔的粉末都落在一个小盒内,魏小娥豁然开朗,顾不上吃饭,在灯下画起了图纸。第二天,一个专门收集毛边的"废料盒"诞生了,压出板材后清理下来的毛边直接落入盒内,避免了落在工作现场或原料上,也就有效地解决了板材的黑点问题。

但魏小娥紧绷的质量之弦并未因此而放松。试模前的一天,魏小娥在原料中发现了一根头发。这无疑是操作工在工作时无意间落入的。一根头发丝就是废品的定时炸弹,万一混进原料中就会出现废品。魏小娥马上给操作工统一制作了白衣、白帽,并要求大家统一剪短发。又一个可能出现2%废品的原因被消灭在萌芽之中。

2%的责任得到了100%的落实,2%的可能被一一杜绝。终于,100%,这个被日本人认为是"不可能"的产品合格率,魏小娥做到了,不管是在试模期间,还是设备调试正常后。

重视产品质量是对客户负责的最本质体现,也是把客户放在首位的最重要的体现。作为销售员,不能为自己不合格的产品找借口,而是要站在客户的立场去想问题,并尽全力去解决这些问题。

重视客户的不满

对客户提出的不满处理不当,就有可能小事变大,甚至殃及企业的生存;处理得当,客户的不满则会变成美满,客户的忠诚度也会得到进一步提升。

在美国迪斯尼乐园,一位女士带5岁的儿子排队玩梦想已久的太空穿梭机。好不容易排了40分钟的队,上机时却被告知:由于小孩年龄太小,不能做这种游戏,母子俩一下愣住了。其实在队伍的开始和中间,都有醒目标志:10岁以下儿童,不能参加太空穿梭游戏。遗憾的是母子俩过于兴奋未看到。

失望的母子俩正准备离去时,迪斯尼服务人员亲切地上前询问了孩子的姓名,不一会儿,拿着一张刚刚印制的精美卡片(上有孩子姓名)走了过来,郑重地交给孩子,并对孩子说,欢迎他到年龄时再来玩这个游戏,到时拿着卡片不用排队——因为已经排过了。拿着卡片,母子俩愉快而去。

40分钟的排队等待,面临的是被劝离开,顾客的失望、不满是不容置疑的,而迪斯尼的做法也着实令人称道。一张卡片不仅平息了顾客不满,还为迪斯尼拉到了一个忠诚的顾客。看来,只有真心真意为顾客服务,想顾客所想,急顾客所急,才能把顾客的不满转化为"美满",实现企业与顾客的双赢。

张小姐在某商场买鞋,经过仔细挑选之后,她终于选到了一双自己中意的鞋子,谁知回家后发现盒子里装得不是自己原先挑选的鞋子。于是非常生气地回到商场,商场经理听到这件事情,马上给予更换鞋子,并向张小姐道歉,还送给她一瓶进口鞋油和两双高档丝袜,最后张小姐"满载而归"。

当客户的不满意是因为自己工作的失误造成的时候,销售员要迅速解决顾客的问题,并提供更多的附加值,最大程度地平息客户的不满。

某顾客在商场买了一台冰箱,回去之后发现不能使用,于是就气愤地给商场经理打电话。电话中他刚说完买了一台冰箱不能使用,商场经理已经高兴得大叫起来:"恭喜您,您中了我们商场的万元大奖了,我们专门在2000台冰

让顾客心动的王牌销售

箱中放了一台坏冰箱，如哪位顾客购买了这台冰箱就会拿到我们的万元大奖，这么幸运让您碰上了！"顾客一听大喜过望，商场也借机大肆宣扬：本店讲信誉，万元大奖立即兑现。商品质量敢保证，2000 台冰箱除去故意放的，其余全是好的。结果此事经媒体一报道，商场的生意马上火爆起来。

坏冰箱是商场故意放的吗？显然不是，一切全是经理当时灵机一动的发挥。把"中奖"放在顾客的不满之前说了出来，使得顾客在惊喜之余再也无暇去考虑不满了，而商场也趁机做了一番宣传，先发制人可使企业将主动权牢牢抓在手中，变"坏"为"好"。

当然，面对客户的不满，销售员不能一味地委曲求全。在面对客户的无理取闹的时候，销售员一定要运用合适的策略，以备不时之需。

一位顾客在酒店用餐过程中，在菜中发现了一根头发，于是在酒店内大吵大闹，追问这是谁掉的头发。大堂经理在安慰无效的情况下，将所有厨师和服务员叫到顾客跟前摘去帽子，顾客才发现所有的厨师和服务员竟然都是光头，只好满脸通红悻悻而去。

面对这种客户，销售员应有备而战，驳斥其不良的挑衅，避免损失。当然，我们在处理顾客的"恶意不满"时要做到有理有据，既不恃强凌弱，也不软弱可欺。

顾客认同产品的前提是认同销售员

一天下午，人流量很少，整个商场就几个顾客。小李刚搬完货物正站在商场门口，看见一对夫妇开着小车来商场。顾客下了车，一进商场就问小李德意的专柜在哪里，还说要买德意的油烟机、炉具，康宝的消毒柜，松下的热水器。

当时在小李心里马上有这样一个念头：顾客开着小车来，肯定有能力买高价位油烟机，而这位顾客已经指定了购买品牌。他想，他是应该争取顾客买其他品牌的产品呢，还是放弃？作为一个好的促销人员，就不应该放过任何一个机会，他决定争取。

小李首先把顾客带到松下热水器那里，帮他挑选一款合适的热水器。在跟他们交谈的过程中,发现这一对夫妇对家用电器的品牌、产品功能一概不知。他们是听朋友介绍才说要买德意油烟机的,这使小李为进一步争取订单充满了信心。虽然其他品牌没有热水器,但他对热水器还是比较熟的,在询问了顾客是装在室内还是室外,是一个冲凉房用还是两个冲凉房用之后,他终于帮助顾客选中一款10升平衡式热水器。顾客对这款热水器比较满意。这时顾客对他已经有了几分好感。小李又对顾客说:"我带你们去看看消毒柜吧。"来到专柜,顾客想买卧柜,听了促销员介绍,看了一下价格,1200元左右,感觉不怎么满意。

顾客问小李还有什么牌子的消毒柜。这时小李已经感觉到顾客比较信任他了。他想,这位顾客可能嫌消毒柜太便宜了吧。他马上说:"我带你们去看看其他品牌的消毒柜吧。"接着就介绍了这个消毒柜,其优点是在常温下能杀死乙肝病毒,达到国家最高星级二星级标准。介绍到这里时,他们正好走到这个产品专柜的边上,小李适时拿出相关国家认证资料展示给顾客看,接着推荐消毒柜给顾客。顾客看小李介绍的比较详细且较诚恳,也就认可了他的建议,就决定下来要买这款消毒柜。这时顾客又让小李带他们看德意油烟机与炉具。小李想,他已经充分取得了顾客的信任,就推荐这个品牌的产品给他们吧。于是,他又给他们讲解了这个品牌的油烟机产品的性能及售后服务。

顾客看了产品,听了小李介绍后十分满意,当场就买了下来,直至临走他们也没有再去看德意的产品,还说:"小伙子,谢谢你这么好的服务。如果有朋友要买电器,我一定带他们来找你。"

在顾客不懂产品的情况下,销售员要耐心地扮演一个产品专家的角色,让顾客能够对产品有自主的纵横比较,从而让顾客拥有自己的判断。只有这样,才能得到顾客的充分信任,才能为自己的产品打开销路。

有一天,这位销售员向某公司的总务处长销售复印机,这位总务处长同往常应付其他销售员一样地回答说:"我考虑看看。"

这位销售员是一位老实人,听总务处长这么说就答道:"谢谢您,那就请您想想看。"然后便离开了。

当那位处长正松了一口气时,这位销售员又来了,处长以为他忘了什么东西,但他却说道:"您想好了没有?"

然而,他看到的是处长满脸吃惊的表情,于是他说:"那我再来。"

大约过了30分钟,这位销售员又出现了,"您大概已经……"

处长仍是一脸的困惑,这位销售员又说道:"我再来。"

过了一会儿,他再次出现,处长心想:我该以何种表情面对他呢?

虽然处长以自己及这位销售员都认为可怕的眼神瞪了这位销售员一眼,但他的心里却越来越不安:"那个家伙会不会再来呢?"

当处长正如此想时,这位销售员又出现了,"您已经考虑……对不起,我再来。"

处长的情绪愈来愈恶劣,但是这位销售员的波浪式攻击仍持续不断,到黄昏时,他已是第13次来访了,处长终于疲惫不堪地告诉他:"我买!"

销售员问:"处长先生,您为什么决定要买呢?"

"遇到你这种工作热心和有着不合常理的厚脸皮的人,我只好认了。"处长说。

销售员自身品质的最佳体现就是对工作的热情和执著,这也是客户最容易认可的品质。人品决定产品。没有哪个客户会拒绝一个充满工作热情的销售员。

小陈家门口有一条汽车线路,是从小巷口开往火车站的。不知道是因为线路短,还是沿途人少的缘故,客运公司仅安排两辆中巴来回对开。

开101的是一对夫妇,开102的也是一对夫妇。坐车的大多是一些船民,由于他们常期在水上生活,因此,一进城往往是一家老小。

101号的女主人很少让孩子买票,即使是一对夫妇带几个孩子,她也是熟视无睹似的,只要求船民买两张成人票。有的船民过意不去,执意要给大点的孩子买票,她就笑着对船民的孩子说:"下次给带个小河蚌来,好吗?这次让你免费坐车。"

102号的女主人恰恰相反,只要有带孩子的,大一点的要全票,小一点的也得买半票。她总是说,这车是承包的,每月要向客运公司交多少多少钱,哪个月不交足,马上就干不下去了。船民们也理解,几个人掏几张票的钱,因此,每次也都相安无事。

不过,三个月后,102号不见了。听说停开了。它应验了102号女主人的话：马上就干不下去了，因为搭她车的人很少。

忠诚顾客是靠感情培养的，也同样是靠一点一点的优惠来获得顾客的忠诚的。当我们固执地执行我们的销售政策的时候，我们放走了多少忠诚顾客呢？作为销售员，一定要站在客户的立场，凡事为客户着想，自然就能得到客户的认可。正所谓"把别人放在心上的人，别人也会把你放在心上"。

客户体验是成交的关键

在一般情况下，市面上同一类商品往往不止一种品牌，常常是一类商品有几十种品牌，甚至上百种、上千种品牌，客户为什么一定买你的商品呢？你怎么说服他们买你的而不买别人的商品呢？作为销售员首先要做的是，必须让客户知道商品的与众不同之处。

有家螺丝厂，生产技术和设备都属一流，产品的质量也远远超过市场上其他的同类产品。但由于生产成本高，产品售价要高出同类产品三成左右，这就给产品的销售带来了一定的难度。

这个厂的销售员走了不少弯路，吃了不少苦头。后来，终于有个销售员想出一个办法，他每到一个客户那里，就客气而又坚决地要求对方将该厂的产品和客户常用的其他厂家生产的螺丝同放在一盆盐水中，浸泡一会儿，然后再一同取出晾在一旁，并向客户说明，下周再来看结果。

过了一周，这位销售员再度登门，经过盐水浸泡的螺丝只有他销售的那种没有生锈，其余的都已锈迹斑斑。

这时，他不失时机地将本厂的生产技术和设备的先进之处、产品的优点以及产品价格为何高于其他同类产品的原因，向客户作了详细的介绍。

他又给客户算了一笔账：自己厂的螺丝价格虽然略高于同类产品，但由于质量过硬，折旧率低，最终还是合算的。特别是自己厂的螺丝质量非常好，使用安全可靠，这一优点是其他同类产品无法相比的。

经过实际试验和销售员的详细说明，几乎所有的用户都心服口服，自愿改用了该厂的螺丝。

让顾客心动的王牌销售

兵法有云,知己知彼,方能百战百胜。销售员只有了解了竞争对手的产品的特点,才能在销售战争中突出自己产品的优点,最终获得胜利。客户最终相信的是自己看到的事实,而不是销售员天花乱坠的产品介绍。所以,想要最终打动客户,就必须重视客户体验,让客户看到产品能够带来的价值。

一天,劳伦佐餐厅来了一对母子,母亲卡斯蒂洛牵着 5 岁的儿子米洛。米洛患有唐氏综合症,斜着嘴巴,手指不停地颤抖,样子很难看。卡斯蒂洛要了一盘米洛喜欢吃的番茄鸡蛋浓汤和一盘烤小填鸭,米洛吃得津津有味。

邻桌看到米洛的样子,开始对他评头论足,并向服务员迈克尔·加西亚投诉:米洛的形象影响了他的就餐情绪,要求换一张餐桌。

加西亚满足了这位顾客的要求,替他换了一张餐桌,但他还是不满意,并抱怨说:"有特殊需要的孩子就应该到特殊的地方去用餐。"难道残疾人就没有同健全人一起吃饭的权利吗?想到这里,加西亚理直气壮地走到"投诉男"的面前,做出很抱歉的手势说:"对不起先生,我不能为你提供服务。"

就这样,"投诉男"被加西亚赶出了餐厅。因不想给米洛一家带来痛苦,加西亚当时没有告诉他们母子发生了什么。最终,米洛的母亲从别的服务员口中得知了这一消息,当晚就在网络上发帖说:"非常感谢加西亚,他不仅爱米洛那样的人,而且还不顾一切地站出来维护他们的尊严。"

于是,加西亚的事迹很快便在网络上传开。高级商业资本公司首席执行官查维斯·戴维斯留言:"我将告诉所有员工和经纪人,如果在休斯敦用工作餐就要去劳伦佐餐厅,并且要握一握加西亚先生的手!"

"粉丝"古斯曼称:"这不仅是对米洛,而且对所有残疾人和他们的家庭来说都意义非凡。非常感谢加西亚的勇敢行为,希望有更多像他这样的人。"

《纽约时报》记者在采访时问他:"当时,你是否考虑过这样做会失去工作?"加西亚说:"我没想那么多!米洛是一个天使,就像我的小兄弟,他和其他有特殊需要的孩子一样是上帝赐予的礼物,应当得到大众的关爱。"

随着网络和纸质媒体的宣传,加西亚的人气不断飙升,他成了美国家喻户晓的人物,劳伦佐餐厅的名气也跟着"名噪一时"。生意上火了一把的劳伦佐餐厅,没有被名气冲昏头脑。店主劳伦佐想趁热打铁,把"不歧视顾客"这种美好的品德继续传承下去。

劳伦佐一口气在休斯敦开了十几家连锁店，并将店名一律写成"赶走顾客"的餐厅，每一个小包间的墙上都贴着一张加西亚的"形象画"，画中还标有这样一句话：这里没有歧视！每一位顾客都是上帝。

因为定位准，"赶走顾客"餐厅吸引了不少顾客。特别是那些爱心人士、残疾人、弱势群体，更成了"赶走顾客"餐厅的常客。

一个季度下来，劳伦佐赚了个盆满钵满。他说："往年一年的营业额，还赶不上今年一个季度的赢利。"

失之东隅，得之桑榆。真正的客户体验是能够触及客户心底的那根最柔软、最温情的神经，以便客户能够真正体会到销售员的真情，从而获得更多的订单。

倘若你去某家餐厅就餐，餐厅告诉你只有六道菜，你是否会起身走人？在沈阳，真的有家只有六道菜的餐厅，地理位置奇特，一般人找不到，没有招牌，不做广告，甚至顾客只有通过电话才知道它的所在，要想叫开门，需要千锤百炼地叩叫，若对方看你的神态不好，有可能会被拒之门外。由于秘而不宣，神秘莫测，激发了顾客们前去的欲望，每天生意火爆，需要熟悉人士提前预约才能成行，如果没有提前预约，那就只能吃闭门羹。

这家餐厅的老板老范是沈阳人，以前是厨师，失业后，他辗转反侧，通过对沈阳人脾胃的调查，发现商业人士吃饭很费力，不是钱的问题，是吃到安全、高品质的菜很难，他记得多年前看过的电影《魔幻厨房》，片中郑秀文开了间私房菜馆大受欢迎。于是，他在一年前把自己的一处院落改装成了一间私房菜馆，因为有家庭氛围让人格外放松，这里成了不少老板私聚、释放压力的好去处，每天食客不断。

很多食客会好奇，到底是哪六道菜能让一个餐厅保持盈利呢？其实这六道菜并不特别神秘，但用料和做法十分考究，比如只坚持用意大利进口初榨橄榄油拌凉菜，从大品牌处订做非转基因大豆油炒菜。这六道菜的菜单是：两荤(根据季节选择日本雪花牛肉粒、阿拉斯加龙虾、呼伦贝尔羊肉、西班牙黑猪肉等)＋两素(根据季节选择，全部有机蔬菜，当天采摘)＋一汤(含辽参、虫草等天然昂贵食材)＋冷盘(三文鱼、有机水果)。老范的思路就是食不厌精，他制作的炖肉真是花了六七个小时，小火慢慢煨出来的。舍得时间，出品不多，每天至多能招待三桌客人,每桌大约六个人左右。

私房菜馆每桌消费都在 2000 元左右,扣除水电、人工和原材料等成本,利润率能达百分之四十左右。也就是说,如果每天接待三桌客人,老范每个月的纯收益高达 7.2 万元。顾客以私企老板和企业高管为主,"当老板压力太大,吃饭喜欢找安静的地方,私密、放松,是他们来我这里吃饭的一个很重要的原因。"老范介绍。这里全部采用会员制,因为菜品考究,温馨如家,高贵如星级酒店,正合了那些每日奔波劳碌的商务精英的心态。"他们在这里很放松,高兴时,在屋里跳舞,每个房间配备音响,可以唱歌,也可以看电影。"

好产品的定义应该是让客户买了以后不后悔;好服务的定义应该是让客户充分体验到你的真诚。销售员想要取得更多的订单,就必须在产品和服务上下足功夫。

把握顾客交易前后的心理

顾客付款后,表面上是认可你的品牌、产品或服务,而在内心,这种感觉往往会很快动摇,他会质疑自己是否做出了正确选择或支付了合理价格。很多销售员忽略了这一质疑阶段,使得顾客付款后,甚至在现场就表现了后悔或不满意,这是不利于长远发展的。

一位中年女士选中了一套护肤品,小陈开出了小票,并亲自领着顾客向收银处去付款。中年女士神情严肃且略显紧张地问:"你们店在这开了不少年了吧?"

"是呀,有三四年了,我们公司是 1998 年成立的,现在在上海的中高档商场有 40 多个专柜。"小陈说。

中年女士付完款和小陈再次回到专柜,同伴把女士所购货品整理、包装好后递了过来。小陈感觉中年女士的情绪又回到了刚到专柜时的平静状态。

小陈说:"大姐,您好,我们正在搞一个抽奖活动,这是抽奖卡,您在背面填上您的资料,放入抽奖箱,我们月底开奖……这是我们公司的一个小礼物(一条毛巾),感谢您对我们工作的支持。"

得到一条赠送的毛巾,中年女士有些意外,所以非常配合小陈完成了资料填写。

"这产品很好用,用得好下次带朋友一起过来。下次来我就不敢叫您大姐了,得叫小姐啦。"

顾客听了小陈的话显得很开心:"小姑娘真会说话,我是青春不再喽。"

"哪里啊,用了我们的产品,一定可以留住青春的,体验一次您就知道啦。"

"好,好,下次来还找你。"中年女士在友好愉快的气氛中离柜了,小陈也收获了工作中的快乐。

销售员面对顾客必须要做到付款前让顾客满意,付款后让顾客感动。因为真正的销售的开始是交易完成后的事。作为销售员,如果在销售前,面对顾客非常热心,而当顾客付款以后就失去了热情,这样是留不住顾客的。所以,销售员应该在顾客付款后依然保持热情,甚至更大的热情。调整好自己的言行,才会让顾客觉得你是真的为他好,而不仅仅是为了利益。

在美国安利早期的事业发展中,曾有人向公司创办人之一理查·狄维士先生推销一种公司专用飞机。当时安利公司已有数架螺旋桨飞机,理查对购买喷气机没有兴趣。

这名推销员请理查到机场亲自查看飞机。理查同意了,但坚持说只是观看,并没有打算要买。

到了机场,推销员提出带理查飞上一程。于是他们起飞离开大急流市,绕底特律一周,然后降落。"不错,很好,"理查说,"但是我们买不起这样的飞机。"其实,他认为公司现在没有必要花这笔钱。

推销员对他说:"正好公司里的这架飞机闲着,而安利最近又有很多经销商大会,你可以使用它一个月时间,租金免除,只收维护费。"理查这回同意了。

一个月后,推销员来取飞机。理查吃惊地对他说:"什么,你来取飞机?我每次都用它来参加经销商大会。"他已经充分体验到了喷气机带给他的便利,并非常自然地买下了这架飞机。

在销售中,人们对于自己亲眼见过或亲身使用过的东西总是印象深刻、念念不忘，而对单纯用耳朵听来的东西却难以放在心上，甚至会本能地产生怀疑或拒绝。因为顾客永远不喜欢被动地接受别人的意见，而唯一能说服他们的就是他们自己。所以，让顾客充分地参与到销售中来，引导他们了解产品的基本属性，亲自发现产品能够带来的好处和利益，远远比营销人员的苦口婆心要强得多。

换言之，在销售前，销售员要充分把握顾客的排斥心理，引导顾客亲自去发现产品的优点，从而让顾客从内心认可产品。只有这样，顾客才不会对购买的产品产生后悔的感觉。

第七章 细节征服顾客

细节决定成败。同样,细节能够彻底征服顾客。从细节入手,才能打动顾客,把销售做到极致。很多时候,一个小小的细节就能让销售员在销售过程中赢得顾客的信任,从而提高顾客的忠诚度,取得销售的长久发展。

别让细节打败你

在销售人员当中,曾经流传着一个这样的笑话:有一位销售人员,在拜访客户后,长长地出了一口气,走出了客户的公司。不久又慌张地跑回客户那里,面红耳赤、结结巴巴地对客户说:"实在不好意思,我今天出来忘带钱包了,能不能借点我回家的路费?"

这样笨的销售人员也许只存在于笑话当中,但是类似粗心的情况却并不罕见。许多销售人员就是因为在拜访客户时没有做好充足的准备,结果导致功亏一篑。

销售员小李,有一次去一家大公司销售笔记本电脑,在给客户做演示的时候,不知道怎么回事,电脑竟然打不开了,无论用什么办法都启动不了。这位同事忙活得满头大汗,用尽了各种办法,结果客户在一旁幸灾乐祸地看着,可电脑就是不配合,一点反应都没有。经过仔细检查,原来是电脑的电池没电了,而他在出门前没有仔细检查自己的物品,连电源线都没有带,这样的结果,留给客户的印象可想而知了。结果,这一张大单子险些因此丢了,后来虽然经过多方努力,与客户达成了协议,但是也被客户在价格上狠狠地压了一把。

准备工作做得好,不但有利于销售工作的顺利进行,而且有利于销售的成功。所谓准备工作,不仅仅是销售人员个人必备的手机、钱包、名片、通信录等

让顾客心动的王牌销售

要做好准备，与销售有密切联系的有关产品的详细资料以及客户的性格、喜好、背景等有助于销售顺利进行的材料等，都要仔细准备和检查。

有两个和尚，他们分别住在相邻的两座山上的庙里。这两座山之间有一条溪，于是这两个和尚每天都会在同一时间下山去溪边挑水，久而久之，他们就变成为了好朋友。就这样时间在每天挑水中不知不觉已经过了五年。

突然有一天，左边这座山的和尚没有下山挑水，右边那座山的和尚心想：他大概睡过头了。便不以为意。哪知道第二天左边这座山的和尚还是没有下山挑水，第三天也一样。过了一个星期还是一样，直到过了一个月右边那座山的和尚终于受不了，他心想：我的朋友可能生病了，我要过去拜访他，看看能帮上什么忙。于是他便爬上了左边这座山，去探望他的老朋友。

等他到了左边这座山的庙，看到他的老友之后大吃一惊，因为他的老友正在庙前打太极拳，一点也不像一个月没喝水的人。他很好奇地问："你已经一个月没有下山挑水了，难道你可以不用喝水吗？"

左边这座山的和尚说："来来来，我带你去看。"于是他带着右边那座山的和尚走到庙的后院，指着一口井说："这五年来，我每天做完功课后都会抽空挖这口井，即使有时很忙，能挖多少就算多少。如今终于让我挖出井水，我就不用再下山挑水，我可以有更多时间练我喜欢的太极拳。"

把细节做到极致就是完美，而细节就是点滴的积累。销售员不能在细节上输掉自己，而是要通过细节来征服顾客。

在细节中发现成功的可能

26岁的张扬，第一次担任区域经理，就遭遇了一个非常头疼的问题：连续奋战两个多月，依然未能将自己的M品牌冰箱打进广州市场。这让刚开始雄心勃勃，并在公司营销总监面前立下了军令状的他，开始怀疑自己究竟有没有能力担任区域经理。尽管自己有三年的一线业务员经验，也以优异的成绩，获得过M企业全国优秀业务员的荣誉，但眼下华南市场的僵局还是令他伤透脑筋。

张扬意气消沉地回到自己的办事处，内心充满了忧郁，来这里已经两个多月了，除了广州边缘的几个小城市，签了几个小合同，但对如此重要的广州，却依然难以突破，公司总部也多次电话催促：务必于本月内拿下广州！这让他这个区域经理如何能安定下来。

吃过晚饭，同事们外出逛街去了，他一个人坐在宿舍里，开始回忆自己与客户接触的全过程。尽管他觉得，这其中可能存在自身的问题，但最终他依然百思不得其解。

根据张扬的经验判断，客户拒绝产品一般存在以下几个理由：一是品牌缺乏知名度；二是质量无法保证；三是利润空间狭小；四是公司的销售支持……张扬一个个对照，发现广州问题主要关键点在第一和第二个。品牌缺乏知名度，客户和消费者当然对其产品的质量也难以信任。品牌知名度，现在一时也解决不了，产品质量问题，他可以想办法。于是，他决定就从这里下手。

第二天，他带领其他三个业务员，一起去仓库，搬出了四台规格不一的冰箱，然后，每个人从头到脚，由外而内的进行一项项检查，同时将检查出来的数据与其他著名品牌进行比较，发现除了诸如节能、省电、保鲜、电子温控等概念相同之外，M冰箱无论在外观、压缩机运转声音大小，还是冷冻和冷藏室的设计，都与强势品牌存在一定的差距，张扬差点泄气了！但在测试冰箱门的时候，一个细微的发现，引起了张扬的注意，为了再次证实他的发现，他连续测试了10台自己的冰箱，同时又专门去商场，乘促销员不注意的时候，自己偷偷对其他品牌的冰箱进行测试，测试结果令张扬自己也是感到非常的震惊和不可思议！

三天以后，张扬调整好心态，并经过周密安排，信心十足地再次叩响了客户办公室的大门，该公司总经理王女士正在接待其他客户，张扬只能在一边默默的等待。

一个小时以后，那个业务代表才走，张扬立刻起身微笑着跟王总打招呼，但王总一见是张扬就没声好气地说："我说过不想进你们的货！说实话，即便进了也很难卖。对不起，我很忙，我想我们没有再谈的必要了……"

张扬早有心理准备，只见他不慌不忙，依然平静地对着她微笑，等她说完，张扬才温和地对她说："王总，今天我只想耽误你几分钟时间，说完我就走！"

"好，那你快说，我真的有很多事要处理。"王女士说完，示意张扬在左边的椅子上坐下。

"王总，"张扬微笑着对她说，"其实，您对我们产品的销售利润是满意的，

让顾客心动的王牌销售

你最担心的其实是我们产品的质量问题，因为广东地区的消费者对我们品牌缺乏了解，公司在传播上也没有加大投入，因而在具体的产品销售上会有些障碍，而贵公司属下的商场都是广州市内人气最旺也是最著名的商场，如果进了滞销品，会给你们的经营带来影响，我说的对吗？"

"对呀！谢谢你能体谅！"王女士颇感意外地说。

"那好，现在我非常自信地告诉您王总，我们 M 品牌的冰箱，比你现在商场里销售的任何品牌冰箱的质量都要好！"

"不会吧？你也太自负了，你敢说你的冰箱比其他品牌的质量要好？"王女士明显对张扬的过分自信产生了怀疑！

"对！"张扬理直气壮地说，"王总如果不信，我可以当场做实验给您看，如果我输了，我从今以后绝不再踏进贵公司一步，如果我赢了，我就只有一个要求：跟我们合作，进我们的货！"

"好！一言为定！我倒想看看，你们的冰箱究竟好在哪里！"

张扬见场内气氛已经到了他预期的效果，便将王总和其他几位经理一起带到了公司楼下。这时，司机和其他几个业务员，已经根据他事先的安排，运了 10 台 M 冰箱在这里，并将冰箱整齐地排列在街沿。

"谢谢各位经理赏光！"张扬站在自己的冰箱面前，神情象一个检阅自己部下的将军，接着，他不慌不忙地从自己的包里，取出一张 A4 的打印纸。

"其实，说到质量，一台冰箱涉及的地方很多，"他向参观的人说，"M 冰箱在总体上跟其他品牌的产品相差不大，但唯一的特点是，M 冰箱的门，采用了国际最新的材料和制造工艺，因而，它的密封程度要比普通冰箱强 10 倍以上。"

"冰箱的门一般都很密封啊，你怎么证明 M 冰箱的更强呢？"一位经理发问道！

"好，请大家走近，我们现在来做个实验。"他边说边用右手轻轻就拉开一台冰箱的门，将左手拿好的 A4 纸轻轻地放进去，然后关上门，对身旁的王总说："王总，现在，我请您把这张纸抽出来。"

王总半信半疑地走上前，用拇指和食指夹住冰箱门缝里的白纸，想轻轻地拉出来，试了几次都不行。

"再用力点！"张扬在一旁鼓气，王女士只得加大力气，只听见"兹"的一声，白纸被王总一撕两半，一半在她手里，一般扔牢牢地夹在冰箱的门缝里……

这似乎不需要更多的解释了！其他几位经理，一个个从张扬手里接过白纸，测试了现场的每一台冰箱，但结果都跟王女士一样！

现场效果令张扬非常满意，见火候已到，张扬便耐心地跟大家介绍说："其实冰箱最重要的环节就是门的密封程度，因为门不密封就会影响制冷效果，制冷效果不好，就会影响压缩机的正常运作，压缩机运作不正常或超负荷运作的话，就会影响压缩机的寿命……"

"好，不用说了！"王女士打断了张扬的话，"我想问的是，其他品牌的冰箱，难道不是这样的吗？你敢说，就你们 M 品牌的冰箱能有这个效果？"

张扬一见王总正一步步进入自己的圈套，心理十分得意，但他依然不露声色，面带微笑地对王总说："现在，就要王总自己去你们的商场里做实验了！"

于是，十几个人，在王总的带领下，来到了距离不远的商场，王总迫不及待地第一个动手，还运用刚才的方法，对其他品牌的冰箱门进行了逐一的测试，结果，白纸能轻轻拉出来。随后其他几位经理纷纷对商场里销售的几乎是全部冰箱做了这样的测试，弄得商场里的营业员和顾客，不知道发生了什么大事，都呆呆地站在一边观看。遗憾的是，所有的冰箱夹纸，都能轻轻抽动，没有出现任何一台类似于过 M 品牌冰箱的碎纸情况。

"小伙子，我输了！"王女士尽管承认自己失败了，但看得出，她的脸上却露着兴奋的神色，真是太生动了，她说："你的这一招，绝对胜过任何美丽的广告！去！拿上你的合同书，我决定先打 500 万货款，赶快给我进一批这样的冰箱！"

"OK！"张扬激动的差点眼泪都流下来！

事后，由张扬发明的用白纸测试冰箱门密封程度的促销方法，很快在全国各地推广开来，并且产生了非凡的效果，尤其是在销售现场，往往能一下子打动消费者，产生购买的冲动。而华南市场，也终于在张扬的努力下全面打开，他也因此而获得了优秀区域经理的特殊荣誉。

销售员需要在竞争中找到产品制胜的细节，然后用非常生动的办法打动客户。细节往往存在于不经意间，很多销售员会忽略这些细节，从而导致销售活动的失败。所以，销售员能够把握细节，也就取得了制胜的先机。

1451 年，他出生于意大利热那亚的一个工人家庭。虽然父亲是一个著名的纺织匠，但是他从没有对纺织产生过任何兴趣。每天，他都站在海边望着远方,他想知道,如果自己从这边游过去,对面会不会有更繁华的城市。

他经常会问:"爸爸,我什么时候能到对面去看看?"

父亲说:"等你长大了,有钱了,买了自己的船,就可以去了。"

他接着沮丧地说:"那我什么时候会有钱呢?"

父亲蹲下来,严肃地说:"孩子,只要你把目光放远点,财富迟早会被你左右。"

一次偶然的机会,他从父亲的朋友那里借来了一本《马可·波罗游记》,他如获至宝,待在房间里,如饥似渴地读着,一周都没有走出房间。等读完了,他热血沸腾地对父亲说:"我想去黄金满地的中国。"那一年,他才8岁,他说他的梦想是当一名出色的航海家。

为了实现拥有一条船的梦想,1476年,他参加了一支法国的海盗船队,后来流浪到葡萄牙,当了一名水手,开始了他的航海梦想。但是,他并不满足于近海航行,而是把目光瞄向更远处。通过申请,他获得了一次去冰岛的机会。在到达冰岛之后,他并没有停止,而是继续向前航行了160公里。这次航行的成功更加坚定了他西航的志向,那一年他26岁,他坚定地对父亲说:"我的目标是横跨大西洋,去彼岸的亚洲。"

当葡萄牙不能满足他的雄心壮志时,他毅然去了西班牙。凭着三寸不烂之舌,他硬是说服了所有反对他的人。尽管这个过程相当漫长,漫长得花费了他整整8年时间,但他并没有因此而意志消沉。他执著地相信,只要把目光放远一点,海那边就有无穷的财富在等着他。

1492年8月,带着招募到的88名水手,他领着3艘船出发了。由于这次航行寄托着大家的梦想,所有人都信心满满。但是船在大海上整整航行了三周,都没看见陆地的影子。很多人都动摇了,抱怨这是一次愚蠢的行动,甚至叫嚣着:"海那边根本没有大陆,他是想把我们带进地狱。"但他毫不退缩,只是执著地坚持一直西行。

在继续坚持了11天后,他们终于看到了陆地,所有的人都尖叫起来。此时的他已不仅仅是一个探险家,而是一个新大陆的发现者,是的,他就是蜚声世界的哥伦布。

在哥伦布发现新大陆回到西班牙后,他受到了史无前例的盛情招待。很多人嫉妒他,也有很多人不屑一顾,说他不过是带了几艘船,发现了块陆地,这事人人都可以做到,没什么了不起。这话传到哥伦布耳里,他只是微微一笑。

哥伦布带了个自制的地球仪进宫,正好有人对他发泄不满,他把地球仪拿出来说:"你看见了什么?"

对方傲慢地说:"欧洲大陆。"

哥伦布指着左边说:"这是什么呢?"

"是大海。"

"你再想想。"

对方毫不犹豫地说:"一望无际的大海。"

哥伦布稍微转动了一下地球仪,说:"不,是大陆。其实地圆之说已经是众所周知的了,可你们不愿去想,也不愿去做。我只是把你们的思绪往前延伸了一厘米,我坚持了,我做了,所以我成功了。"

一厘米的成功秘诀,是哥伦布在发现新大陆之外,留给世界的另一份宝贵遗产!细小之处往往孕育着成功的可能,只不过,在很多情况下,我们缺少了一双善于发现成功的"眼睛"。销售员想要在销售工作中取得傲人的成绩,就必须善于找到细小的,足以促成交易的可能。

销售员谈话"十忌"

有一个爱尔兰人每天都去海边上散步,一天,他与一个魔鬼不期而遇。这人十分幸运,魔鬼今天的心情不错,让他提出两个愿望。这个好酒之徒想了一想,他提出要一瓶永远也喝不完的酒。第二个愿望呢?出人意料的是,他还是想要一瓶永远也喝不完的酒。看到这里,想必很多读者都哑然失笑。呵,这么没创意的愿望,真让人失望!

却听那个爱尔兰人不紧不慢地说:"我打算把另一瓶酒高价卖给别人。"

这无疑是一个极具创新思维的人,他在"问题处"发现了机会!

销售人员在与顾客谈话过程中,要注意哪些说话技巧呢?沟通要有艺术,良好的口才可以助你事业成功,良性的沟通可以改变你的人生。所以,我们与顾客交流时,要注意管好自己的口,用好自己的嘴,要知道什么话应该说,什么话不应该讲。

让顾客心动的王牌销售

忌争辩

销售人员在与顾客沟通时，时刻不要忘记自己的职业、身份和目的。要知道与顾客争辩解决不了任何问题，只会招致顾客的反感。如果刻意地去和顾客发生激烈的争论，即使占了上风，赢得了胜利，把顾客驳得哑口无言、体无完肤、面红耳赤、无地自容，我们自己快活、高兴了，但得到的是什么呢？结果只能是失去了顾客、丢掉了生意。

忌质问

销售人员与顾客沟通时，要理解并尊重顾客的思想与观点，切不可采取质问的方式与顾客谈话。用质问或者审讯的口气与顾客谈话，是销售人员不懂礼貌的表现，是不尊重人的反映，是最伤害顾客的感情和自尊心的。

忌命令

销售人员在与顾客交谈时，展露一点微笑，态度和蔼一点，说话轻声一点，语气柔和一点，要用征询、协商或者请教的口气与顾客交流，切不可采取命令和批示的口吻与人交谈。永远记住一条——你不是顾客的领导和上级，你无权对顾客指手画脚，下命令或下指示。

忌炫耀

当与顾客沟通谈到自己时，要实事求是地介绍自己，稍加赞美即可，万万不可忘乎所以、得意忘形地自吹自擂；自我炫耀自己的出身、学识、财富、地位以及业绩和收入等等。这样就会人为地造成双方的隔阂和距离。要知道人与人之间，脑袋与脑袋是最近的；而口袋与口袋却是最远的。记住，你的财富，是属于你个人的；你的地位，是属于你单位，暂时的；而你的服务态度和服务质量，却是属于你的顾客的，永恒的。

忌直白

俗语道："打人不打脸，揭人不揭短。"我们在与顾客沟通时，如果发现他在认识上有不妥的地方，也不要直截了当地指出，说他这也不是，那也不对。一般的人最忌讳在众人面前丢脸、难堪，要忌讳直白。康德曾经说过："对男人来讲，最大的侮辱莫过于说他愚蠢和无所事事；对女人来说，最大的侮辱莫过于说她丑陋和无尊严。"我们一定要看交谈的对象,做到言之有物,因人施语,要把握谈话的技巧、沟通的艺术,要委婉忠告。

忌批评

我们在与顾客沟通时,如果发现他身上有些缺点,我们也不要当面批评和教育他,更不要大声地指责他。要知道批评与指责解决不了任何问题,只会招致对方的怨恨与反感。与人交谈要多用感谢词、赞美语;要多言赞美,少说批评,要掌握赞美的尺度和批评的分寸,要巧妙批评,旁敲侧击。

忌专业

在推销产品时,一定不要用专业术语。比如推销保险产品时,由于在每一个保险合同中,都有死亡或者是残疾的专业术语,中国的老百姓大多忌讳谈到死亡或者残疾等字眼,如果你不加顾忌地与顾客这样去讲,肯定招致对方的不快。

忌独白

与顾客谈话时要鼓励对方讲话,通过他的说话,我们可以了解顾客个人的基本情况。切忌销售人员一个人在唱独角戏,个人独白。要注意互动式推销。

忌冷谈

与顾客谈话,态度一定要热情,语言一定要真诚,言谈举止都要流露出真情实感,要热情奔放、情真意切、话贵情真。俗语道;"感人心者,莫先乎情",这种"情"是销售人员的真情实感,只有你用自己的真情,才能换来对方的感情共鸣。在谈话中,冷谈必然带来冷场,冷场必定带来业务泡汤。

忌生硬

销售人员在与顾客说话时,声音要宏亮、语言要优美,要抑扬顿挫、节奏鲜明,语音有厚有薄;语速有快有慢;语调有高有低;语气有重有轻。要有声有色,有张有弛,声情并茂,生动活泼。切忌说话没有高低、快慢之分,没有节奏与停顿,生硬呆板,没有朝气与活力。

细节是一个人品质的最佳体现

一位大学生毕业后到深圳求职，在奔波了一个星期后，毫无收获，而且糟糕的是在乘公交车时，他的钱包被偷了。在受冻挨饿了两天后，他决定开始拾垃圾——虽然受白眼，但至少能够解决吃饭问题。一天，他正低头拾垃圾，忽然觉得背后有人注视自己。回头一看，发现有个中年人站在他背后。中年人拿出一张名片，说到："这家公司正在招聘，你拿这张名片去试试。"

那是一个很热闹的场面，五六十人同在一个大厅里，其中很多人西装革履，他有点儿自惭形秽。但当他一递上名片，小姐就伸出手来："恭喜你，你已经被录取了。这是我们总经理的名片，他曾吩咐，有个青年会拿着名片来应聘，只要他来了，就成为我们公司的一员！"就这样，他进入了这家公司。后来，由于个人努力，他成了副总经理。"你为什么会选择我？"闲聊时他会问总经理这个问题。每次，总经理都神秘兮兮地一笑。

又过了两三年，公司业务越做越大，总经理要去新城市进行新投资。临走时，将这个城市的所有业务都委托给了他。送行那天，总经理说："你肯定一直都想知道，我为什么会选择你。那次我偶然看见你在拾垃圾，就观察了你很久，你每次都把有用的东西拣出来，将剩下的垃圾归类好再放回垃圾箱。当时我想，如果一个人在这样不利的环境下还能够注意到这种细节，那他不可能不成功。"

原来正是细节成就了他。

成功者的共同特点：就是能做小事情，能够抓住一些细节，成大业若烹小鲜，做大事必重细节。作为销售人员，我们想要征服顾客，就必须从细节入手，让顾客通过细节看到我们的诚意与品质。

有家招聘高级管理人才的公司，对一群应聘者进行复试，尽管应聘者都很自信地回答了考官们简单的提问，可结果都未被录用，只得怏怏离去。这时，有一位应聘者走进房门后，看到地毯上有一个纸团，地毯很干净，那个纸团显得很不协调，这位应聘者捡起了纸团，准备将它扔进纸篓里，这时考官发话了："您好，朋友，请看看您捡起的纸团吧！"这位应聘者迟疑地打开纸团，只见上面写着:"热忱欢迎您到我们公司任职。"几年以后,这位捡纸团的应聘者成了这家著名公司的总裁。

千里之堤,溃于蚁穴。细节是一种习惯,一种积累,更是一种智慧。把细节做好,就是一个人的成功。只有保持这样的工作标准,我们才能注意到问题的细节,才能做到为使工作达到预期的目标而思考细节,才能打动我们的顾客。

顶尖行销大师夏目志郎,是一个中国人,后来去了日本发展,刚到日本时十分潦倒,他从身无分文、无处安身,到连续获得六次世界冠军推销员的荣衔,现在他拥有巨大的产业。他是如何做到这一切的呢?夏目志郎曾经在一本书中写道:"拜访客户首先不要拜访客户的办公室,而要先去拜访客户的洗手间。"为什么要先拜访客户的洗手间呢?我们来看一个他拜访客户的故事,就会明白了。

有一次,夏目志郎约好去拜访一个客户,他到了客户的办公楼层,果然先拜访客户的洗手间。只见他到了洗手间之后,放下公文包,踢踢腿弯弯腰,然后就拿出双手,开始对着镜子不断地微笑,不断地用双手往上推自己的脸,而且还一边推一边说:"笑得越来越灿烂啦!笑得越来越可爱啦!笑得越来越有影响力啦! 笑得越来越有魅力啦! "

他就这样不断地一边激励自己,一边练习自己的微笑,这个过程中有很多的人曾从他的旁边经过他都毫不在意,不顾他人的存在,继续练习。当他和客户约定的时间马上就要到了,便停下来看着镜子中的自己。当他觉得自己有一流的状态、有一流的热情、笑得最有魅力时,便拿起资料开始去敲客户办公室的门。当门开时,客户好像正在等他,看到他进来,客户立刻站起来笑着对他说:"你好,请问你是夏目志郎吗? "

他说:"是的。"

客户对他说道:"夏目志郎先生,你真是太棒了!你在电话里说的事情我决定合作了,我现在立刻跟你签单! "

夏目志郎听到后吓了一大跳,他心想:这位老板有没有搞错,我们还没见过面,我还没对产品做任何的解说,没有做任何的沟通,为什么愿意立刻和我合作,立刻签单呢?于是他说道:"先生,非常感谢你对我的支持,我还有更重要的内容和更详细的部分, 在电话里可能跟你解释得不够清楚, 我现在当面再为你解说一遍,你看好吗?"

客户说:"不用了,夏目志郎,我已经决定立刻跟你签单。"

夏目志郎说:"先生,你可能对产品的情况还不是十分了解,如果我现在和你签单是对你不负责任,你一定要了解清楚,你跟我签单才不会后悔。"

"我跟你签100%不会后悔的!"客户继续说道,"你知道我为什么要跟你签单吗?非常简单!刚才我去洗手间,看见你在那里练习微笑,我又连续去了四次,我不是去洗手间,就是去看你在干什么,而你每一次还是跟我第一次去洗手间一样地练习微笑,你笑得太棒了,笑得太灿烂了,笑得太有魅力和感染力了。我曾经看过你写的一本书,你在书中说拜访客户首先要拜访客户的洗手间,把自己的微笑练习到最佳状态,然后再去拜访客户,我发现你言行一致,我相信你所说的一切,所以我要减少跟你谈判的时间,增加跟你沟通、交流、学习的时间!所以我们立刻签单吧!"

做好细节就是成功。销售员要对自己的言行负责,才能让顾客信服,才能达到销售的目的。而我们的言行,往往都蕴含在日常的细节之中,正所谓细节决定成败。如果销售员不能把日常的言行做到极致,就不可能得到顾客的认可。

微小之处见真章

在前美国克林顿总统大选的时候,有一段时间,他的支持率非常低,困扰他的最大的一个问题就是桃色新闻。在这个时候,他请来一个顾问公司帮他策划,于是我们看到非常生动的一幕:美国哥伦比亚广播公司现场的克林顿正在进行竞选演讲,旁边是他的夫人希拉里,突然上面的吊灯掉下来了。"妻本是同林鸟,大难来时各自飞。"接下来我们看到的是克林顿用手非常自然地护住他太太的肩头,灯掉下来砸碎了,两个人却毫发无伤,电视机中断了几秒钟后,继续转播。这个生动的细节,感动了很多美国人,他们觉得克林顿很可爱,也很爱他的太太,别人怎么说都是瞎编。

很多情况下,一个微小的细节就能体现一个人的真正品质,也是这个人的真实存在。而这样的细节也是最容易让人感动的。所以,作为销售员,要对细节有足够的重视,并竭尽全力做到尽善尽美。只有这样,顾客才能感受到我们对他的重视以及我们自身的可爱。

某著名大公司招聘职业经理人,应者云集,其中不乏高学历、多证书、有相关工作经验的人。经过初试、笔试等四轮淘汰后,只剩下6个应聘者,但公司最终只选择一人作为经理。所以,第五轮将由老板亲自面试。看来,接下来的角逐将会更加激烈。

可是当面试开始时,主考官却发现考场上多出了一个人,出现7个考生,于是就问道:"有不是来参加面试的人吗?"

这时,坐在最后面的一个男子站起身说:"先生,我第一轮就被淘汰了,但我想参加一下面试。"

人们听到他这么讲,都笑了,就连站在门口为人们倒水的那个老头子也忍俊不禁。主考官也不以为然地问:"你连考试第一关都过不了,又有什么必要来参加这次面试呢?"

这位男子说:"因为我掌握了别人没有的财富,我自己本人即是一大财富。"大家又一次哈哈大笑了,都认为这个人不是头脑有毛病,就是狂妄自大。

这个男子说:"我虽然只是本科毕业,只有中级职称,可是我却有着10年的工作经验,曾在12家公司任过职……"

这时主考官马上插话说:"虽然你的学历和职称都不高,但是工作10年倒是很不错,不过你却先后跳槽12家公司,这可不是一种令人欣赏的行为。"

男子说:"先生,我没有跳槽,而是那12家公司先后倒闭了。"在场的人第三次笑了。

一个考生说:"你真是一个地地道道的失败者!"

男子也笑了:"不,这不是我的失败,而是那些公司的失败。这些失败积累成我自己的财富。"

这时,站在门口的老头子走上前,给主考官倒茶。男子继续说:"我很了解那12家公司,我曾与同事努力挽救它们,虽然不成功,但我知道错误与失败的每一个细节,并从中学到了许多东西,这是其他人所学不到的。很多人只是追求成功,而我,更有经验避免错误与失败!"

男子停顿了一会儿,接着说:"我深知,成功的经验大抵相似,容易模仿,而失败的原因各有不同。用10年学习成功经验,不如用同样的时间经历错误与

让顾客心动的王牌销售

失败,所学的东西更多、更深刻。别人的成功经历很难成为我们的财富,但别人的失败过程却是!"

男子离开座位,做出转身出门的样子,又忽然回过头:"这10年经历的12家公司,培养、锻炼了我对人、对事、对未来的敏锐洞察力,举个小例子吧——真正的考官,不是您,而是这位倒茶的老人……"

在场所有人都感到惊愕,目光转而注视着倒茶的老头。那老头诧异之际,很快恢复了镇静,随后笑了:"很好!你被录取了,因为我想知道——你是如何知道这一切的?"

老头的言语表明他确实是这家大公司的老板。这次轮到这位考生笑了。

细节是一种功力,是一个人内在的最佳体现。一心渴望伟大、追求伟大,伟大却了无踪影;甘于平谈,认真做好每个细节,伟大却不期而至。这就是细节的魅力,是水到渠成后的惊喜。销售员做好细节,也是在升华自己。

细节决定成败

英国国王查理三世和公爵亨利准备为选举拼一死战,这场战斗将决定谁统治英国。

战斗进行的当天早上,查理派一个马夫备好自己喜欢的战马。"快点给它钉掌,"马夫对铁匠说,"国王希望骑着它打头阵。"

"你得等等,"铁匠回答,"我前几天给国王全军的马都钉了掌,现在我得找点铁片来。"

"我等不及了。"马夫不耐烦地叫道。

铁匠埋头干活,从一根铁条上弄下四个马掌,把它们砸平、整形,固定在马蹄上,然后开始钉钉子。钉了三个掌后,他发现没有钉子来钉第四个马掌了。

铁匠准备砸钉子将马掌钉好,但在马夫的催促下,只好将马掌挂在蹄子下。两军交锋了,查理国王就在军队的阵中,他冲锋陷阵,指挥士兵迎战敌人。远远地,他看见在战场的另一头自己的士兵退却了。如果别人看见他们这样,也会后退的,所以查理快速冲向那个缺口,召唤士兵调头战斗。

他还没走到一半,那只挂着的马掌掉了,战马跌翻在地,查理也被掀在地上。国王还没有抓到缰绳,惊恐的畜生就跳起来逃走了。查理环顾四周,他的士兵纷纷转身撤退,亨利的军队包围了上来。

"马!"他喊道,"一匹马,我的国家倾覆就因为这一匹马。"

从那时起,人们就说,少了一个铁钉,丢了一个马掌;少了一只马掌,丢了一匹战马;少了一匹战马,败了一场战役;败了一场战役,失了一个国家。

不重视细节,就不可能取得最终的成功。同理,销售员如果不重视细节,不能用细节征服顾客,自然也不能促成最终的交易。

法国"银行大王"恰科早在读书时就立志要当一个银行家。开始时,他鼓足勇气到巴黎一家最有名气的银行去碰运气,结果吃了一个"闭门羹"。但这个年轻人并不气馁,他又去了其他几家银行,可是都被拒之门外。几个月后,恰科又去了开始的那家银行,并且有幸见到行长,但是再遭拒绝。他慢慢地从银行出来,突然发现脚边有一枚大头针。想到进进出出的人可能被大头针弄伤,小伙子马上弯腰拾起了针,然后小心翼翼地放进旁边的垃圾桶里。到家后,奔跑了一天的恰科躺在床上休息。他先后求职 52 次,可连一次面试的机会也没有。尽管命运对自己这么不公,可第二天恰科还是准备再去碰运气。在他离开住所关门的时候,意外地发现信箱里有一封信。折开一看,原来是那家赫赫有名的银行寄来的录取函。原来,恰科昨天拾起大头针的一幕被行长看见了,他认为精细小心正是银行职员必须具备的素质,于是改变了原先的想法,决定录用这个小伙子。凭着这枚小小的大头针,恰科走进了银行的大门,后来成为法国的"银行大王"。

我们也许没有像恰科那样成为银行家的志向和经历,但作为销售员,我们却可以通过细节来取得顾客的信赖,成为顾客的朋友,以期得到长久的合作。

第八章 我的销售记录为啥最靠前

销售员想要创造最高的销售记录,就必须把自己当做客户,最大限度地了解客户的需求和内心世界,站在客户的角度去思考问题,把换位思考充分运用到销售行为中去。

销售需要创意

一位销售高手曾这样谈到:"准顾客对自己的需要,总是比我们销售员所说的话还要重视。根据我个人的经验,除非我有一个有益于对方的构想,否则我不会去访问他。"销售员一定要抱着自己能够对顾客有所帮助的信念去访问顾客。只要你把如何才能对顾客有所帮助的想法铭刻在心,那么,你就能够提出一个对顾客有帮助的建设性构想。

小李在香港推销界已干了20多年。在这20多年里,他推销过多种产品,从一个门外汉变成了一位推销高手。别人请教他成功的经验时,小李说:"销售员一定要带着一个有益于顾客的构想去拜访顾客。这样,你所遭遇拒绝的机会就会少,你就会受到顾客的欢迎。销售员要做建设性的拜访。"

小李在推销地板用木砖时,虽然他拥有的客户数目不少,但每个客户的订货量不大,其原因是客户因受到资金的限制而无法大量地购头他的产品。如何才能让顾客大量地购买产品呢?经过认真地调查分析和思考,小李为客户想出了一个加速资金周转的办法。他建议客户从时间上来改善,平常不必大量储存材料,而应计划安排好,在材料使用前几天内将货补齐,这样可以加速资金周转。客户采纳了他的建议后,果然不必在事前大量储存材料,节约了资金占用,加速了资金周转,终于能大量地采购小李的产品了。

小李认为,销售员应多多地拜访顾客,但是,如果能做建设性的访问,访问才会有效果。小李的一位客户——一家零售店老板曾这样说:"今天早晨在小李来访问我之前，已经有 15 个销售员来过了。这 15 个销售员都只是一味地为他们的商品作广告，或谈价钱，或让我看看样品。然而，当小李把产品高明的陈列方法告诉我时，我宛如呼吸到新鲜空气一样，真让人高兴。"

小李把如何才能对顾客有新帮助的想法铭刻在心，这样，他从不放过任何一个能对顾客有所帮助的机会，即使是一个偶然的机会。

一次，小李与一位技术人员交谈。当时这位技术人员正计划要成立一个水质净化器制作与安装公司。小李为了能赢得顾客，便认真地去思考一个富有建设性的方法。

当小李在另外一位客户的办公室等候的时候，他看到了一本与自来水有关的技术杂志，便一页一页地翻开看。结果发现了一篇具有经济价值的工程论文，这是论述在蓄水池上面安装保护膜的一篇论文。

于是，小李把这篇论文加以复印，然后带着复印材料去访问那位技术人员。他对小李提供的这份材料感到万分高兴。此后，他们的商业交往一直都进行得很顺利。

事后，小李在总结自己的经验时说："看到这本杂志后，才得到这个好运。但是能获得此佳运，也并非出于偶然。因为，如果我不是经常在想着建设性的访问目标，那么，我绝不会去翻阅那个杂志。倘若我没有看到那篇论文，我还会去寻找其他东西。对每位顾客都做建设性访问的我，随时都能对所有机会产生机敏的反应。"

小李的一个客户是一位五金厂厂长。这位厂长多年以来一直在为成本的增加而烦恼。其成本增加的原因，多半是该公司购买了许多规格略有不同的特殊材料，且原封不动地储存着造成的。小李在考虑如何才能帮助客户把成本降下来。一次，小李偶然地去访问一家与该五金厂毫无竞争关系的客户时，产生了一个想法。然后，小李再次来拜访五金厂厂长，把自己的构想详尽地谈出来。厂长根据小李的构想，把 360 种存货减少到 254 种，结果使库存周转率加快，同时也大幅度地减轻了采购、验收入库及储存、保管等事务，从而降低了费用。而后，五金厂厂长从小李那里购买的产品大幅度地增加。

要能够提出一个有益于顾客的构想，销售员就必须事先搜集有关信息。小李说："在拜访顾客之前，如果没有搜集到有关信息，那就无法取得成功"，"大多数推销人员忙着宴请客户单位的有关负责人，我则邀请客户单位的员工们吃顿便饭，以便从他们那里得到有利的信息。"

让顾客心动的王牌销售

一次，小李和客户单位的员工边吃边谈，得知该公司业务部在那一周里一直在加班，并了解到每个月他们都会如此加班，原因是所用的电脑出了问题。

"我所获得的这些资料已足够我去接近客户了，"小李说，"当我访问该公司时，便针对他们问题的症结，向他们提出办公设备的事情。同时，我也提供他们实际的数据，让他们做一比较。从比较中，他们得知六家同业公司，都因减少加班时间，每个月就至少节省几千元的加班费。"

小李仅如此稍做一点准备，搜集到一些信息，便采取针对性的措施，打动了客户的心弦。小李正因为认真地寻求可以助顾客一臂之力的方法，带着一个有益于顾客的构想去拜访客户，所以才争取到不计其数的客户。

失败的销售员常常是在盲目地拜访顾客。他们匆匆忙忙地敲开顾客办公室的门，急急忙忙地介绍产品，遭到顾客拒绝后，又赶快去拜访下一位顾客。他们整日忙忙碌碌，所获却不多。

销售员与其匆匆忙忙地拜访 10 位顾客而一无所获，不如认认真真做好准备去打动一位顾客。即销售员要做建设性的拜访。

所谓建设性的拜访，就是销售员在拜访顾客之前，就要调查、了解顾客的需要和问题，然后针对顾客的需要和问题，提出建设性的意见。如提出能够增加顾客销售量或能够使顾客节省费用、增加利润的方法。

销售员向顾客做建设性的访问，必然会受到顾客的欢迎，因为你帮助顾客解决了问题，满足了顾客的需要，这比你对顾客说"我来是推销什么产器的"更能打动顾客。尤其是要连续拜访顾客时，销售员带给顾客一个有益的构想，乃是给对方良好第一印象的一个不可缺少的条件。

客户至上的营销原则

以客户为中心安排业务流程，处处为顾客着想，创建方便快捷、安全有效的个性化服务使亚马逊拥有无穷魅力。

在亚马逊用户只要在该网站买过一次书，其通信地址和信用卡账号就会被安全地存储下来。下回再购买时，顾客只要用鼠标点一下货物，网络系统就会帮你完成以后的所有手续。亚马逊还利用软件收集顾客在购物爱好和购物历史方面的信息，随时为顾客购买图书提供建议。

亚马逊通过建立类似会员制的环境来主动联络顾客,利用 E-mail 对顾客的订单做出响应,告知发货时间,并能记下老顾客的邮寄地址和信用卡资料以简化订货手续。不断增加的顾客名单、E-mail 地址和其过去的购买行为都成了亚马逊极其重要的无形财富。

亚马逊在收到顾客订单后会立即给发 E-mail 确认。在寄出客户所订物品后,再发一个 E-mail,并附带物品的记录号,这样做消除了顾客在网上购物的不确定性。

此外,在售后服务方面,亚马逊允许读者在拿到订货的 30 天内,可以将完好无损的书或未开封的 CD 退回亚马逊,亚马逊将按原价退款。如果属于亚马逊的操作错误而造成的退货,亚马逊将按原价退款,并将运费也退回。如此周到细致的服务当然会在顾客中建立很强的信任度和忠诚度,这样回头客的增加和新客户的不断进入自然提高了亚马逊的营业额。

其实,在很多地方,我们常常会看到一些公司的广告宣传牌上有"用心服务,客户至上"这样一句话。客户至上越来越多地被各地企业所看重,"客户至上"很简单的四个字,但其中所蕴涵的哲理,未必每个人都知道。

1.有多少是你的客户?

无论是刚开始工作的销售人员,还是已做过多年的销售从业者,有一点是必须要了解清楚的,就是这个社会有多少对象可以成为你的客户,也就说你的目标客户群有多大。

为什么微软、阿里巴巴能做得这么大,首先是因为他们所能服务的群体庞大。一个企业能做多大,我们要看他能有多大的升值空间。美国媒体说,今后这个世界能与微软相抗衡的企业唯有中国的阿里巴巴。为什么能这么说呢?主要在于阿里巴巴今后还存在很大的升值空间,有足够多的企业能成为他的客户群。

而作为一名销售人员,对于这一点要有清晰的认识,要积极拓展你的客户群体,通过不同的方式,让更多人知道你的存在,知道你所服务的内容,别人才可能消费你所要销售的产品。

2.你的客户在哪里

你的客户在哪里?首先取决你的产品销售或服务的对象定位是什么。不同产品的销售对象是不同的,打个比方说,销售房子的人员不可能把房子买给乞丐,因为乞丐可能连吃饭都成问题,他们现在需要解决是温饱问题,他们不会去考虑要不要买房子。

要知道自己的客户在哪里,首先要自己知道产品的定位是什么,然后再根据你产品的定位,去寻找合适的客户群体。可能有人会问,如何寻找呢?专家建议,首先要知道你的消费群的生活习性,针对性地去做营销推广,或许他们习惯上网,你可以通过网络发布你的信息、寻找你的客户,或许他们比较喜欢旅游,你可以在各地风景区发布你的信息、寻找你的客户等等。

一件再好的产品,如果你不做针对性的宣传,你的意向客户就不会知道知道它的存在,那么,它也就失去它的价值了。

3.客户为什么不选择你?

销售工作相对来说,是竞争力相对较大的工作。消费市场就这么大,客户选择了别人,就不可能选择你;选择了你,就不可能选择别人,销售同行之间的竞争压力可想而知。

作为一种反思,我们有没有想过,客户为什么会选择别人,而不选择我们呢?相对于别人,我们还欠缺什么呢?是我们的产品不够好,还是我们服务不到位?这是每一位销售人员每天都应该反思的问题。这个世上没有绝对的完美,如果在一个行业领域内,我们没有做到第一,那么,在别人身上永远都有我们所要学习的东西。

销售做得好与坏,主要由两大因素决定的,一个是产品推广,另一个是自身品质。推广可以让更多人知道你的产品,而品质可以让别人消费你的产品,并且可以为你带来源源不断的顾客客。

站在客户的角度思考问题

站在客户的角度思考问题是销售的王道。站在客户的角度想问题,就是以客户为中心,把客户的利益放在第一位。只有这样,在销售的过程中,才不会轻易遭到拒绝,才能更快地促成交易。

心理学家为销售员提出一种推销方法,这种方法要求销售员把自己想象成客户,即从客户的立场出发考虑问题。当客户对你推销的产品提出批评意见时,你要装出忘记自己的推销使命的样子,站在对方一边说话。

比如,你推销的是电风扇,顾客对这种产品挑剔很多,并声称不买电风扇也可以。这时候你就顺着对方的意思说话："这种产品确实不太好,花那么多钱买到一件不如意的东西真不合算!"这种话一出来,对方的感觉就好像正在使劲推一扇门,门突然不见了,自己有劲也使不上。这样一来,他的反对意见反而显得不重要了,即使还有什么不满意的话也觉得没有必要说出口了。

接下去,销售员可以乘势转变,以富有同情心的语调真诚地为对方设想,"一般来说,中等档次的电风扇都有这种毛病","今年夏天虽然不太热,但电风扇还是用得着的","如果不在乎价钱的话,可以买好一点的"。

在这样的交流中,对方无形中就把你当做帮助自己拿主意的人来看待,对销售员本能的戒心消失了。在这种情况下,客户很容易在销售员暗示下,做出购买电风扇的决定。

按照常理,销售员要说服客户购买自己的产品,必定要极力吹嘘,吹得过分一些,就难免有水分。长此以往,人们对推销货物者普遍形成了一种偏见,认为他们说的话没有真的。广泛宣传的产品收效甚微,其道理也就在这里。但当销售员以知心朋友身份出现时,顾客就会被对方的真诚所感动,从而被说服。

"小时候,我喜欢的事就是和爸爸一起去钓鱼。在钓鱼的时候,我发现父亲总是能钓到鱼,而我总是一无所获。对于一个孩子来说,实在是一件沮丧的事。于是我看着父亲的鱼筐,向父亲求教:'为什么我连一条鱼也钓不到,我的钓鱼方法不对吗?'可是父亲总是说:'孩子,不是你钓鱼的方法不对,而是你的想法不对,你想钓到鱼,就得像鱼那样思考。'因为年幼,我根本就不能理解父亲的话。那时,我总是想:我又不是鱼,我怎么能像鱼那样思考呢?这和钓鱼又有什么关系呢?"

一位资深的营销培训专家在给教室里挤得满满的营销人员上课,他不紧不慢地来回踱着步,毫不理会这些听课者越来越不满的表情。他接着说:

"后来,我上中学的时候,似乎体会到了一些父亲话里的真正含义。我仍然喜欢钓鱼,闲暇之余,我开始试着了解鱼的想法。在学校的图书馆,我看了一些和鱼类相关的书籍,甚至还加入了钓鱼俱乐部。在学习和交流的过程中,我对鱼类有了一些了解,也学到了很多有用的东西。"

"鱼是一种冷血动物,对水温十分敏感。所以,它们通常更喜欢待在温度较高的水域。一般水温高的地方阳光也比较强烈,但是你要知道鱼没有眼睑,阳

让顾客心动的王牌销售

光很容易刺伤它们的眼睛。所以它一般呆在阴凉的浅水处。浅水处水温较深水处高，而且食物也很丰富。但处于浅水处还要有充分的屏障，比如茂密的水草下面，这也是动物与生俱来的安全感。当你对鱼了解得越多，你也就越来越会钓鱼了。"

"我知道，你们花了很多钱来这里，不是听我说废话的，我也不想说废话，这是我几十年来积攒的宝贵经验，绝对不是废话，请大家耐心一点。"营销专家用力地拍拍桌子，想控制一下台下营销人员浮躁的情绪。

"后来，我进入了商界，也和你们大多数人一样，也是从一个普普通通的业务员干起。现在还记得，我的第一任老板是这样跟我说的：'虽然我们每个人的职务不同，工作内容也不太一样，但我们大家都要把自己当做一个销售员，我们都需要学会像销售员那样去思考。'在以后的工作中，我一直这样要求自己，阅读大量销售方面的书，参加各式销售研讨会。但是，在学习的过程中，我渐渐发现，我们不仅要学会以一个销售员的心态观察问题，更要掌握客户的心态，就像我父亲说的那样：'如果你想钓到鱼，你得像鱼那样思考。'而不是像渔夫那样思考！"

"这也是我今天向所有营销人员重磅推荐的最重要的一个理念——不要仅仅把自己当做一个营销者，还要把自己当做一个客户。"这位资深的营销专家重重地喊了这一嗓子，一下子把那些正在打瞌睡的家伙给震醒了！

一个专业的销售人员，想提高自己的销售业绩，就必须学会站在客户的角度想问题。但是，很可惜，现在有很多销售人员不知道这一点，他们往往喜欢站在自己的立场思考问题，而不能像一个普通的客户那样思考问题。

如果你想和你的老板相处愉快，并能更好地沟通，就必须得像他那样看问题。销售的道理也是一样的，你想从客户的口袋里掏钱，必须给客户一个掏钱的理由。这个理由源自哪里，源自客户的内心！只有真正体会到客户思维的销售，才是真正的销售高手。掌握客户的心理不是一件很容易的事，需要懂点儿心理学。初涉销售者，不妨学习一些心理学知识，相信会对你大有裨益！

其实，道理也很简单。你想卖给一个老太太一颗足球几乎是不可能的，除非她要送给自己的孙子。以老太太的心态，替她想问题，这才是销售的王道！

把客户当成朋友

说起顾客,许多人首先想到的是"顾客是上帝"这句话。的确,顾客是我们的衣食父母,没有顾客便谈不上企业的生存和发展。因此,我们的企业、特别是处于销售一线的员工就应千方百计地满足顾客的需要,即使有个别顾客有不当甚至过分的言行,我们也要耐心做好解释工作,尽量让对方满意,真正把顾客当成"上帝"来服务。

然而,只把顾客当成上帝是不够的,还应该争取把顾客变成我们关系亲密的朋友。其实,在某种意义上,顾客就是朋友。

千万不要用销售员的口气说话,要像个亲切的朋友去帮助他,让你说话的口气像朋友,让顾客觉得你是在帮他们。这是每一个渴望成功的销售人员起码应该养成的工作习惯,也是所有销售部门最基本的工作方式,也是所有营销人员必须学会的一套新思维!

很多顾客走出商场的时候,会这样说:"本来我想买那件东西,但是讨厌的销售员像唐僧一样嘟嘟唧唧,用一堆老掉牙的推销伎俩向我施压,简直是在强迫我购买,感觉很不爽。"

所以说,销售人员在和客户交谈的时候,不能用销售员的口气说话,要像对待朋友那样去帮助客户。这也就是我们一直在强调的站在客户的角度想问题。站在客户的角度考虑问题,不但能赢得客户的好感,还可以减少经营过程中许多不必要的麻烦。

一次一位顾客想买洗衣机,本来人家已经考虑好了自己想买的品牌,没想到一进商场,销售人员上来就是一通热情的介绍,什么水流洗涤方式啦,电脑主控板口啦,发动机电压稳定不稳定啦……将一些消费者根本无需了解的行业细节一股脑地灌了下去。

最后,顾客听他说了一番话,长了一些学问,很委婉地谢绝了这个销售员的建议,走向了另一个大商场。也许你会问:为什么?销售人员做得不对吗?让顾客多知道一些专业知识不是更好吗?这样的想法是对的,但是没有找到顾客购物的突破口。简单地说,没有说到顾客的心里去。

顾客会这样想:我家的电压一直很稳定,我对什么"高科技、全功能"也不

让顾客心动的王牌销售

太感兴趣,我只关心洗衣机好用不好用。看到销售人员在那边口若悬河,也许顾客早就捂紧了自己的钱包,生怕你掏走自己的钱。

销售人员,你为什么不能先试着搞清楚顾客的意图呢?上来就像例行公事一样宣传你自己的产品,可惜这样的宣传毫无沟通的价值。站在客户的角度想问题,不是让你口若悬河,是让你的说话的口气像朋友,让顾客觉得你是在帮他们。这是每一个渴望成功的销售人员起码应该养成的工作习惯,也是所有销售部门最基本的工作方式,也是所有营销人员必须学会的一套新思维!

假若每一名顾客都成了我们的朋友,我们的工作就必然会减少很多阻力,增添更多色彩。但是,顾客不会自动成为我们的朋友,从上帝到朋友有相当长的距离。

要把顾客变成朋友,我们首先要主动地做好服务工作,要像对待自己的亲朋好友一样,用亲切的微笑、百倍的热情来接待每一位顾客朋友,想朋友所想,急朋友所急,帮助朋友解决难题。久而久之,顾客就会被我们的真诚所感动,就会乐意跟我们交朋友,成为我们的回头客。只要有一个顾客成了我们真正的朋友,他就会成为我们的义务宣传员和销售员,主动带来更多的新客户。

把顾客当朋友,需要我们更用心地投入到工作中去,把企业当做自己的家,把顾客满意当成自己的目标。只要抱着这种快乐奉献的心态,真诚优质服务,就一定能感动"上帝",赢得朋友。

销售人员大刘说:"我的销售业绩一直就不好,不是我不勤快,主要原因是我不会讲笑话。一次,我和我们经理去谈生意,不到几分钟,经理就和客户像朋友一样开玩笑了,笑哈哈的。可我呢,像个木头桩子似地戳在那里,太失败了!"

经理看到他这个样子,就对他说:"熟读唐诗300首,不会作诗也会吟嘛。如果那个客户说他很忙,你可以说,你不要赚那么多钱就好了嘛。这样,一边说一边笑,气氛很快就能缓和下来。"

其实,销售人员最关键的是要有灵活的头脑,思维敏捷更有利于沟通。在谈判的时候不要把客户当上帝,要把客户当成你的朋友,保持一种对待朋友的心态,客户就不会有拘束感!

很多销售人员觉得与客户谈生意是一件很严肃的事情，自己要注意礼节，说话要严谨，谈话内容最好是围绕着生意来进行。殊不知，很多经理级别的销售人员和客户谈判时，都会特别注意一些生意以外的东西，这些看似和生意无关的东西反而能影响到一桩生意的成败。

要赢得生意，首先要赢得客户的心。尤其是远道而来的客户，在短暂的宝贵的时间里，销售人员不可能马上就和客人谈什么新的采购计划，一般都是非常随意地与客人闲聊，比如什么生活情况、家庭、教育、有趣的事情等，完了再邀请客户吃晚饭。这种感觉就好像"他乡遇故知"一样，把客户当成了自己的好朋友。

像朋友一样和客户谈生意，不仅能让客户感觉到自己受重视，也会对销售人员产生信赖感。长时间地保持这种信赖关系，会最大程度地发掘客户的终身价值。即使做不成生意，多个朋友也不是什么坏事！

当然，你也不可能和每一个客户谈生意的时候都像朋友一样，从客户关系管理上看，也不可能有那样的精力和资源。

销售人员在和客户谈生意的时候还要注意，必须保持一种认真、务实、诚信的态度，最好能形成一种习惯。想把生意做得长久一些，就一定要坦诚相待，努力去争取一个双赢，而不是花心思去算计对方！

把一个客户谈成你的朋友，有时候是一件很有成就感的事情。也许，这个朋友会带给你更多的生意，毕竟资源共享才能越做越大。

把客户的利益放在第一位

人们通常会说，顾客是上帝。如果你以对待上帝的那份敬畏之心去对待你的顾客，恐怕顾客都会被吓跑吧。小刘做化妆品牌美容顾问已经有 12 年了，不管去哪家店总能超额完成任务，年年被公司评为优秀员工。如何留住顾客？她说，别把顾客当上帝，也别把顾客只当顾客，应该把顾客当朋友。你们可能会说，说起来容易，做起来难，那小刘是怎么做到的呢？

一、吸引新顾客，满足需求是首位

新顾客是拉动一个品牌高速发展的强大力量，把握住了新顾客才能保证品牌的可持续发展。如何吸引新顾客、留住新顾客，把新顾客发展为老顾客

让顾客心动的王牌销售

呢？现在,在化妆品界,已经不仅仅是彩妆品牌的美容顾问会到过道上来拉顾客试妆,越来越多的护肤品牌也开始走出专柜派发宣传单页了,竞争越来越白热化。

但是,邀约顾客临柜只是万里长征的第一步,你需要更全面地去接触这个顾客,注意微笑和语气,因为这会让人感到亲切。但更重要的是,观察她的肤质,了解她的基本需求,并去满足。

小刘说,有一次,顾客小张把自己的朋友小李带过来。小李从来没有使用过这个品牌,是一个新顾客。她想选择一款精华液解决皮肤干燥问题。小刘观察了小李的肤质,属于特别干燥,而公司现在主推的是新品美白系列精华液,售价198元,卖一支还有3块钱的额外提成,但小刘根据自己的经验知道这款精华液不能解决小李的皮肤问题,如果卖了这支精华液,小李估计很难再回头。于是,小刘没有推荐那款会有3块钱额外提成的精华液,而是向小李推荐了另一系列售价只要118元的精华液。小李试用后效果不错,当即购买,三个月后小李回柜,买了第二瓶118元的精华液,还配了一全套近千元的产品。

新顾客的流动性很大,如何将新顾客稳定下来成为你的忠实消费者,信任是关键。如何取得信任？销售技巧只是表面功夫,满足顾客需求才是制胜关键。不要只看眼前利益,要学会放长线钓大鱼。

二、留住老顾客,增加黏度是关键

现在品牌越来越多,顾客对品牌的忠诚度也没那么高,但人与人之间关系认熟不认生的特点却很难改变。小刘虽然在这家公司做了很久,却几乎走遍了城市的每家店,但无论她到哪家店,顾客也都跟着她走,因为就是认她这个人。

化妆品专柜销售,顾客回访是很重要的一步。过去,我们往往采取短信群发或者电话回访的方式在做,但现在垃圾短信越来越多,骚扰电话也越来越多,很可能短信还没仔细看就已经被删了,电话号码一看是陌生号码就拒接了,就算接了一听是推销产品的马上也就挂了。不少美容顾问开始抱怨,顾客回访越来越难做。是真的那么难,还是没用心呢？

小刘说:"开始我用飞信做顾客回访,一来为了省钱,二来感觉也比短信更近一些,但还是觉得不够亲近。现在微信越来越流行,我又改用微信了,如果遇到商场做活动还可以把活动信息发到朋友圈，让大家都可以看到，非常方便，感觉也很亲切，和顾客的关系也拉得很近，更像朋友。"

现在小刘每隔一段时间都会用微信给顾客做回访，发一段语音问顾客上次买的产品感觉如何，顾客往往都很惊讶："哎呀，你居然还记得我啊！"其实，小刘并不见得记得每一位顾客，只不过她在做回访时拿着顾客填写的会员资料本，上面清楚地写着顾客什么时候购买了什么产品。就是这样一来二往，小刘和顾客的关系越来越近，甚至偶尔还能聊几句家长里短。

将老顾客转变为自己的朋友，需要增加黏度，不要只把顾客当顾客，只跟顾客说现在在做什么活动，购买省了多少钱，会有多划算。只谈钱伤感情，谈感情只伤流量，所以要学会利用工具增进与顾客的感情，深入顾客的生活，与顾客做朋友。

三、为顾客着想，让顾客占便宜

曾经有一句话是，女人都爱贪小便宜。这句话不无道理，其实不仅是女人，这几乎可以说是人的本性，只不过更多地体现在女性身上。化妆品的消费群主要是女性，那么如何让你的顾客感觉占到便宜也是很重要的一部分。

小刘说，对于熟识的顾客多给点小恩小惠会让顾客更愿意回柜。其实，女人很容易满足，多给一两个中小样就会欢欣雀跃。当然，你还是需要掌握一个度，不能一味地无限度地去满足顾客贪婪的需求。最好这个小恩小惠是你主动给的，而不是顾客要的，这样长此以往，顾客就会养成一个习惯，"嗯，我在小刘这里买东西不会亏，她会多给我赠品的。"

另外，要为顾客着想，比如很多商场周末会做满减满送活动，如果周四老顾客来了，你是卖还是不卖？如果这个顾客已经和你成为朋友，你就无需担心这一天的时间她会跑到别的专柜去买，作为朋友你就该告诉顾客："明天做活动，要不你明天再来吧！"顾客听到这样的话会觉得很贴心，因为你为顾客着想了。当然，有些顾客比较固执，非要当天购买，如果你觉得可以躲得过商场收现的处罚，也可以考虑适当灵活操作，提前把活动做给顾客，但这么做也肯定是有风险的。

让顾客心动的王牌销售

顾客不是傻子,心里都跟明镜似的,你为顾客着想了,一定会提高顾客再次回柜的几率,所以任何时候都要以顾客的需求为主,这不是把顾客当上帝,而是把顾客当朋友。

小刘不仅把自己如何留住顾客的方法告诉了每一位新来的美容顾问,她总是手把手地教她们,不厌其烦地演示给她们看。新美容顾问都很怕她,因为觉得她很严厉,如果没有按照要求来就会被骂,但大家也都很崇敬她,愿意听她的。小刘说:"如果新美容顾问只图眼前利益,而置顾客需求不理的话,我是一定会教育她的!我柜上的美容顾问必须以顾客需求为主!"

现在,小刘已经不再只是带领几个美容顾问完成本柜台销售任务的小小柜长了,她已经成为一名区域督导,管理她所在这个城市的好几个柜台,她会把她这些如何留住顾客的方法告诉更多的美容顾问。

让顾客有便宜可占,其实成本并没有增加,顾客反而会因为窃喜心理,介绍更多的顾客来消费。所以,销售员要做的并不仅仅是销售,更多的是成为顾客的朋友,给顾客充分的信任,只有这样,销售业绩才会与日俱增。

换位思考的销售智慧

在生活中,朋友意味着真诚,意味着信赖。朋友就是那个在自己困惑时给自己指明方向,提供选择的人。在销售员与客户之间也是如此。全球销售畅销书《销售圣经》的作者、著名销售专家杰弗里·吉默特曾说过这么一句话:"人们更喜欢从朋友而不是从销售员那里买东西!"

换位思考能让我们明白客户真正需要的是什么。就如前文中提到的,要想钓到鱼,就要像鱼那样去思考。聪明的销售员要树立一种把自己当成客户的朋友的心态。销售人员在销售过程中,要时刻谨记,把客户的钱看成是自己的,把客户的事情当作自己朋友的事情,要慎重从事。所以,在销售中要把客户的因素考虑周全,你给客户一撇,客户就会很自然地给你一捺,由此便能形成一个"人"。

有一天,某位销售员拜访了一位业务经理,结果发现他们毕业于同一所中学,而且都上过同一个老师的物理课。那位老师非常有个性,而且学术能力很高。

两人在交流的过程中,发现相互间的共同话题多得惊人。 在接下来的几年中, 他们像老朋友一样合作,销售员从业务经理那里拿到了数百万元的订单。

每一位客户都渴望得到销售人员的关心和重视,渴望得到适合自己,并能给自己带来实惠的商品和服务。但不同的客户,因为其经历各不相同,导致其谈论的话题、爱好、希望有所不同。那么怎样才能成为客户真正的朋友呢?要把客户当成你的朋友或亲人, 就要在真诚服务的心态下, 努力将自己塑造为一位善解人意的聆听者,成为一位专业的建议者。

一位销售员在江苏出差, 无意中听到某位采购商的秘书正打电话安排采购商的 9 岁的女儿去参加一个钢琴演奏比赛。这位销售员随即询问了一些关于她女儿的情况。几天后,销售员出现在了比赛现场,观看了这个"小音乐人"的精彩演奏。 一个月后, 当这位销售员无意间向那位采购商提起这件事时,当天就拿到了一份百万元的订单。

换位思考,就是把自己放到客户的位置去考虑问题,这样就能知道客户目前需要的是什么了。当然,也只有这样,才能让顾客打开心扉,放下戒心,以致促成交易。

在销售中,客户都想与一个面带微笑、具有亲和力的销售员来交谈,没有谁愿意对着一副冷冰冰的面孔。所以销售员一定要学会换位思考, 将自己最美丽的微笑展现给客户。这样可以使销售员与客户之间的距离一下子缩短,让客户产生信任感。然后,销售员再开始介绍产品,这样客户便容易把话听进去。

几年以前, 底特律的哥堡大厅举行了一次巨大的汽艇展览会。在展会期间, 一家汽艇厂有一宗巨大的生意跑掉了, 而第二家汽艇厂却用微笑把顾客挽留了下来。

一位来自中东某一产油国的富翁, 他站在一艘展览的大船旁对他面前的

让顾客心动的王牌销售

销售员说："我想买艘汽船。"这对销售员来说是求之不得的好事，那位销售员很周到地接待了富翁，只是他脸上冷冰冰的，没有笑容。

这位富翁看着这位销售员那张没有笑容的脸，走开了。

他继续参观，到了下一艘陈列的船前，这次他受到了一个年轻销售员的热情招待。这位销售员脸上挂着欢迎的笑容，那微笑像太阳一样灿烂，使这位富翁有宾至如归的感觉，所以，他又一次说："我想买艘汽船。"

"没问题！"这位销售员脸上带着微笑说，"我会为您介绍我们的产品。"他只这样简单地附和说。

最后，这位富翁果然交了定金，并且对这位销售员说："我喜欢人们表现出一种他们非常喜欢我的样子，现在你已经用微笑向我表现出来了。这次展览会上，你让我感受到了我是受欢迎的人。"

第二天这位富翁带着一张保付支票回来，买下了价值2000万美元的汽船。

可见，有时候我们的客户并不挑剔，只是一个简单的微笑就可以满足他们想要受到他人欢迎的心理。所以销售员们千万不要吝啬自己的微笑，用微笑把客户留住。如果我们在推销过程中，可以换位思考，就可以用微笑的姿态面对我们的客户，也就可以把客户留住了。

我为什么获得订单

作为一个销售员，你为什么会获得订单呢？答案很简单，就是你总是站在客户的立场来想问题的，也就是我们所说的"客户至上"原则。这一点，说起来容易，但是真正实施起来是很难的。每个人都有自己的想法，每个人都有自己的需求，这就要求推销人员必须具备机敏的头脑和良好的口才。否则，面对众多客户就会出现手忙脚乱的现象。

有一个餐厅生意很好，门庭若市，餐厅的老板年纪大了，想要退休了，就把3位经理找了过来。

老板问第一位经理说："先有鸡还是先有蛋？"

第一位经理想了想，答道："先有鸡。"

　　老板接着问第二位经理说："先有鸡还是先有蛋？"

　　第二位经理胸有成竹地答道："先有蛋。"

　　老板又叫来第三位经理问："先有鸡还是先有蛋？"

　　第三位经理认真地说："客人先点鸡，就先有鸡；客人先点蛋，就先有蛋。"

　　老板笑了，于是擢升第三位经理为总经理。

　　顾客就是上帝。只有一心为顾客着想的人，才会真正赢得市场，获得成功。积极地为客户着想，"以诚相待、以心换心"，是销售人员对待客户的基本原则，也是销售人员成功的基本要素。

　　有一位销售培训师对学生们说："能够把冰箱卖给爱斯基摩人的销售员不是一个好的销售员。因为这个爱斯基摩人在发觉上当后就再也不愿见到他了，销售员也不要想再回到那里卖其他任何东西了。因为别人已对他失去了信任。"现在，有许多销售员，都有这种想法，即把自己手中的产品卖出去，而不管顾客买了有没有用，以及能不能发挥出产品的极大性能。

　　所有成功的人，或者说业绩突出的人，之所以成功，就是因为他们的价值观念、行为模式比一般人更主动，他们的心态比一般人更积极。

　　一个机械设备销售员，费了九牛二虎之力谈成了一笔价值40多万元的生意。但在即将签单的时候，发现另一家公司的设备更合适于客户，而且价格更低。于是，本着为客户着想的原则，他毅然决定把这一切都告诉客户，并建议客户购买另一家公司的产品，客户因此非常感动。结果虽然这个人少拿了上万元的提成，还受到公司的责难。但在后来的一年时间内，仅通过该客户介绍的生意就达百万元，而且为自己赢得了很高的声誉。

　　为什么有的销售员总与成功有缘，而有些销售员则始终无法避免失败呢？最主要的原因是前者能够为客户解决问题，而后者在拜访客户时往往表现得盲目和平庸。老实的销售员匆匆忙忙地敲开客户办公室的门，急急忙忙地介绍产品，遭到客户拒绝后，又赶快去拜访下一位客户。他们整日忙忙碌碌，所获却不多。

　　有一个人参加竞选活动，他的助选员发现，大部分选民认为他是一位属于

让顾客心动的王牌销售

高层社会的人，与自己毫不相干，所以对他的参选表现出冷漠的态度，于是他们便把宣传的重心置于他是四个孩子的好爸爸。选民知道这位竞选者有四个孩子，而且又是一位称职的父亲之后，对他产生了亲切感，这位人士最后获得高票当选了。

销售也是同样的道理，销售员在拜访客户时应该首先建立彼此的共鸣，不要直奔主题。讲产品那是我们的专长，而非客户所了解的领域。所以，我们讲得越多客户越反感，信赖感就越不容易建立。因此，在进入主题之前，尽量先谈一些无关的话题。例如，彼此的经验，嗜好或家庭等。让双方多了解一下，发现彼此的共同点。这样，我们才能找到与客户的共同话题，从而打开谈话的局面。

一名寿险销售员要把保险销售给大学教授张先生，他是一位很有威望的动物学专家。当走进张先生的办公室后他才发现，他是一位"顽固"的先生。

张先生对自己以前的保险代理人不满意，认为他没有向自己提供较为完善的保险计划。见面后，张先生细致地介绍了他目前的保险安排和为了适应环境变化所作的调整计划，并问了很多技术性问题。销售员觉得，张先生问这些问题的目的并非是想知道答案，而是考查他的知识。于是这位销售员屡次想要把他们的谈话引入正题，张先生根本不给他这个机会。

销售员觉得自己是在浪费时间，对这次会面不抱什么希望了，于是他准备告退。这时张先生接了一个电话，无意中销售员听到他下学期要开一门关于考拉熊的课程。在电话结束后，他便和张先生谈起了这种澳洲的小动物。

"你知道考拉熊？"张先生的表情让销售员感到两个人之间的距离一下子拉近了。

"这确实是一种很可爱的小动物。以前我看过有关的报道，并且非常喜欢它们。"销售员实事求是地回答。

于是，销售员便开始向张先生请教起考拉熊的问题。这时，张先生的态度彻底改变了，他不再提问，而是对销售员关于考拉熊的提问给予详细的回答，二人越谈越开心。

那天，销售员除了从张先生那里知道了许多有关考拉熊的专业知识外，更重要的是还收获了一张保单。

在这个案例中,销售员在销售即将结束的时候发现他和客户的共同爱好,于是,开始把话题从保险转移到客户擅长的动物学领域,这样双方一问一答,讨论得非常投机,交谈氛围变得融洽起来,张先生对销售员的信赖感也就随之产生。这样,成交也就不再是什么难事了。可以说,销售员的这张保单是"考拉熊"带给他的。所以,销售人员不能认为只要对自己的产品熟悉就可以了,要花更多的时间去了解客户。这样才能和客户产生共同语言,从而拉近与客户之间的距离,进而促成交易。

了解客户的内心世界才能做好推销

就像作家不懂生活就写不出好作品来一样,作为销售员,如果你不了解你的客户是怎么想的,那你的生意肯定就做不好。比如说,你喜欢巧克力,你也喜欢钓鱼,但是,在你钓鱼的时候,总不能把巧克力当鱼饵吧?因为喜欢吃巧克力的是你而不是鱼,所以,先要知道鱼喜欢吃什么,你才能决定投放什么样的鱼饵。这个道理并不深奥,但并不是每个销售员都懂。他说他自己作为市场总监(生产食品和饮料)也是在一个杂货店当了两个月"老板"后才悟出来的道理。

推销是满足客户的需求而不是自己的需求,推销不是卖自己认为客户需要的东西,而是卖客户自己认为需要的东西。虽然就是这一点点差别,但过去它让我吃尽了苦头,所以,我决定自己到我亲戚的这个小卖店,当三个月小老板,进行换位思考,看看客户在进我们的货时到底是在考虑些什么问题。

一般的销售员只想与客户多签点合同,多拿点提成,忙于讨价还价,很少从客户的角度去思考问题,琢磨客户在想些什么,是怎么想的。比如,为什么你认为好销的品种他认为不好,客户为什么老是爱拖欠货款,为什么有点毛病就大呼小叫……如果能换位思考,可以让你省好多脑筋,事半功倍。

其实,这种换位思考不仅是一种工作技巧;换位思考首先要求你尊重对方,所以它也是一种做人的品德。因为你尊重了对方,所以,它往往很容易建立起相互信赖的基础。买卖双方如果缺乏信赖,那就很难成交;即便成交,也很难持久。

如果销售员能够从深层次上理解自己的客户,他就会自然而然地从客户

让顾客心动的王牌销售

的角度来考虑问题，从而把握住客户潜在的情感需求，准确地预测出客户对于你而不是你的产品的反应。这种预测客户心理反应的能力，就是推销技巧的核心，它可以说就是推销的最高境界。

过去，小李负责推销冰淇淋时，小李总是说他的冰淇淋味道如何，质量如何，但市场业绩总是不理想，当时小李就百思不得其解。当小李做小老板后，别的厂家来向他推销产品时，小李的第一个念头就是，进这个东西他能不能赚钱？也就是在这个时候，小李找到了他一直要找的答案！所以，小李现在做市场策划时，不再过分强调产品有什么特点，而主要是告诉经销商小李的产品是哪些人喜欢，并重点介绍这种产品可以让经销商赚多少钱，等等。

确实，销售员一般都非常勤奋，对自己的产品也有相当的了解，但是，一些人的业绩总是上不去，问题也许就出在他们把握客户这一点上。作为销售员，为了养成换位思考的习惯，随时把握和了解客户的真实想法，你应该经常去站站柜台。

想要促成交易，就要把握客户内心的最真实想法，只有这样，才能让客户满意。

一家民营企业的总裁看上了一家公司的净化空气的产品。之前，通过电话沟通，双方已经有了合作意向。所以这位总裁希望趁着出差能够看一下产品的实际效果。

一天中午，业务员小陈哭丧着脸对经理说："我刚才打给某总电话，某总正在餐厅吃饭，我说要过去看他，没说两句，某总就说没时间，说着就挂了我的电话，不再接我的电话了。"

"你把刚才打电话时的情景原原本本地再说一遍。"经理觉得可能是他什么时候不小心说错了什么话，惹某总不高兴了。

"刚才接通电话，某总说自己正在和朋友喝酒，还开玩笑问我是不是一起来喝两杯，我说：'我马上赶过来陪您喝'，他问我：'怎么来？'我说：'打车，一会儿就到。'随后他就说：'算了。'然后把电话挂了。"

问题就出在这里！他某总堂堂一个大集团公司的副总，怎么能让他的朋友说他见了一个自己没有车的小销售员呢？真是糊涂！

126

于是，经理用他的手机给某总打了电话："某总，实在不好意思，我应该开车过来接您到我们公司来看看；如果方便的话，我们下午一点半之前到您住的地方来接您。您看可以吗？"某总说下午三点还有一个小组讨论会，他这次就不进城了，让他们把样品带过去演示给他看看就行了。

经理和小陈很快赶了过去。本来见面只安排半个小时，结果超过了一个小时。尽管某总把与其他朋友的约会给耽误了，但他仍兴致勃勃。他还要求尽快派人到他们那里去一次，跟他们商场的那些具体负责人详细谈一谈。

当你与客户第一次接触时，你只能看到他的外表或在电话里听到他的声音，看不到他们的内心在想些什么以及是怎么想的。要打开客户的心理封锁线，最好的办法就是用心与客户交流沟通。拜访客户，特别是第一次登门拜访时，最好不要直接切入正题。先可以闲聊：一般人都有几件引以为自豪的事，这往往就是你要找的最好突破口，如问客户他的孩子在哪上学，他个人有些什么业余爱好，等等，这样客户就会慢慢敞开自己的心扉。在聊的同时要观察，看客户的衣着打扮，看办公室的每一样东西，找到一些特别之处，如桌上的像框中的照片、文具的摆设、台历或电脑显示屏上图像的风格……它们多多少少会有些反映出主人兴趣和爱好的蛛丝马迹。在闲聊时更要注意的是"听"，听客户对你提的问题的第一反应，或他们提起的或暗示的第一件事。通过听客户长篇大论的叙述，你会发现客户心中的困惑，这样你就能真正感受到客户的真实内心世界。要让客户敞开心扉，你就必须细心；而要做到细心，你就必须用心。

通过与客户的交流之后，你基本上要了解这么一些问题：客户对你的产品是不是很了解；他们是不是有兴趣听你对产品的介绍；他们是不是对价格很敏感；他们接受价格的底线在哪里；他们是不是与你的竞争对手开始接触；这个竞争对手在我们之前已经做了哪些工作，这些工作做到了什么程度，等等。如果把这些问题基本了解清楚了，那么你基本上就找到打开客户内心世界的方法了。

美国西南航空公司打破消费者以往对于飞机宽敞、舒适、可口食物等的期望，它的飞机不是很舒适，不提供食品和咖啡，只保证安全和快捷。但这样的航空公司不仅没有倒闭，反而成为了航空史上的传奇。究其原因，是其从消费者的角度思考,对于消费者而言,坐飞机最重要的就是安全和便捷,于是它舍远求近,专攻这两个方面,结果正中消费者下怀。与竭力提高飞机的内部设计和服务水平不同,这样做既可以降低成本,又牢牢抓住了消费者的心。

通过与消费者的换位思考,首先商家可以通过不断改进商品,来满足消费者日益增长、变化的需求。通过站在消费者的角度,更直观地感知消费者的内心活动,明白消费者对产品的预期,而使产品永葆生命力。其次商家通过换位思考也可以化被动为主动,改变消费者的期望而适应自己的商品。

换位思考,以客户至上,才能攻破客户的心理防线,才能最真实地了解客户的心理需求,也只有这样,我们的推销工作才能做到事半功倍。

找准客户的感觉

客户的感觉就是自己成功的感觉。为什么这么说呢?作为一个销售员,只有把握住客户的心理活动,了解客户的需求,才能使推销成功。也就是说,把客户的感觉当做自己的感觉,这样就离成功不远了。

什么是营销之道?最佳答案就是,营销之道是一种透过客户视角看问题的能力。

遗憾的是,透过客户的视角来看问题是不可能的。要见客户之所见,我们就必须做到:他们不了解的,我们也不了解。而这却是不可能的。我们对自己的公司以及产品的了解总是比客户多。我们无法把自己确实了解的东西变成不了解的。

幸运的是,搞营销有点像打高尔夫球。即便是老虎伍兹也永远做不到一杆打进18个球洞。但我们并不需要得满分才能获胜。我们只需要获得比竞争对手更好的分数。那么,在从客户的角度考虑问题这个方面,我们要怎么做才能提高自己的得分呢?

一、始终生活在现实里

小王把一份市场营销的研究报告交给一位快速消费品公司的老板。坐在他的办公室里,小王看到公司的产品被放置在一个美丽的玻璃展示柜中,柜中的灯光和镜子极其朦胧,营造出美妙的效果。小王向他指出:"每次当我的眼睛掠过这个美丽的玻璃柜时，我就是在欺骗自己。因为消费者实际上每天看到的是各种各样、琳琅满目的产品，而我们公司的产品最多只不过在货架上占据 15%的空间。而且，有些竞争对手的产品看起来与我们的很相似。"小王提议他接受自己的建议："用一个超市中常用的普通货架来替换这个美丽的玻璃柜，在货架上除了摆放自己的产品外，把竞争对手的产品也都一并摆上去。"他果真听从了小王的建议。现在，每当他抬起头来，他看到的都是真实的现实。

当然，如果他手下的营销人员知道，老板是一位愿意了解真实情况并且掌握实际情况的人，也不会有任何不妥。

二、与过去的老客户交谈

认真倾听他们的谈话，找出这些老客户离开你的真实原因。这些老客户对你并不满意，因此你不可能指望他们发出令人愉快的语言，使你周身舒服、内心温暖。但恰恰是他们能告诉你很多东西。就像记者一样，应当与一个政治家的前妻交谈，而不是他目前的妻子。例如，信用卡公司 MBNA 要求自己的高级经理给以前的客户致电，并请他们回来继续接受 MBNA 的服务。毫无疑问，相比市场调查公司经过粉饰的研究报告，这种做法能使人学到更多的经营之道。

三、从客户中聘用重要人员

很多公司已经在这样做了。实际上，IBM 就聘用了过去的一个大客户——郭士纳(Lou Gerstner)来担任公司的 CEO 才拯救了自己。当时，几乎 IBM 公司中的每个人，甚至电脑行业中的每个人，都认为 IBM 公司需要立即分拆才能找到生存之路。而郭士纳对电脑知之甚少，或者说一窍不通，对电脑行业他更不了解。但是，他曾经是一个 IBM 的客户，所以他知道，IBM 公司的主要问题是各区域分部和产品之间缺少协作，这个问题通过分拆并不能解决。恰恰相反，它需要增强公司各部分的整合和协作。为什么 IBM 公司内部没有一个人想到这一点？因为当你不是客户的时候，你很难从客户的角度出发去思考问题。

四、让你的客户来帮你管理

也许你应当要求你的潜在客户来审核你的新广告，让他们来批准或者否决你的广告创意。或者,当你与营销人员及广告公司的人员开会时,请这些客户列席会议并发表他们的高见。欧洲生产洗衣粉的一家著名公司的品牌经理说:"我们总是在播放广告之前就征求客户的意见和反应。"但是,问题是为什么要让客户的各种观点经过你的头脑来筛选呢?要知道,你很可能是无知的。

想象一下,假如广告公司事先知道家庭主妇会喜欢或不喜欢他们的广告,这是否会影响他们广告制作的方式?这不是问题的关键,最主要的是他们会努力制作能够吸引家庭主妇的广告,而不是吸引营销经理眼球的广告,因为前者才是购买洗衣粉的人,而后者只是购买广告的人。

五、体验一回做自己客户的感觉

致电到自己公司的客户服务热线请求帮助,亲自体验一下客户在你的公司遭遇到的折磨。比如,住在你自己的酒店里。在有些酒店,当你打电话要冰块时,5分钟内会有一个侍者敲敲门进来,拿走盛冰块的空桶,然后再过5分钟左右,他会送来盛满冰块的桶。

我们无需思索就知道,更高效的办法是拿一个盛满冰块的桶来,同时把空桶带走。这种方式节约了侍者的时间,也就节约了旅馆的费用,而你也能获得更好的服务。为什么有些旅馆不能想出这么简单的做法呢?原因是管理人员对送冰块的情形不了解,因为他们不住在酒店的客房里。

然后,也体验一回做竞争对手客户的感觉,看看你的竞争对手是怎么做事的,并思考其中的原因。我们还是继续说说关于冰块的话题。在北京的香格里拉饭店,不管你是否要求,饭店都会在每天下午5点钟把冰块送到客房里。这样做是否高效呢?从成本的角度而言,未必如此。但是,每隔30分钟,冰块融化就会发出轻微的喀嚓声,似在提醒客人他可以享受一杯凉爽的冰镇威士忌。饭店发现,通过这种方式,它的客房迷你酒吧就可以卖出更多的酒饮料,赚到更多的利润。

第九章 机会永远都有

交易的机会是无处不在的，关键是作为销售员的我们能不能把握住这些机会，从而成就我们的人生梦想。善于发现机会的销售员，其眼光绝不仅仅定格在以销售为目的的交易上，而是把服务顾客、使顾客满意作为自己的工作标准。

机会是平等的

一位刚毕业的大学生到一家公司应聘会计，初试时即遭到拒绝，因为她太年轻，公司需要的是有丰富经验的资深会计人员。女大学生没有气馁，她对考官说："请再给我一次机会，让我参加完笔试。"考官答应了她的请求。结果她的笔试成绩最好，女孩进入了第二关，接受人事经理的面试。

由于她没有工作经验，更谈不上资格证书。出于礼貌，人事经理说："今天就到这里，如果有消息我会打电话通知你。"

女孩从座位上站起来，向人事经理道谢。并从口袋里掏出一元钱，双手呈给他："不管是否录取，请都给我打个电话。"

人事经理从未遇到过这种情况，说："不给没被录用的人打电话是很正常的事。如果你没有被录用，我打电话，有什么意义呢？你到底想知道些什么？"

"请告诉我，在什么地方不能达到你们的要求，我在哪方面不够好，我好改进，因为我还要走进考场。"

"那一元钱……"

不等人事经理说完，女孩微笑着解释："给没有被录用的人打电话不属于公司的正常开支，所以由我付电话费，请你一定打。"

人事经理马上微笑着说："请你把一元收回。我不会打电话了，我现在就正式通知你，你被录用了。"

最终，女孩以一元钱的成本和独特的智慧敲开了机遇的大门。

让顾客心动的王牌销售

　　机会对于每个人都是平等的。只是每个人对待机会的心态有所不同，从而让身边，伸手可得的机会溜走。生活中，很大一部分销售员往往由于急切地想促成交易，从而失去了更多的成交机会和订单。所以，在进行销售行为的时候，销售员切不可因小失大，要善于抓住更多的机会，以成就自己的事业。

　　在一个偏远的小村庄里，有一个老牧师，他照管着村里的人，施行洗礼，举办葬礼、婚礼，抚慰病人和孤寡老人，忠诚尽责，得到所有村民的爱戴。

　　有一次，村里发生了水灾，迫使老牧师爬上了教堂的屋顶。这时候，消防员驾着快艇来到，对他说道："牧师，快上来，我把你带到安全的地方。"

　　牧师看了看消防员，说道："这数十年来，我一直按照上帝的旨意，施行洗礼，举办葬礼、婚礼，抚慰病人和孤寡老人。我一年只休一个星期的假期，而在这一个星期的假期中，你知道我干什么去了？我去了家孤儿院帮助做饭。我真诚地相信上帝，因为我是上帝的仆人，上帝会救我的，你离开吧。"消防员见不能说服他，只好离开去搜救其它人。

　　水越涨越高，四周白茫茫一片，老牧师抱着屋顶的十字架浑身颤抖，突然有个渔夫划着船过来，对他喊道："神父，快点上来，全村人都到了高地，我是专诚来救你的，你平时待我们这么好。"

　　老牧师摇摇头："不，不。"他又一次讲述了他一生的工作和对上帝的信仰，渔夫只好无奈地走了。最后，老牧师被水淹死了。

　　老牧师来到天堂，他问上帝："一直以来我遵照你的旨意做事，为什么当我最需要你的时候，而你却让我淹死了。"

　　上帝回望着他，迷惑不解地说："你被淹死了？我不是派了消防员去救你吗？为了保险，我还叫渔夫再去看一遍确保你能获救呢！"

　　机会是什么呢？对老牧师来说，在被洪水围困的时候，机会是获得救援脱离险境，他在等待上帝给予的这一个机会，偏偏就看不到机会一再地出现在他的眼前，以致机会擦身而过，最终无法得救。对于把握了机会的人来说，把握一个机会，足以改变一生，同一个机会，演绎不同的精彩。销售员要注意培养自己发现机会的眼光和面对机会的心态。只有这样，才能称得上是一个合格的销售员，才能获得更多的订单。

机会是自己创造的

有个人在一天晚上碰到一个神仙,这个神仙告诉他说,有大事要发生在他身上了,他会有机会得到很大的一笔财富,在社会上获得卓越的地位,并且娶到一个漂亮的妻子。这个人终其一生都在等待这个奇异的承诺,可是什么事也没发生。他穷困地度过了他的一生,最后孤独地老死了。当他死后,他又看见了那个神仙,他对神仙说:"你说过要给我财富、很高的社会地位和漂亮的妻子,我等了一辈子,却什么也没有。"

神仙回答他:"我没说过那种话。我只承诺过要给你机会得到财富、一个受人尊重的社会地位和一个漂亮的妻子,可是你让这些机会从你身边溜走了。"这个人迷惑了,他说:"我不明白你的意思。"神仙回答道:"你记得你曾经有一次想到一个好点子,可是你没有行动,因为你怕失败而不敢去尝试吗?"这个人点点头。

神仙继续说:"因为你没有去行动,这个点子几年以后被另外一个人想到了,那个人一点也不害怕地去做了,他后来变成了全国最有钱的人。还有,你应该还记得,有一次发生了大地震,城里大半的房子都毁了,好儿千人被困在倒塌的房子里。你有机会去帮忙拯救那些存活的人,可是你怕小偷会趁你不在家的时候,到你家里去打劫偷东西,你以这作为借口,故意忽视那些需要你帮助的人,而只是守着自己的房子。"这个人不好意思地点点头。

神仙说:"那是你去拯救几百个人的好机会,而那个机会可以使你在城里得到多大的尊崇和荣耀啊!"

"还有,"神仙继续说,"你记不记得有一个头发乌黑的漂亮女子,你曾经非常强烈地被她吸引,你从来不曾这么喜欢过一个女人,之后也没有再碰到过像她这么好的女人。可是你想她不可能会喜欢你,更不可能会答应跟你结婚,你因为害怕被拒绝,就让她从你身旁溜走了。"

这个人又点点头,这次他流下了眼泪。

神仙说:"我的朋友啊,就是她!她本来该是你的妻子,你们会有好几个漂亮的小孩,而且跟她在一起,你的人生将会有许许多多的快乐。"

我们每天身边都会围绕着很多的机会,可是我们经常像故事里的那个人

让顾客心动的王牌销售

一样,总是因为害怕而停止了脚步,结果机会就溜走了。

不过我们比故事里的那个人多了一个优势:我们还活着。我们可以从现在起去抓住那些机会,我们可以开始去创造我们自己的机会。

如果自己不去创造机会,那么就很可能被社会埋没了。所以我们要善于创造、把握机会,机会对每个人都是一样的。

在美国的一个街角,有来自各地的流浪者。一天,一个人对被风吹来的一张报纸很感兴趣,然后津津有味地看了起来……

报纸上,在一个很不起眼的角落里写了这样一则报道:一美元购买法拉利。然后就是出售人的地址。

这个流浪者对这个消息感到很奇怪,于是按照报纸所提供的地址找到了一座宅院。是一座很漂亮的别墅,在他说明来意之后,管家把他带到了一个贵妇人身边。

妇人说:“一美元,然后法拉利你就可以开走了。”

结果这笔交易真的就成功了。

他很是不明白,于是问了妇人事情的原委。只听妇人说道:“相信你看的出来,我们家是这一代最富有的人,但我的丈夫在前不久发生了以外,车祸身亡了。他名下的所有财产全部归我所有,但唯独这辆车是留给他情妇的,可是还有一点,这辆车的拍卖权归我。我负责把这辆车卖出去,然后把所得的钱转交给他的情妇。所以我就是要一美元把它卖出去,然后把这仅有的钱送给那可恶的女人。”

于是这个流浪者高兴地开着这辆法拉利回去了,回到了他的同伴中间。

其他的人看到他这样的回来,都在调侃。

“偷来的?”

“嗨,哥们怎么搞了辆车啊?”

“发财了?”

他把这次经历告诉了其他的人。然后,就听到抱怨、懊悔、嫉妒、愤怒的声音四面开来。最多的声音还是一句“这张报纸,这条信息我们在几天前就看过了,以为是根本不可能的事”。

成功其实很简单,就是比别人多做一点、多想一步。也只有如此,我们才能发现机会,创造机会,进而抓住机会,取得可喜的成绩。销售员最大的障碍就是不能看到被顾客拒绝后的机会,不能在困境中找到销售的突破口,以致失掉订单。

金尾雏鸡和红尾雏鸡一同出生在一个巢里,又被同一个猎人捉住,然后被关在了同一个鸟笼里。鸟笼小得可怜,但却可以享受各种美餐。红尾雏鸡饱食终日,身体养得臃肿不堪。金尾雏鸡规劝道:"咱们都是鸟类,应该学会飞行的本领啊!"

"飞行?"红尾雏鸡嘲笑金尾雏鸡,"关在鸟笼子里,往哪儿飞?还是趁早死了那条心吧。"金尾雏鸡无奈地摇摇头,依然每天坚持在笼中练习飞行动作,把一双翅膀练习得强劲有力。红尾雏鸡则又垂下眼帘,独自舒舒服服地晒太阳。

有一天,一个小孩子把鸟笼子打开了,金尾雏鸡凭着一对强劲有力的翅膀迅速冲出鸟笼飞回了山林,而红尾雏鸡想飞却飞不动,仍被关在鸟笼里。

许多时候,人们面临着同样的机遇,想要不错过稍纵即逝的机遇,我们必须练就一身能够迅速抓住机会的本领。否则,即使与机会狭路相逢,也会眼睁睁地错过。居里夫人说得好,强者创造时机,弱者等待时机。"机会"往往是从勤奋中得来,没有才能的人妄求机会,即使一时候能爬上高位,可能会跌得更重!销售员处在一个与顾客打交道的环境里,就必须为最终的成交做好充分的准备,不断地提升自身的素质,以最完美的状态与顾客进行沟通,来达到最终的交易目的。

顾客的需求就是机会

杰明·哈姆威是美国的一个糕点小贩。在一次在美国举行的世界博览会上,组委会允许商贩在会场外摆摊设点。这样哈姆威就来到了会场外出售他的甜脆薄饼。在他摊位旁边的是一位卖冰淇淋的小贩。当时正值盛夏,卖冰淇淋小贩的生意红火极了。但由于吃冰淇淋的人太多,盛装冰淇淋的小碟子不够使用,有很多顾客要等别人吃完退了碟子之后才能一享口福。哈姆威看到这种情况,灵机一动,把自己的薄饼卷起来,成为一个圆锥形,把"锥子"倒过

让顾客心动的王牌销售

来，就可以装冰淇淋吃了。顾客们目睹这种情况，都纷纷用薄饼卷成的小筒子装冰淇淋，并觉得这样吃起来更具有一番风味。就这样，薄饼装冰淇淋受到了出人意料的欢迎，这也就是现在大家喜欢吃的蛋卷冰淇淋的雏形，哈姆威也因此发了一笔横财。

上面的故事就出现在我们的生活中，而且离得那么近。时机是一种机遇，一种成功的机会。一些销售员之所以能够获得订单，并不是因为他们有多么好的口才，最主要的是他们善于行动，一旦发现机会，便能牢牢抓住。成功的销售员都是善于抓住机会的人，而善于抓住机会的销售员恰恰是能够满足顾客需求的人。只有把顾客的需求放在首位，就能在激烈的竞争中找到打动和征服顾客的机会。

名表专柜前，一位销售人员正在向客户推销手表。这时，她注意到客户手腕佩戴的是一块国产梅花表。

"先生，你现在佩戴的这块表也很好看哦，很经典的。不过看款式，应该是比较早一点的吧。"

"对。我妈妈送给我的。戴了几十年了，很有感情。那时候，手表是很贵重的礼品。"

"那你今天想买一块什么样的表呢？"

"过几天是我妈妈六十大寿的日子，我想选一个特别的生日礼物送给她。"

销售人员立即对客户的故事做出了回应："呀，你母亲六十大寿了，真是可喜可贺。我们有专门针对老年人开发的系列产品。上次也有位客户在此购买这款表作为祝寿大礼，深得老人家欢心。请到这边来看一下。"

销售人员要学会挖掘顾客的需求，从而在此基础上找到满足顾客需求的产品，为推销活动找到并把握机会，促成交易。

抓住机会就是成功

有一个青年,喜欢上农场主漂亮的女儿了,于是他鼓起勇气去向农场主提婚。农场主打量了青年一会,对青年说:"我的女儿不会嫁给平庸的人,她要嫁就嫁给一个勇敢的人,如果你能证明你是个勇敢的人,我就把女儿嫁给你。"

这个青年就答应了,然后他问农场主:"怎样才能证明我是勇敢的呀?"

农场主说:"很简单,我把三头牛放出牛栏,如果你能抓住任何一头牛的尾巴,就代表你很勇敢,我就把女儿嫁给你。"青年心里想,这个事情应该不难做,于是就答应了。

农场主把第一头牛放出牛栏,这头牛冲着青年就冲过来了,青年一看这头牛个头很大,很壮,心里就有点胆怯了,心想:这头牛太大了,我还是等下头牛出来再上去抓牛尾巴吧。于是他闪身让过了这头牛。

农场主把第二头牛又放出牛栏,结果这头牛比第一头牛还要强壮,青年又胆怯了,又让过了这头牛。青年心想:第三头牛肯定不会比这头牛更大了,再比这头还大的话,那就该是大象了,所以我一定要抓住第三头牛的尾巴。

农场主又把第二头牛放出了牛栏,青年一看,这头牛又小又瘦,走路还摇摇晃晃,心里不禁高兴起来,立刻冲到牛的后面,伸手就要去抓牛尾巴。可是他手伸到一半的时候,就傻眼了。原来这头牛没有尾巴。

很多时候,机会只有一次,如果你没有抓住它的话,也许以后就再也没有机会可抓了。销售员向顾客推销产品的机会也只有一次,如果不能很好地把握好这个机会,那么必将失去这个顾客。

一位著名的斯巴达斗士,在回答他一生中最让他受益匪浅和难忘的人和事是什么时,他的回答是母亲给他的一句话。

那时,他刚刚18岁,血气方刚,正在练习击剑,当他还没刺到对方身上时,对手的剑早到了他的身上。"唉,谁叫我的剑太短了!"

"不,儿子,你前进一步,你的剑不就长了吗?"这是他母亲的回答。

廉·丹佛说:"不要怨天尤人,命运其实就在你手中。"有些人抱怨命运女

让顾客心动的王牌销售

神忽略了他,总以为自己碰不上好机遇,总以为能够利用的机遇太少,因而把工作和生活上的一切不顺心的事,都归结到机遇很少光临自己。廉·丹佛认为,机遇对每一个人都是公平的,不存在厚此薄彼的问题,这就像阳光雨露会播撒到大地上的每一块地方一样,关键是一个人面对机遇究竟能不能真正把握住。

销售员的机遇从与顾客见面的那一刻就已经开始了,只不过很多人忽略了这个事实,总是紧紧地盯着最终的成交,以致失去了交易的机会。

一天,美国一位年轻的保险推销员费了许多口舌才说服一位顾客购买保险,正在推销员给顾客签名的时候,他的钢笔漏下了一滩墨水,染黑了签名的地方,顾客一怒之下拂袖而去,推销员将要成交的一笔生意就这样黄了。这件事让这位年轻的推销员感到刻骨铭心的痛心,他一气之下从此不卖保险了,开始对签字笔的研究,发誓一定要研究出一种永远不会漏墨水的笔。

年轻人经过几十年的潜心研究和上百次的试验,终于有一天获得了成功。他立刻为自己的发明申请了专利,并且从此以后以卖笔作为自己的事业。这位年轻人就是李维斯·华特门。

如今华特门公司成为世界上著名的以生产签字笔出名的企业,以质量上乘,制作精美华贵而著称,其中最贵的华特门笔售价2000美元,最便宜的也在100美元以上。

祸兮福之所依,福兮祸之所伏。困难是种机会,就像乱世造英雄一样,积极的人会在困难中寻找机会,因而找到改变命运的金钥匙;消极的人,是在机会来临时,还要找困难,找种种他们无法利用这机会的理由,以致让机会白白地从身边溜走。

希腊有一位大学者,名叫苏格拉底。一天,他带领几个弟子来到一块麦地边。那正是成熟的季节,地里满是沉甸甸的麦穗。苏格拉底对弟子们说:"你们去麦地里摘一个最大的麦穗,只许进不许退。我在麦地的尽头等你们。"

弟子们听懂了老师的要求后,就陆续走进了麦地。

地里到处都是大麦穗,哪一个才是最大的呢?弟子们埋头向前走。看看这一株,摇了摇头;看看那一株,又摇了摇头。他们总以为最大的麦穗还在前面你呢。虽然弟子们也试着摘了几穗,但并不满意,便随手扔掉了。他们总以为机会还很多,完全没有必要过早地定夺。

弟子们一边低着头往前走,一边用心地挑挑拣拣,经过了很长一段时间。

突然,大家听到苏格拉底苍老的、如同洪钟一般的声音:"你们已经到头了。"这时两手空空的弟子们才如梦初醒。

苏格拉底对弟子们说:"这块麦地里肯定有一穗是最大的,但你们未必能碰见它;即使碰见了,也未必能作出准确的判断。因此最大的一穗就是你们刚刚摘下的。"

苏格拉底的弟子们听了老师的话,悟出了这这样一个道理:人的一生仿佛也是在卖底中行走,也在寻找那最大的一穗。有的人见了那颗粒饱满的"麦穗",就不失时机地摘下它;有的人则东张西望,一再错失良机。当然,追求应该是最大的,单把眼前的麦穗拿在手中,才是实实在在的。

是的,我们每天身边都会围绕着很多的机会,可是我们经常像故事里讲的那样让机会从我们身边溜走,而不能不失时机地将其抓住。不能抓住机会的人是失败的。所以,作为销售员要善于抓住每一次遇到的机会,才能在事业上有所突破。

做一个善于把握机会的人

英国小说家乔治·盖瑞·埃格尔斯顿曾经讲述过这样一个故事:

一天,西格诺府邸要举行一个盛大的宴会,主人邀请了许多贵客。就在宴会开始之前,负责装饰餐桌的人跑来说,他弄坏了餐桌上那个巨大的装饰品。

这时一个在西格诺府邸厨房干粗活的小孩说:"如果您让我试试的话,我想我能够制造另外一个来顶替。"管家听到小孩的这番话后十分惊讶。

"你!"管家惊奇道,"你是谁,敢说这样的大话。"

"我叫安东尼奥·卡诺瓦,是雕刻家皮萨诺的孙子。"脸色苍白的小孩强作镇定地回答。

"小子,你能做什么?"管家将信将疑地问道。

"如果您肯让我试一下的话,我就能做出一件摆在餐桌中央的东西。"这种紧急情况下,管家绞尽脑汁也找不出其他更好的方法,只得同意让这个孩子

让顾客心动的王牌销售

试一试，看看他究竟能做什么。这个干粗活的孩子让人拿来了一些黄油，一眨眼的工夫，一只活灵活现的卧狮就出现在了大家面前。管家又惊又喜，立刻派人把这只黄油狮子摆上桌子。

晚宴开始了，客人们被带到了餐厅。大多数客人不是威尼斯的名商巨贾就是王亲贵胄，还有一些是经验丰富的艺术鉴赏家。当他们的目光落到餐桌上的黄油狮子时，都不禁惊叹它是天才的杰作，几乎忘记了来此宴会的真正目的。

大家的目光久久凝视着这件精美绝伦的艺术品。他们禁不住追问主人究竟是哪位伟大的雕刻家愿意屈尊降贵，用这种很快就会融化的黄油来创作作品。西格诺自己也不明就里，找来管家询问事情的原委。安东尼奥就这样被带到了所有客人的面前。

当这些尊贵的客人得知这样一件令人叹为观止的艺术品是出自一个厨房小杂役之手时，都不敢相信自己的眼睛。这场宴会变成了对安东尼奥的赞美会。富甲一方的主人当即宣布，要出资为这个孩子请最好的老师，以便好好发挥他的天赋。西格诺果然遵守了自己的诺言。而安东尼奥并没有被降临在自己身上的好运冲昏头脑，他依旧还是一个纯朴、认真的孩子，勤奋刻苦地学习，希望成为一名优秀的雕刻家。

后来，安东尼奥·卡诺瓦通过努力成为了世界上最伟大的雕刻家。

只有弱者才会等待机会，而强者则会创造机会。每个做销售工作的人都不会是一个弱者，因为他们敢于面对即将来临的拒绝和嘲笑。所以，这样一个非凡的工作，自然就需要我们时时地发现和创造促使成功的机会。

有一天，一位先生宴请美国名作家赛珍珠女士，林语堂先生也在被请之列，于是，他就请求主人把他的席位排在赛珍珠之旁。席间，赛珍珠知道座上有许多中国作家，就说："各位何不以新作供美国出版界印发？本人愿为介绍。"

座席上的人当时都以为这是一种普通敷衍的说词而已，未予注意。唯独林语堂先生当场一口答应，并搜集其发表于中国之英文小品成一巨册，送之赛珍珠，请为斧正。赛因此对林博士印象极佳，其后乃以全力助其成功。

一个人能否成功，固然要靠天才、努力，但及时把握时机，不因循、不观望、不退缩、不犹豫，想到就做，有尝试的勇气，有实践的决心，诸多因素加起来才可以造就一个人的成功。所以，有些人的成功在于一个很偶然的机会，但认真想来，这偶然机会能被发现，被抓住，而且被充分利用，却又不是偶然的。

一天，大发明家爱迪生的办公室来了一位不修边幅的人，大家都觉得他很好玩。当他表明自己此来是想成为爱迪生的合伙人时，所有的人都禁不住哄堂大笑——爱迪生从来就没有什么合伙人。

这个人叫巴纳斯。由于他的坚持，他赢得了一份在爱迪生的办公室打杂的工作。爱迪生对他的坚毅有着良好印象，但这不足以使他成为爱迪生的合伙人，巴纳斯对此毫不在乎，他在爱迪生那里做了数年的设备清洁和维修工作，总是任劳任怨。

机会终于来了。有一天，他听爱迪生的销售人员在嘲笑一件最新发明——口授留声机，他自告奋勇去销售这件东西，从此，他便得到了这份销售工作。巴纳斯用他打工的钱跑遍了全国，一个月后，他卖了七台机器。当他装着满肚子的销售计划回到爱迪生的办公室时，爱迪生真的接受他为口授留声机的合伙人。

作为一名销售人员，也应该像巴纳斯一样，在坚持中发现并把握机遇。销售员通常会面对各色各样的人，而这个过程，其实就是发现机会的过程。能够发现并抓住机会，就能赢得顾客的信任，从而形成长久的合作关系，为自己的销售事业扩宽道路，为自己的梦想铸就希望。

利用机会展现自己

李开复在《致中国学生一封信》中谈到，"不论你做了怎样优秀的工作，不会表达，无法让更多的人去理解和分享，那就几乎等于白做。要想在现代企业获得成功，就要抓住机会，展现自己。在领导或同事面前要善于表现自己的优点，有了研究成果或技术创新之后要通过演讲、展示、交流、论文等方式和同事或同行分享，只有善于展示自己的人才能在工作中获得真正的机会。"销售工作亦是如此。销售员只有善于利用机会来展现自己，才能给顾客留下深刻的印象，才能获得顾客的再一次光顾，从而使自己的业绩直线上升。

让顾客心动的王牌销售

　　小张是从事营销管理工作的，有一次他去听一个管理专家的讲演。

　　一般而言，做讲演的人总希望有人配合自己。在讲演过程中，专家问："在座的有多少人喜欢经济学？"可没有一个人响应。去听讲演的大都是从事经济工作的，到这儿来的目的就是"充电"。可由于怕被提问，大家都选择了沉默。

　　专家苦笑一下，说："暂停一下，我给大家讲个故事。"

　　"我刚到美国读书的时候，大学里经常有讲座，每次都是请华尔街或跨国公司的高级管理人员来讲演。每次开讲前，我都发现一个有趣的现象——我周围的同学总是拿一张硬纸，中间对折一下，让它可以立着，然后用颜色很鲜艳的笔大大地用粗体写上自己的名字，再放在桌前。于是，讲演者需要听讲者回答问题时，他就可以直接看着名字叫人。我对此不解，便问旁边的同学。他笑着告诉我，讲演的人都是一流的人物，和他们交流就意味着机会。当你的回答令他满意或吃惊时，很有可能就暗示着他会给你提供比别人多的机会。这是一个很简单的道理。事实也正如此，我的确看到我周围的几个同学，因为出色的见解，最终得以到一流的公司供职……"

　　专家讲完故事之后，小张和其他人一样都举起了自己的手。

　　抓住机会展现自己是每个销售人员应该尽力去做到的事情。无论是在顾客面前，还是在上司面前，都要充分利用好每一次机会让自己得以展示。也唯有如此，我们才能获得更多的销售资源，才能提高我们的业绩。

　　李开复讲过一个员工善于抓住机会，展现自己的故事："有一次，我收到了一份很特殊的求职申请书。不同于以往大多数求职者，这位申请人的求职资料中包括了他的自我介绍，他对微软研究院的向往，以及他为什么认为自己是合适的人选，此外还有他已经发表的论文、老师的推荐信和他希望来微软做的课题等。尽管他毕业的学校不是中国最有名的学校，但他的自我推销奏效了。我从这些文件中看到了他的热情和认真。在我面试他时，他又递交了一份更充分的个人资料。最后，当我问他有没有问题要问我时，他反问我，'你对我还有没有任何的保留？'当时，我的确对他能否进入新的研究领域有疑虑，于是就进一步问了他一些这方面的问题。他举出了两个很有说服力的例子。最后，我们雇用了这名应聘者。他现在做得非常出色。"

李开复感慨地说:"能醒目地亮出自己,为自己创造机会的人,才是真正赢得成功机会的人。"

销售员在顾客面前要懂得表现自己最佳的一面,没有哪个顾客喜欢与心不在焉的销售员打交道,也不会喜欢那些天南地北、喋喋不休的销售员,反而会认可那些在关键时刻表现出聪慧的销售员。因为他们认为,这样的销售员会提供给自己更好的服务。

小丽所在的公关部原定只有7人,注定有1人迟早被裁,加上部门经理位置一直空缺,如此便导致了内部斗争日益升级,发展到有人挖空心思抢夺别人的客户。

小丽不喜欢这样的氛围,她只知道老老实实做事,甘当人人背后称道的无名英雄。她始终默默无闻,只问付出不问收获,是出了名的逆来顺受,当然是被裁掉的最好选择。尽管论学历,论工作态度,论能力和口碑都不错,但她一直没有好好地在老总面前表现自己,老总也一直以为她没有什么能耐。

接到人事部提前1个月下达的辞退通知之后,小丽好像当头挨了一记闷棍一般,她半天也没回过神来。她怎么也没想到,自己两年多的努力不仅没有得到承认与尊重,反而得到的竟然是被裁的待遇,她实在有点不甘心。

有一天,一个和公司即将签约的大客户提出要到公司来看看后再签约,一旦和这家大客户签下长期供货合同,至少半年内全公司衣食无忧。这家客户是一家大型合资企业,同来参观的人中有几个是日本人,并且还是这次签约的决策人物,这是公司没有想到的。见面时,因双方语言沟通困难,场面显得有些尴尬,就在公司老总感到为难之际,小丽不失时机地用熟练的日语同日本客人交谈起来,给老总救了场。小丽陪同客人参观,相谈甚欢,她凭借自己良好的表达能力和沟通能力,丰富的谈判技巧和对业务的深入了解,终于顺利地签下了大单。

小丽的随机应变的表现能力,以及熟练的日语会话能力,让老总对她大加赞赏。她在老总的心目中的份量也悄悄发生了变化。一个月后,小丽不仅没有被辞退,还暂时代任公关部经理。

销售员在推销的时候要善于醒目地亮出自己,抓住时机,争取给顾客留下

让顾客心动的王牌销售

良好的印象，以期顾客的二次光临和传播，使自己的销售工作得到更大的发展空间。

机会到处都有

美国总统林肯在街头看到一份新到的《智慧》杂志，随手买了一本回到宿舍翻看。突然，发现中间几页没有裁开。他用小刀裁开了它的连页，发现连页中的一段内容被纸糊住了。他又用小刀慢慢把纸刮开，于是现出了以下文字："恭贺您！您用您的好奇心和接受新事物的能力获得了本刊 1 万美元的奖金，请将杂志退还本刊，我们负责调换并给您寄去奖金。"

林肯对编辑部这种启发读者智慧和好奇心的做法极其欣赏，便提笔写了一封回信。不久，总统便接到新调换的杂志和编辑部的一封回信："总统先生，在我们这次故意印错的 300 本杂志中，只有 8 个人从中获得了奖金，绝大多数人都采取了寄回杂志社重新调换刊物的做法。看来您是真正的智者。根据您来信的建议，我们决定将杂志改名。"这本杂志，就是至今风靡世界的《读者》。

不少人后悔没有揭开那薄薄的连在一起的几页纸和一段被糊住的文字。事实上，大地回春向万物发出了请柬，但并不是每一粒种子都能发芽。机遇面前人人平等，只不过看谁会发现机遇、抓住机遇。机遇在人群中穿行，但并不是每一个人都去奋力捕捉。机遇的确有好有坏，但与其抱怨没有机遇，倒不如去历练发现机遇的眼光。销售员需要的正是这样一种发现机会的眼光。

有一个年轻人，没有文凭，来到北京打工，凭着一身力气，他当了一名送奶工。很快，他凭着自己的努力，成立了自己的送奶公司。由于他诚实守信，服务优质，经过几年的打拼，他的公司很快发展到 20 万个家庭订户。

一天，他与一位做广告的朋友谈话时突然想到公司现有的 20 万个家庭订户，不就是一个极其庞大的网络吗？这张网只用于送奶实在是太浪费了，为什么不以此为载体，在送奶的同时，兼做广告传播呢？于是，他又成立了广告传播公司。公司的广告传播人员几乎全由送奶工兼任，转眼之间使业务由一拓展为二。

初战告捷后，他决定以送奶网络为载体，兼营更多的业务。随后他与一些商场合作,进行电子商务配送,还创办了广告杂志。这些新业务,都是依托于公司的奶品递送这张巨型大网铺开的,其利润却远远超过了送奶的利润。由于形成了良性循环,订奶客户也很快发展到 30 万户,员工从最初的 3 个人发展到目前 2800 余人,资产由最初的 2000 元猛增到现在的 1.5 亿元。这位已成为亿万富翁的年轻人,名叫吴作仁,他的公司被评为第三届全国文明社区贡献大奖,其本人也荣获"北京市十佳外来青年"称号。

机会到处都有,关键是我们要有一双慧眼,去发现它抓住它,并充分用好人生的每一个机会,我们的人生就会展示一片春光灿烂的前景。

100 多年前,美国费城的 6 个高中生向他们仰慕已久的一位博学多才的牧师请求:"先生,您肯教我们读书吗? 我们想上大学,可是我们没钱。我们中学快毕业了,有一定的学识,您肯教教我们吗? "

这位牧师名叫 R·康惠尔,他答应教这 6 个贫家子弟。同时他又暗自思忖:"一定还会有许多年轻人没钱上大学,他们想学习但付不起学费。我应该为这样的年轻人办一所大学。"

于是,他开始为筹建大学募捐。当时建一所大学大概要花 150 万美元。

康惠尔四处奔走,在各地演讲了 5 年,恳求大学为出身贫穷但有志于学的年轻人捐钱。出乎他意料的是,5 年的辛苦筹募到的钱还不足 1000 美元。

康惠尔深感悲伤,情绪低落。当他走向教堂准备下礼拜的演说词时,低头沉思他发现教室周围的草枯黄得东倒西歪。他便问园丁:"为什么这里的草长得不如别的教堂周围的草呢? "

园丁抬起头来望着牧师回答说:"噢,我猜想你眼中觉得这地方的草长得不好,主要是因为你把这些草和别的草相比较的缘故。看来,我们常常是看到别人美丽的草地,希望别人的草地就是我们自己的,却很少去整治自家的草地。"

园丁的一席话使康惠尔恍然大悟。他跑进教堂开始撰写演讲稿。他在演讲稿中指出,我们大家往往是让时间在等待观望中白白流逝,却没有努力工作使事情朝着我们希望的方向发展。

他在演讲中讲了一个农夫的故事:有个农夫拥有一块土地,生活过得很不错。但是,当他听说要是有块土地的底下埋着钻石的话,他只要有一块钻石就

让顾客心动的王牌销售

可以富得难以想象。于是，农夫把自己的地卖了，离家出走，四处寻找可以发现钻石的地方。农夫走向遥远的异国他乡，然而却从未能发现钻石，最后，他囊空如洗。一天晚上，他在一个海滩自杀身亡。

真是无巧不成书！那个买下这个农夫的土地的人在散步时，无意中发现了一块异样的石头，他拾起来一看，它晶光闪闪，反射出光芒。他仔细察看，发现这是一块钻石。这样，就在农夫卖掉的这块土地上，新主人发现了从未被人发现的最大的钻石宝藏。

这个故事是发人深省的，康惠尔写道："财富不是仅凭奔走四方去发现的，它属于自己去挖掘的人，只属于依靠自己的土地的人，只属于相信自己能力的人。"

康惠尔作了 7 年关于这个"钻石宝藏"的演讲。7 年后，他赚得 800 万美元，这笔钱大大超出了他想建一所学校的需要。

今天，这所学校竖立在宾夕法尼亚州的费城，这便是著名学府坦普尔大学——它的建成只是因为一个人从朴素的故事里得到的启迪。

作为销售员的我们应该学会在已有的条件下发现和创造机会。机会到处都有，或许就在我们身边也说不定呢。所以，销售员不必费尽心思地去打击对手，更不用剑走偏锋，或铤而走险，只需做好自己，机会自然而至；只要抓住机会，成功毋庸置疑。

有一个村子，每家每户都种植甘蔗。但是从这一年开始，甘蔗卖不动了。卖甘蔗的村民们怨天尤人，表示明年不会再种甘蔗了。这时，有位 20 多岁的小伙子觉得这样下去也不是办法，于是就把眼光看向了城里。早几年前就有人到城里去过了，但是甘蔗这东西在城里并不是特别好卖，超市里都嫌甘蔗脏，街边的小贩也不愿意卖甘蔗，因为甘蔗是要刨皮的。

他来到城里之后，找到了水果批发市场，水果批发商的说法和村民们的说法是一样的，甘蔗的销售不好！

那天下午，小伙子一个人走得又累又渴，就在公园里坐了下来休息。这时有个做小生意的人捧着一箱切好的西瓜来到这里叫卖，他花两块钱买了一块解渴。在撕去外面包着的那层保鲜膜后，他忽然心想：假如这是个整个的西瓜，我会买吗？一定不会，因为买来之后首先面临好几个问题：用什么来切，切

146

开后一个人吃得掉吗？扔西瓜皮方便吗？而这一小块切好的西瓜,就将那些后顾之忧全都省掉了!

把所有让买卖双方都觉得不舒服的因素都去掉!他忽然间意识到这一点,这样一想他的灵感顿时上来了:如果将甘蔗刨皮后再用真空保鲜袋装起来,那无论是卖的人还是买的人都不会嫌脏了!他忽然触一及百地想到了很多:将甘蔗去皮后砍成一截截,用真空袋子包装起来,分为即食装和礼品装两种,另外在礼品装中再分出一种存放期更长的甘蔗:把甘蔗砍成一截一截却不刨皮,在甘蔗的两端切口包上保鲜膜装进礼品盒中, 这样一来就把甘蔗的档次给提高了,而且卖的人不会嫌脏,买的人拿起来也方便,送人也体面了许多。

半个月之后,他的甘蔗几乎遍布了城里的大街小巷,而他的加工作坊也到了供不应求的地步,就连外地的客商也纷纷来订货。这时,镇上的一家企业主动找上门来与他合作,把规模扩大了起来,订单一张张地接踵而至,原本无人问津的甘蔗顿时成了市场上的抢手货!

机会孕育在偶然之中。销售员就是要善于在偶然的事件中发现并抓住一切机会,来扩大自己的销售范围,为自己的产品打开销路。

第十章 做销售就是人性的修为

销售就是一种修炼。我们每个人从出生时的第一次哭声开始，就已经在推销自己了。销售自己与销售产品充斥着我们的生活。所以，想要得到顾客的认可，我们必然要不断地提高自身的素质。

成功是一种不断超越的快感

约翰和汤姆是邻居，他俩从小就在一起玩耍。约翰是一个聪明的小孩，学什么都举一反三，他知道自己的优势，而且为此骄傲。

汤姆没有约翰聪明，尽管他很用功，但成绩平平。与约翰相比，他心理时常留露出一种自卑。然而，他的母亲却总是鼓励他："如果你总是以他人的成绩来衡量自己，你终身也不过是一个追逐者。奔驰的骏马尽管在开始的时候总是呼啸在前，但最终抵达目的地却往往是充满耐心和毅力的骆驼。"

聪明的约翰自诩是个聪明人，但一生业绩平平，没能成就任何一件大事。而自觉很笨的汤姆却从各个方面充实自己，一点点超越自己，最终成就了非凡的事业。

约翰愤愤不平，以致郁郁而终。他的灵魂飞到了天堂后，质问上帝："我的聪明才智远远超过汤姆，我应该比他更伟大才是，可为何你却让他成为了人间的卓越者呢？"

上帝笑了笑说："可怜的孩子啊，你至死都没有明白，我把每个人送到世上，在他的生命'褡裢'里都放了同样的东西，这个东西就是聪明。只不过我把你的聪明放到了褡裢的前面，你因为能看到或是能触摸到自己的聪明而沾沾自喜，以致误了你的终生！而汤姆的聪明却放在了褡裢的后面，他因为看不到自己的聪明，总是在仰头看着前方，所以他一生都在不自觉地迈步向前！"

每一位销售员的销售过程都是一部不断超越自己的奋斗史。销售员要善于利用自己的优势来取得成功，而不是被自己的优势所蒙蔽，以致碌碌无为。

乔·吉拉德刚开始卖车时，老板给了他一个月的试用期。29 天过去了，他一辆车也没有卖出去。最后一天，他起了个大早，到各处去推销，到了下班时间，还是没有人肯订他的车，老板准备收回给他的车钥匙，告诉他明天不用来公司了。乔·吉拉德坚持说："还没有到晚上 12 点，我还有机会。"于是，他坐在车里继续等。

午夜时分，传来了敲门声。一个卖锅者，身上挂满了锅，冻得浑身发抖，看见车里有灯，想问问车主要不要买口锅。乔·吉拉德看到这个家伙比自己还落魄，就请他坐到自己的车里来取暖，并递上热咖啡。两人开始聊天，乔·吉拉德问："如果我买了你的锅，接下来你会怎么做？"

卖锅者说："继续赶路，卖掉下一口锅。"

乔·吉拉德又问："全部卖完以后呢？"

卖锅者说："回家再背几十口锅出来接着卖。"

乔·吉拉德继续问："如果你想使自己的锅越卖越多，越卖越远，你该怎么办？"

卖锅者说："那就得考虑买部车，不过现在买不起。"

两人越聊越起劲，天亮时，这位卖锅者订了一辆车，提货时间是 5 个月以后，订金是一口锅的钱。因为有了这张订单，乔·吉拉德被老板留了下来。此后，乔·吉拉德一边卖车，一边帮助卖锅者寻找市场，卖锅者生意越做越大，3 个月以后，提前提走了一辆送货用的车。

法乔·吉拉德从说服卖锅者签下订单起，就坚定了信心，相信自己一定能找到更多的客户。同时，通过第一份订单，他也悟到了一个道理，推销是一门双赢的艺术，如果只想到自己赚钱，是很难打动客户的。只有设身处地地为客户着想，帮助客户成长或解决客户的烦恼，才能赢得订单。秉持这种推销理念，15 年间，乔·吉拉德卖了一万多辆汽车。

销售是一门双赢的艺术。销售员想要在销售中有所突破，就必须坚持这一原则，把销售看成帮助他人并被他人帮助的一个艺术行为，而不是简单地把产品卖出去。超越自己现有的思想局限，才能在销售中有所顿悟，才能找到销售带来的人生乐趣。

成功无须刻意的坚持

一只新组装好的小钟放在两只旧钟当中。两只旧钟"嘀哒"、"嘀哒",一分一秒地走着。其中一只旧钟对新组装好的小钟说:"来吧,你也该工作了,不过我有点担心,担心你走完三千二百万次以后,恐怕就会吃不消。"

"天呐!三千二百万次!"新组装好的小钟很吃惊,"让我做这么多的事情?办不到,办不到!"

另一只旧闹钟说:"别听他胡说八道。不用害怕,你只需要每秒钟滴答一次,摆一下就行了。"

"天底下哪有这样简单的事情!"新组装好的小钟将信将疑,"如果是这样,那我就试试把。"

新组装好的小钟每秒滴答一下、摆一下,它感觉很轻松。不知不觉,一年就过去了,它没有吃不消,依旧滴答滴答地走着。

成功不是一蹴而就的事,所以,取得成功无须刻意的坚持,只需要专注于眼下的每分每秒即可。

1965 年,一位韩国学生到剑桥大学主修心理学,几年后发表了博士论文《其实成功没有那么难》,揭开了坚持与成功的秘密。在采访这些成功的人士时,都普遍表示自己没有想过要坚持,回头看看自己走过的路的时候,自己也都觉得害怕,不知不觉居然做了这么多,倘若再来一次,很多人也会被这些巨大的任务吓倒而难以再坚持。在外人看来,他们是因为坚持而成功了。可是他们自己知道,他们是喜欢做一件事,并且做的时候感觉很快乐很刺激而一直做,于是成为了坚持,然后达到了最后的成功。

成功是在自己喜欢的事业上一步一步地走过来的,而不是刻意坚持的结果。销售员必须要先学会热爱自己的工作,然后才在销售中做出傲人的成绩。

从前,有两个和尚分别住在在相邻的两座山上的庙里,这两座山之间有一条小溪,于是这两个和尚每天都会在同一时间下山去溪边挑水。久而久之,他们便成为好朋友。

就这样,在每天挑水中,不知不觉已经过了五年。突然有一天,左边这座山的和尚没有下山挑水,右边那座山的和尚心想:他大概睡过头了。便不以为意。哪知第二天,左边这座山的和尚,还是没有下山挑水,第三天也一样,过了一个星期,还是一样。

直到过了一个月,右边那座山的和尚,终于受不了了。他心想:我的朋友可能生病了,我要过去拜访他,看看能帮上什么忙。于是他便爬上了左边这座山去探望他的老朋友。等他到达左边这座山的庙里看到他的老友之后,大吃一惊,因为他的老友正在庙前打太极拳,一点也不像一个月没喝水的人。

他好奇地问:"你已经一个月,没有下山挑水了,难道你可以不用喝水吗?"

左边这座山的和尚说:"来来来,我带你去看。"于是,他带着右边那座山的和尚走到庙的后院,指着一口井说:"这五年来,我每天做完功课后,都会抽空挖这口井。即使有时很忙,能挖多少就算多少。如今,终于让我挖出水来,我就不必再下山挑水了。我可以有更多时间练我喜欢的太极拳了。"

刻意的坚持是无效的,但是我们可以去找坚持的动力。换言之,我们可以把我们坚持转换成一种意念、一种毅力、一种做事的起因或爱好,然后尽心尽力地做好它,这就是我们的成功。销售员进行销售工作也是这个道理,把销售当成自己的事业来做,才能在销售中找到属于自己的价值。

仪态决定第一印象

小张是办公用具的销售员。一次去拜访客户,进入办公室后就开始滔滔不绝地介绍起来。同样是做销售出身的客户也非常认真地倾听着他的精彩讲解。即将结束的时候,不知是因为客户专注的神情而变得紧张,还是办公室温度太高,小张便拿起一块纸板当作扇子扇起风来,一阵阵凉风拂过的同时,小张身上散发出来的汗味和口臭味也一股脑地飘向了客户。结果就可想而知了,小张因为自己的稍不注意就失去了一次成交的机会。

销售员的仪表和服饰在销售工作中,是销售成功的第一块敲门砖,也是自己修养的体现。更是公司形象和产品形象的具体体现,决不能马虎。

女销售员的仪表

1.头发。女性的头发比男性更难打理,一定要梳理光滑,体现出女性的魅力。

2.画妆。女性销售员最好是淡妆,口红以浅色调比较好,最好是接近本色。眉毛不要画得太重,睫毛也不要化得和演员一样。

3.指甲。女性也尽量不留长指甲,如果抹指甲油也最好是本色。

4.项链和耳坠。女性可以带比较细小的项链和耳坠,不宜过大过粗。把饰品变成服装和气质的点缀品。

5.职业装。女性在谈业务时,最好也穿西装套裙,会显得落落大方。女性由于服装穿着不恰当,往往会造成许多麻烦。比如:一位女性销售员,穿着过于暴露地去拜访客户,往往会引起客户的误解,从而造成不必要的麻烦。结果定单没签下,还惹了一身气。所以女性销售员,要想在商场上让别人尊重你,必须注意自己的穿着。不要穿超短裙、短裤、露肩装和露脐装。

6.高跟鞋。女性在职场上最好穿高跟鞋,会显得更加职业。不能穿拖鞋,有的女性销售员,由于天热,就穿着拖式凉鞋拜访客户,这也会影响自己的形象的。

7.长筒袜。女性就是在大热天,也应穿长筒袜,就像西装离不了领带,西装套裙也离不了长筒袜。

8.在和客户谈业务时,女性一定要注意自己的语气,不要出现撒娇状和嗲声嗲气。

男销售员的仪表

1.头发。作为一个销售员,头发是你给客户的第一印象,一定要整齐有型。不能留长发,也不能留怪异的头型,因为头发是男性稳重可靠的象征。新颖的头型可能很时髦,却会让客户感觉靠不住,又怎么会和你做生意呢?

2.胡子。一定要刮干净,作为销售员最好不留胡子,因为一个年轻人留胡子会给人不修边幅的感觉,会让客户感觉你对工作不负责任。

3.指甲。销售员最好不要留长指甲,一方面不卫生,更重要的是会让女性客户反感。

4.刺青。有的销售员由于自己的喜好,喜欢在自己的手臂上刺青,这是最影响生意谈判的。这种行为会给客户你是不良青年的感觉,自然就不会和你做生意了。有刺青的销售员在拜访客户时,最好能遮住刺青。

5.项链。有的销售员喜欢带项链,一定要注意在拜访客户时,最好不戴。因为由于过粗的项链会引起一些客户的反感。

6.西装领带。当天气允许时,一定要穿西装扎领带,这是一种职业气质的体现。天热时,也要穿西装短袖衬衣和西裤。常言道:"人靠衣服马靠鞍。"西装已经成为商业的职业装。有的销售员和客户商谈时,穿运动装、牛仔装、休闲装,这些都是不恰当的,以致会影响客户对你的专业性的怀疑。

7.皮鞋。发现有的朋友穿西装却配双运动鞋,这是不能忍受的,会让客户小瞧你的能力,认为你是土冒。所以,一定要穿皮鞋,而且一定要干净发亮。

8.精神面貌。在和客户谈业务时,一定要要精神百倍。不能睡眼朦胧,不能打哈欠,更不能萎靡不振,从而影响客户谈判的兴趣。

不蛮干,才成功

很多销售员在推销产品的时候,只是一味地讲解,根本就不会顾及客户的真实需要,结果往往以失败而告终。所以,优秀的销售员需要学会用技巧来探索客户的真是需求,从而找到产品与之相对应的卖点,最终达成交易。

老彼得:"嗨,我说约翰(老彼得的儿子),你是不是该结婚了,我有一位好姑娘要介绍给你认识。"

小约翰:"得了爸爸,我自己的事您就别操心了,我已经有女朋友了。"

老彼得:"可我说得这位小姐可是比尔盖茨的女儿。"

小约翰:"噢? 这倒是值得考虑。"

第二天,在一个商务论坛的酒会上,经朋友介绍,老彼得见到了参加酒会的比尔盖茨。

老彼得:"嗨,比尔,你好。听说您的千金正在择婿,我有一位优秀的小伙子要介绍给您。"

比尔:"孩子的事情就让他们自己做主吧。"

老彼得:"可我说的这位小伙子,他可是花旗银行的副总裁啊。"

比尔:"噢? 那到值得考虑。"

第三天,老彼得紧急约见花旗行长。

让顾客心动的王牌销售

老彼得:"听说贵行正在重组高层管理人员,我向您推荐一位优秀的小伙子来做分管顶端客户的副总裁。"

行长:"哦!是这样,我们已经有了考虑的人选,而且分管这方面的副总得有很好的人脉关系,以便帮助本行获得更多的存贷款份额。所以,如果太年轻的话,恐怕难以胜任。谢谢您对本行的支持,如果以后有机会的话,我会很高兴考虑您推荐的那位小伙子。"

老彼得:"噢,原来是这样!那我得去微软跟盖茨说一声。幸会,告辞了。"

行长:"请等一下先生。您说微软的盖茨?这事儿和他有什么关系?"

老彼得:"噢!也没什么,我说的这个小伙子马上就要成为盖茨的女婿了,盖茨也不一定会让他到别的公司工作,微软也正缺人手呢。只不过是我这个做父亲的不想让别人说儿子的闲话,所以才推荐给您的,既然您这儿已经不缺人手了,那我就推荐给别的行看看。反正盖茨手里的钱存哪儿也是存。告辞了。"

行长:"哎!别、别、别!您看我刚才不是说了吗,我们也就是仅仅有了可供考虑的人选,如果有更优秀的人选,我们当然要择优录用。您看这样吧,请您转告贵公子,位子我给他留着,让他安心地准备婚礼,等他度完蜜月回来,随时欢迎他到敝行工作。"

老彼得:"这样吧,为了给我儿子一个不去微软的正当理由,你得把聘书先给我。"

行长:"这样吧,我先给您一份拟聘书,等您儿子度完蜜月愿意来敝行任职,咱再正式聘用,您意下如何?"

老彼得心中窃喜:"呵呵,这就足够了。"

不久以后,小约翰娶了盖茨的女儿,当上了花旗的副总;盖茨得到了花旗的大笔办公软件定单;花旗获得了盖茨的大笔存款;老彼得成了盖茨的亲家。

这个故事在坊间流传已久。大家纷纷赞叹老爸的运作,可谓严丝合缝,滴水不漏。所有机会,所有要素,都被老爸嫁接得天衣无缝,这就是推销技巧。

三国时期,有一天,周瑜对诸葛亮说:"给你3天之内,给我打造10万支箭来。"诸葛亮满口答应。3天要打造10万支箭,这是根本不可能的事情。但诸葛亮为什么又答应了呢?诸葛亮自有办法。当时要打造10万支箭,就是有钱、有材料，时间也来不及。怎么办？打造不出可以借嘛！向谁借？那当然只有曹操。曹操会借箭给诸葛亮来杀他吗？办法总比困难多，没有做不到、只有想不到。诸葛亮想到了。

在一个大雾蒙蒙的早上，诸葛亮派出几千艘木船，千帆齐发，船上扎满了稻草，当船驶到河中央的时候，敲锣打鼓，鞭炮齐鸣，杀声震天，佯装攻打曹营的样子。曹操站在城墙上一看，江面上朦朦胧胧地有很多船只向他驶来，曹操以为周瑜真得要攻城了。于是，就命令所有的弓箭手万箭齐发，结果箭一支支射到了船的稻草上。不到一个时辰，诸葛亮就满载而归，收到曹操送来的 10 多万支箭。这就是历史上著名的"草船借箭"的故事。

借力不是蛮干，还需审时度势。在销售过程中，如果不能了解客户的性格、工作方法以及处世原则，那么，借力之说也就无从谈起了。再看一个国外的故事。

英国大英图书馆，是世界上著名的图书馆，里面的藏书非常丰富。有一次，图书馆要搬家，也就是说从旧馆要搬到新馆去，结果一算，搬运费要几百万，根本就没有这么多钱。怎么办？有一个高人，向馆长出了一个点子，结果只花了几千块钱就解决了问题。

图书馆在报上登了一个广告：从即日开始，每个市民可以免费从大英图书馆借 10 本书。结果，许多市民蜂拥而至，没几天，就把图书馆的书借光了。书借出去了，怎么还呢？大家把借去的书给还到新馆来。就这样，图书馆借用大家的力量搬了一次家。

销售其实是一件很伤脑筋的事情。如果想要使销售活动得以有效进行，就要善于借力。销售员借力，就是要把现有的条件充分利用起来，以期达到 1+1>2 的效果。

销售员要管好自己的情绪

拿破仑曾说过："我发现，凡是一个情绪比较浮躁的人，都不能做出正确的决定。成功人士，基本上都比较理智。所以，我认为一个人要获得成功，首先就

让顾客心动的王牌销售

要控制自己浮躁的情绪。"了解自我,管理情绪,乃成功之道。销售员亦是如此。能够很好地掌控自己的情绪,不因外界的干扰而改变自己的初衷,必然能够走向最后的成功,摘取胜利的果实。

传道士笃信上帝的存在,他们也相信自己的宗教是有助于任何人的。他们和战火一起,来到了不同的国家。在他们新来到的国家,没有人相信宗教。而由于战乱,人们对传教士充满了憎恨。他们觉得传教士和士兵一样,都是给他们带来不幸、死亡、痛苦的不祥之兆。传教士每天都去拜访当地的居民,向他们传授教义。

砰、砰、砰。传教士敲第一家居民的门。

"谁呀?"门里面有人问道。

"我是传教士,我想向你介绍一下我们的宗教。"传教士回答。

"你滚,你们都不是好人。你马上滚。"居民气愤地喝骂道。

一家是这样,两家是这样,三家是这样……传教士在那个下午敲了八家人的门,全都是这样的反应。

传教士会因为自己被拒绝而怀疑自己所笃信的宗教吗?他会想:咦,这么多人都不接受我的传道,难道我所信仰的宗教是有问题的吗?难道上帝真的不存在吗?

不,他当然不会这样想。他只会相信自己的努力不够,他还可以更努力一些,他还有力量去帮助更多的人。

结果,几年后,战争结束了。军队都撤离了当地。而传教士却永远地留了下来。他们坚持不懈地向当地人散播着宗教。后来,他们拥有了当地的教堂、当地的信徒……他们所信仰的宗教终于在当地落地生根,开花散叶了。

销售员不能管好自己的情绪,不能善于调节自己的情绪,必然会被销售工作所累,销售业绩也就无从谈起了。所以,我们要做自己相信的事。相信,奇迹才会发生。也许我们销售的商品并不是完美无缺的,也许我们的服务还可以进一步的提升,也许我们的竞争对手也在不断地进步。

有一个男孩脾气很坏,于是他的父亲就给了他一袋钉子,并且告诉他,每当他发脾气的时候就钉一根钉子在后院的围篱上。第一天,这个男孩钉下了37根钉子。慢慢地每天钉下的钉子数量减少了。他发现控制自己的脾气要比钉下那些钉子来得容易些。

终于有一天这个男孩再也不会失去耐性乱发脾气，他告诉他的父亲这件事，父亲告诉他，现在开始每当他能控制自己的脾气的时候，就拔出一根钉子。一天天地过去了，最后男孩告诉他的父亲，他终于把所有钉子都拔出来了。

父亲握着他的手来到后院说："你做得很好，我的好孩子。但是看看那些围篱上的洞，这些围篱将永远不能恢复成从前。你生气的时候说的话就像这些钉子一样留下疤痕。如果你拿刀子捅别人一刀，不管你说了多少次对不起，那个伤口将永远存在。话语的伤痛就像真实的伤痛一样令人无法承受。"

销售员要善于掌控自己的情绪，尤其是在与顾客的观点产生冲突的时候，更需要克制自己的情绪。当然，这并不意味着要一味地附和顾客，而是要委婉地表达自己的见解，利用幽默的语言让顾客接受自己的想法，从而促成交易。

那么，要想做一个成功的销售人员，需要控制那些不良情绪呢？我们一起来看一下：

1.乱发脾气。做销售工作，被拒绝如家常便饭，这时不应乱发脾气，而应时刻保持一颗冷静的心。

2.猜疑。猜疑是生意场中的腐蚀剂，它可使即将成交的生意前功尽弃。如果与顾客发生误会，一定要注意沟通交流，否则就会因为猜疑而失去顾客。

3.妒忌。妒忌对一个人的身心健康成长是极为不利的。对于销售人员而言，如果看到其他同事取得良好的业绩就妒忌、诅咒，甚至诋毁，遭遇挫折就幸灾乐祸，那么他根本不可能得到同事的帮助，在销售工作中也难以打开局面。

4.恐惧。一次失败的经历或尴尬的遭遇都可能使人变得恐惧。特别是初出茅庐的销售人员。要想克服这一弱点，销售新人必须苦练推销技巧，练就过硬的心理素质。

5.焦虑。产生焦虑情绪而不想方设法加以控制和克服，就会在顾客面前失去自信。这样一来，顾客就很难相信销售人员所推销的产品。

6.自珍情结。坏脾气的人通常会为自己定格："我这人就是脾气急了一点，但是心肠比较好，为人正直，而且是个性情中人。"这样的人通常有自珍情结，而且会把自己在某一环境下的坏脾气变成习惯，不经意之间便奉为信条，这样一来坏脾气就成了不良性格。

其实在生活当中，无论是顶尖级销售人员，还是销售新人，谁都会有发怒的时候，谁都不会永远不发怒。但是，少发怒和不随便发怒却是做得到的。要想制怒，必须标本兼治。要想治本，就需要加强个人修养，包括提高文化素养和道德情操，拓宽心理容量，不为区区小事斤斤计较。

诚信是人品的最佳体现

王婆，其实是个男人。他姓王，名字叫王波，因为他说话絮絮叨叨的，做起事来婆婆妈妈的，人们就送他个外号"王婆"。王婆的老家在西夏(现新疆甘肃一带)，种瓜为生。那一带种的瓜叫胡瓜，就是现今的哈密瓜。那时，宋朝边境经常发生战乱，王婆为了避难，就迁到了开封的乡下，种起胡瓜来。但胡瓜的外表不太好看，中原的人都不认识这种瓜，所以尽管这胡瓜比普通的西瓜甜上十倍，还是没有人来买。

王婆很着急，向来往的行人一个劲地夸自己的瓜怎么好吃，并且把瓜剖开让大家尝。起初没有人敢吃，后来有个胆大的人尝了一口，只觉蜜一样地甜。于是，一传十，十传百，王婆的瓜摊生意兴隆，人来人往。

一天，神宗皇帝出宫巡视，一时兴起来到集市上，只见那边挤满了人，便问左右："何事喧闹？"

左右回禀道："启奏皇上，是个卖胡瓜的引来众人买瓜。"

皇上心想什么瓜这么招人，就走上前去观看，只见王婆正在连说带比划地夸自己的瓜好。见了皇上，他也不慌，还让皇上尝尝他的胡瓜。

皇上一尝果然甘美无比，连连称赞，便问他："你这瓜既然这么好，为什么还要吆喝不停呢？"

王婆说："这瓜是西夏品种，中原人不识，不叫就没有人买了。"

皇上听了感慨道："做买卖还是当夸则夸，像王婆卖瓜，自卖自夸，有何不好？"皇帝的金口一开，不多时，这句话就传遍了黄河南北，直至今天。

现在看来，"王婆卖瓜"并非就是一味地吹嘘宣传，更重要的是货真价实，也就是我们常说的诚信。人无信不立，推销亦是如此。没有诚信，我们的产品就得不到顾客的认可，自然也就不会有大范围的传播，更别提产生客观的业绩了。

人品决定产品。如果一个人连最基本的准则都不能遵守的话,试问又有谁愿意接受他推销的产品呢?我们这里所说的基本准则,指的就是诚信。没有诚信的人,就如同一具没有灵魂的躯体一样,让人厌恶、恐惧,让人拒绝与其接近。

18 世纪英国的一位有钱的绅士,一天深夜他走在回家的路上,被一个蓬头垢面衣衫褴褛的小男孩儿拦住了。"先生,请您买一包火柴吧。"小男孩儿说道。

"我不买。"绅士回答说,说着绅士躲开男孩儿继续走。

"先生,请您买一包吧,我今天还什么东西也没有吃呢。"小男孩儿追上来说。

绅士看到躲不开男孩儿,便说:"可是我没有零钱呀。"

"先生,你先拿上火柴,我去给你换零钱。"说完男孩儿拿着绅士给的一个英镑快步跑走了,绅士等了很久,男孩儿仍然没有回来,绅士无奈地回家了。

第二天,绅士正在自己的办公室工作,仆人说来了一个男孩儿要求面见绅士。于是男孩儿被叫了进来,这个男孩儿比卖火柴的男孩儿矮了一些,穿的更破烂。"先生,对不起了,我的哥哥让我给您把零钱送来了"

"你的哥哥呢?"绅士道。

"我的哥哥在换完零钱回来找你的路上被马车撞成重伤了,在家躺着呢。"

绅士深深地被小男孩儿的诚信所感动。"走!我们去看你的哥哥!"

去了男孩儿的家一看,家里只有两个男孩的继母在照顾重伤的男孩儿。看见绅士,男孩连忙说:"对不起,我没有给您按时把零钱送回去,失信了!"绅士却被男孩的诚信深深打动了。当他了解到两个男孩儿的亲生父母都双亡时,毅然决定把他们生活所需要的一切都承担起来。

诚信是销售员进行推销活动的基石,只有在诚信的基础下,才能进行推销的策划和实施。所以,有了诚信,我们的产品才会有销路,才会得到顾客的认可。

让顾客心动的王牌销售

微笑能够融化冬日的寒冰

平凡的生活中，一丝微笑就是一道阳光，它不仅能够照亮自我阴暗的心空，还能温暖周围潮湿的心灵！当我们在一个个长夜里反思白天的得失时，或许我们最应当问自己的一句话就是"今天你笑了没有"。

世界上最伟大的推销员乔.吉拉德曾说："当你笑时，整个世界都在笑。一脸苦相没人理睬你。"

原一平在初入推销界时处境惨淡不堪，而且自身也毫无气质与优势可言。在那段艰难的日子里他并没有自怨自艾，生活虽然向他露出狰狞的面孔，他依然用微笑对付它。

为了能够使自己的微笑让别人看起来是自然的、发自内心的真诚笑容，原一平曾经专门为此训练过。他假设各种场合与心理，自己面对着镜子，练习各种微笑时的面部表情。因为笑必须从全身出发，才会产生强大的感染力，所以他找了一个能照出全身的大镜子，每天利用空闲时间，不分昼夜地练习。

经过一段时间的练习，原一平发现嘴唇的闭与合，眉毛的上扬与下垂，皱纹的伸与缩，这些表情的"笑"都表达出不同的含意，甚至于双手的起落与两腿的进退，都会影响"笑"的效果。

有一段时间，我因为在路上练习大笑，而被路人误认为神经有问题，也因练习得太入迷，半夜常在梦中笑醒。历经长期苦练之后，我可以用微笑表现出不同的情感反应，也可以用自己的微笑让对方露出笑容。

后来，原一平把"笑"分为38种，针对不同的客户，展现不同的笑容；并且深深体会出，世界上最美的笑就是从内心的最深处所表现出来的真诚笑容，如婴儿般天真无邪，散发出诱人的魅力，令人如浴春风，无法抗拒。

有一次，原一平拜访一位客户之前，他曾了解到此人性格内向，脾气古怪。见面后果真如此。"你好，我是原一平，明治保险公司的业务员。"

"哦，对不起，我不需要投保。我向来讨厌保险。"

原一平微笑着说："能告诉我为什么吗？"

"讨厌是不需要理由的！"他忽然提高声音，显得有些不耐烦。

"听朋友说，你在这个行业做得很成功，真羡慕你，如果我能在我的行业也能做得像你一样好,那真是一件很棒的事。"原一平依旧面带笑容地望着他。

听原一平这么一说,他的态度略有好转,说:"我一向是讨厌保险推销员的,可是你的笑容让我不忍拒绝与你交谈。好吧,你就说说你的保险吧。"

原来是这样,他并非真的讨厌保险,而是不喜欢推销员。看到问题的实质后,事情就好办了。在接下来的交谈中,原一平始终都保持微笑,客户在不知不觉中也受到了感染,谈到我们感兴趣的话题,彼此都兴奋地大笑起来。最后,他愉快地在单上签上了他的大名并与原一平握手道别。

微笑中要注意三点:一是千万不要油腔滑调,否则,一不小心"幽默"便成了油滑,这样会让人生厌。二是说话时要特别注意声调与态度的和谐。 三是是否运用幽默要以对方的品味而定。

无论从事任何职业,我们每个人都应该学会微笑或者利用幽默制造微笑。很多人投资大量时间和金钱去学习各种技能,比如英语、计算机等等,而很少有人花一点时间来学习用幽默制造微笑这种技能。而这种不花钱,只要用心就能学会的技能,为我们带来的价值是不可估量的。

有人说"原一平的微笑价值百万",其实,只要你充满自信真诚的胸怀,你也一样可以用自己的微笑来创造财富。

回避顾客的锋芒

原一平已多次拜访一位准客户,但从来不主动详谈保险的内容。

有一回,准客户问原一平:"老原啊!你我相交的时间不算短了,你也帮了我不少的忙,有一点我一直不明白,你是保险业务员,为什么从未向我介绍保险的详细内容,这是什么缘故?"

"这个问题嘛……暂时不告诉你。"

"喂,你为什么吞吞吐吐呢?难道你对自己的保险工作也不关心吗?"

"怎么会不关心呢?我就是为了推销保险,才经常来拜访你啊!"

"既然如此,为什么从未向我介绍保险的详细内容呢?"

"坦白告诉你,那是因为我不愿强人所难,我素来是让准客户自己决定什么时候投保的,从保险的宗旨和观念,硬逼着别人投保也是错的.再说,我认为保险应由准客户感觉需要后才去投保,因此,未能使你感到迫切需要,是我努

让顾客心动的王牌销售

力不够,在这种情形下,我怎么好意思开口硬逼你买保险呢?"

"嘿,你的想法跟别人不一样,很特别,真有意思。"

"所以我对每一位准客户,都会连续不断拜访,一直到准客户自己感到需要投保为止。"

"如果我现在就要投保……"

"先别忙,投保前还得先体检,身体有毛病是不能投保的,身体检查通过之后,不但我有义务向你说明保险的内容,而且你可以询问任何有关保险的问题。所以,请你先去做体检。"

"我知道了,我这就去体检。"

用欲擒故纵的方法回避锋芒,不直接对抗,能让你的心灵自在、详和,矛盾也会在迂回曲折中得到妥善解决。一旦回避了锋芒,你就会发现事情原来可以很简单。

美国著名的保险推销员乔?库尔曼在 29 岁时就成为美国薪水最高的推销员之一。

一次,乔·库尔曼想预约一个叫阿雷的客户,他可是个生意上的大忙人,每个月至少乘飞机行 10 万英里。乔·库尔曼提前给阿雷打了个电话。

"阿雷先生,我是乔·库尔曼,理查德先生的朋友,您还记得他吧。"

"是的。"

"阿雷先生,我是人寿保险推销员,是理查德先生建议我结识您的。我知道您很忙,但您能在这一星期抽出 5 分钟,咱面谈一下吗?5 分钟就够了。"乔·库尔曼特意强调了"5 分钟"。

"是想推销保险吗? 几星期前就有许多保险公司都找我谈过了。"

"那也没关系。我保证不是要向您推销什么。明天早上 9 点,您能抽出几分钟时间吗?"

"那好吧。你最好在 9 点 15 分来。"

"谢谢! 我会准时到的。"

经过乔·库尔曼的争取,阿雷终于同意他拜访了。第二天早晨,乔·库尔曼准时到了阿雷的办公室。

"您的时间非常宝贵,我将严格遵守 5 分钟的约定。"乔·库尔曼非常礼貌地说。

于是，乔·库尔曼开始了尽可能简短的提问。

5分钟很快到了，乔·库尔曼主动说："阿雷先生，5分钟时间到了，您还有什么要告诉我吗？"

就这样，谈话并没有结束，在接下来的10分钟里，阿雷先生又告诉了很多乔·库尔曼想知道的东西。

实际上，在乔·库尔曼约见的许多客户中，有很多人是在5分钟后又和乔？库尔曼说了一个小时，而且他们完全是自愿的。

约访但不谈推销可以避免自己的销售行为被掐死在摇篮中，而且也能了解更多的客户信息。乔·库尔曼就是本着这一原则，在很多的约访中坚持不谈销售，从而消除了客户的警戒心理，确保了和客户的面谈机会，同时也赢得了客户的好感。

善言方能得善终

老李在拜访一客户回住地的途中，刚好路过一化工厂门口，一看，厂房的外面布满了管道，老李想顺便进去推销设备保险。可是老李又没有里面的联系人电话，怎么进去呢？进去找谁呢？老李在门口徘徊着。

一阵刷刷声，一个45岁左右的大姐在厂门口正打扫卫生，老李眼前突然一亮，于是走了上去说："大姐，您辛苦啦！"

她愣了一下过了会，憨笑了起来："哦，呵呵，谢谢你啊。"

老李："大姐，我妈也做过清洁工。看到你，我就想起了她来。"

大姐说："是吗？你妈也做过清洁工啊。"

老李："是啊，这工作嘛，虽说累了点，但是能给大家创造一个美的的环境，其实是很有意义的。"

大姐说："是啊，别小看清洁工小人物一个，工作简单平凡，可这工厂和社会还真离不开我们呢。"

老李："你说的很对，你们不是小人物，只要把自己本份的工作做好，你们也能成为大物的。"

大姐："是吗？那我还没有听说过呢。"

让顾客心动的王牌销售

老李："你看过电视吧，宁波一清洁工人因为几十年来如一日，对工作兢兢业业，这次浙江开人大会议，他还被当选上省人大代表呢。"

她兴奋地说："真有这事啊，真是太好了。"

他们越聊越得劲，越聊越开心。最后还是她说："小伙子，时间不早了，我还有很多地方要打扫，就不和你聊了。"

这时，老李才想起自己和她聊天的目的来。

老李："大姐，你知道你们厂里负责设备保险这块找哪个吗？"

大姐兴奋地说："你是做业务的，来，我带你进去。"

说完大姐把扫把一放，就带老李进去了，她找到设备部长后，说："你们好好聊吧，我要干活去了。"就匆匆离开了。

那天，老李通过和部长近半个小时的交流，最后谈成了一笔生意。

走出厂门口，老李又碰到大姐，她正在专心一意的扫地呢。老李走了上去说："大姐，谢谢你啊。"

"不用谢，谢什么呀，有什么事你尽管找他，他是我外甥。"

老李："啊，原来是这样啊。呵呵，真的是太感谢你了。"

大姐说："小伙子你人不错，我喜欢你这样的人。"

老李忙说："谢谢大姐，谢谢你的关照。下次再来看你，有空再陪你聊天。"

走了好远，仿佛还听到那"刷刷"扫地声，老李不禁随着节奏唱了起来："嘻刷刷，嘻刷刷……"

销售员对待顾客也应该多说赞赏的话，正所谓"美言自有三分情"。顾客进门，我们不知道他的心中是否装有不开心的事，但是如果我们能够不失时机地说几句赞美的话，一定能够让他感到舒心，从而暂时忘记心中的不愉快。这样，我们就已经迈出了推销的第一步，为进一步的销售工作打下了感情基础。

第十一章 营造最佳的销售氛围

善于营造最佳的销售氛围,就可以减少顾客的异议,从而提高快速成交的几率。销售员要特别注重训练自己这方面的能力,并用这种能力全心全意地为顾客服务,自然就能拉近与顾客之间的关系,使自己的业绩得到快速提升。

快速建立良好的沟通氛围

在销售协访的过程中,有一类销售员似乎很有天赋,他们能够很快地与顾客熟络起来,就是我们常说的"自来熟",通常三言两语就将沟通的氛围营造得很好,顾客很开心,也很愿意聊,不一会就轻松进入销售的正题,最后通常都能够顺利的成交。而与之相对应的是另外一类销售员,在面对顾客时,总是感觉别别扭扭的,开场白总是诸如"今天天气很好啊","今天您很忙啊","我们产品最近用的怎么样啊","感谢您的支持,希望您继续支持"之类的语句,然后就开始冷场,无话可说了,最后只能尴尬地离开。

那么,销售员应该如何做,才能快速建立良好的沟通氛围呢?下面给出几点建议以供参考。

1.微笑能缩短人与人之间的距离

微笑能产生彼此的信任,微笑能给对方安全感。客户只有有了安全感的时候,才能放松下来,才愿意打开心门,进入后面的交谈。

一个下雨天的下午,有位妇人走进匹兹堡的一家百货公司,漫无目的地在公司内闲逛,很显然是一副不打算买东西的样子。大多数售货员只对她瞧上一眼,然后就自顾自地忙着整理货架上的商品。

这时,一位年轻的男店员看到了她,立刻微笑着上前,热情地向她打招呼,并很有礼貌地问她,是否有需要他服务的地方。这位老太太对他说,她只是进

让顾客心动的王牌销售

来躲雨罢了,并不打算买任何东西。

　　这位年轻人安慰她说:"即便如此,我们仍然欢迎您的光临!"并主动和她聊天,以显示自己确实欢迎她。当老太太离去时,这位年轻人还送她到门口,微笑着替她把伞撑开。这位老太太看着他那亲切、自然的笑容,不禁犹豫了片刻,凭着她阅尽沧桑数十年的眼睛,她在年轻人的那双眼睛里读到了人世间的善良与友爱。于是她向这位年轻人要了一张名片,然后告辞而去。

　　后来,这位年轻人完全忘记了这件事。但是,有一天,他突然被公司老板叫到办公室,老板告诉他,上次他接待的那位老太太是美国钢铁大王卡内基的母亲。老太太给公司来信,指名道姓地要求公司派他到苏格兰,代表公司接下装潢一所豪华住宅的工作,交易金额数目巨大。老板祝贺年轻人:"你的微笑是最有魅力的微笑!"

　　一个不善于微笑的人,是很难在事业上打开局面的。所以,销售员要尽可能地培养自己的微笑技能,然后把这种充满魅力的微笑传染给每个顾客。而良好的沟通氛围往往也是从微笑开始的,因为没有人能够拒绝善意的微笑。

　　世界旅店业巨子希尔顿说:"我宁愿住进虽然只有残旧地毯,却能处处见到微笑的旅店,也不愿走进一家只有一流设备,却见不到微笑的宾馆!"美国一家百货卖场的人事经理也说,她宁愿雇佣一个没上完小学但却有愉快笑容的女孩子,也不愿雇佣一个神情忧郁的哲学博士,这些说法都很现实。销售员的精神面貌可以感染任何一个顾客,甚至是促成购买的重要因素。许多公司提倡"微笑"的服务,确实是产品销售的重要法宝。

　　一家信誉特好的连锁花店,高薪聘请一位售花小姐,招聘广告张贴出去后,前来应聘的人有四五十个。经过仔细地筛选后,老板选出了三位女孩让她们每人经营花店一星期,以便最终挑选一人。这三个女孩长得都很漂亮,很适合卖花,她们一个有丰富售花工作经验,一个是花艺学校的应届毕业生,最后一位只是一位待业女青年。

　　有过售花经历的女孩一听老板要以实战来考验她们,心中窃喜,毕竟这工作对于她来说驾轻就熟。每当有顾客进来,她就不停地介绍各类花的花语以及给什么样的人送什么样的花,几乎每一位顾客进花店,她都能说得让人买去一束花或一篮花,一个星期下来,她的成绩非常不错。

　　轮到花艺女生经营花店时，她充分发挥自己所学的专业知识，从插花的艺术到插花的成本，都精心琢磨。她的专业知识和她的聪明为她一星期的鲜花经营也带来了相当好的业绩。

　　待业女青年经营起花店，则有点放不开手脚，甚至刚开始还有点手足无措。然而她置身于花丛中的笑脸简直就是一朵花，从内心到外表都表现出一种对生活、对工作的热忱。一些残花她总舍不得扔掉，而是修剪修剪，免费送给路过花店的小学生，而且每一个买花的顾客，都能得到她一句微笑地甜甜的祝福——"鲜花送人，手有余香"。顾客听了之后，往往都会开心地回应她一笑，然后快乐地离开。尽管女孩努力干了一星期，但她的业绩和前两个女孩比还是有差距。

　　出人意料的是，老板最终竟然选择了那个待业女青年。人们不解为何老板放弃业绩好的女孩，而偏偏选中业绩差的呢？

　　老板自有他的道理，他说："用鲜花挣再多的钱也只是有限的，用如花的心情、如花的微笑去挣钱才是无限的。花艺可以慢慢学，经验可以积累，但如花的心情不是学来的，因为这里面包含着一个人的气质、品德和自信……"

　　微笑是人的宝贵财富；微笑是自信的标志，也是礼貌的象征。人们往往依据你的微笑来获取你的印象，从而决定对你所要办的事的态度。只要人人都献出一份微笑，办事将不再感到为难，人与人之间的沟通将变得十分容易。

　　位于法国巴黎的科尼克亚购物中心在装修开业前夕，经理却为售货员的工作制服没有确定而十分苦恼。他望着好几家服装公司送来的竞标样品，尽管都设计得简洁、美观而富有特色，但他总觉得缺少了点什么，只好向世界著名时装设计大师丹诺·布鲁尔征求意见。这位83岁的时装设计师听明白经理朋友的意思后，忠告说："其实员工穿什么衣服并不重要，只要他们面带微笑。"现在，科尼克亚已发展成巴黎最大的购物中心之一，并以销售法国纯正葡萄酒而享誉全世界。同时，它也是巴黎少有的几家没有统一的员工制服的购物中心，但是它的服务和微笑被公认是世界一流的。

　　微笑服务，从心开始，是文明优质服务的具体体现。正如一位哲人所说："微笑，它不花费什么，但却创造了许多成果。它丰富了那些接受的人，而又不使给予的人变得贫瘠。他在一刹那间产生,却给人留下永恒的记忆。”

2.寒暄可以稳定顾客的情绪

很多的销售员会忘记这个步骤,殊不知这是建立良好沟通氛围非常关键的环节。有的销售员会认为寒暄是在浪费时间,有正事不说,非得在无关紧要的事上大费口舌,是不分轻重的表现。其实寒暄,自有其妙处!

寒暄可以试探和了解顾客的情绪,并且产生稳定对方情绪的作用。比如,人们一见面,通常会说一些无关紧要的话:“你最近气色不错。”对方如果说:“我最近吃不好、睡不好,气色怎么会好?”那你就知道对方心情不佳,不管什么事都需要延后,贸然说出来而对方一口回绝,连个商量的余地都没用了。如果对方回答:“还好,最近没什么烦心事。”说明他心情不错,推销活动就可以继续了。

寒暄可以缓解顾客紧张甚至是排斥的情绪,如果对方摆明不想听你说话,你通过寒暄可以渐渐使对方放松对你的戒备。当然,也可以不用寒暄就直接切入拜访正题,但是要满足一定的条件:

一是双方比较熟识,且要谈的事多半比较重要,前因后果双方也比较清楚,这时可以不用铺垫,直接切入正题。

二是自己有把握吸引对方的注意力,让对方不得不按照自己的思路走。

3.恰到好处的赞美

赞美是学问,赞美是艺术,赞美的话一定要说,但要恰到好处!

两个人在纽约搭计程车。下车时,其中一个人对司机说:“谢谢,搭你的车十分舒适。”司机听了愣了一愣,然后说:“你是混黑道的吗?”

“不,司机先生,我不是在寻你开心,我很佩服你在交通混乱时还能沉住气。”

“谢谢!”司机说完,便驾车离开了。

“你为什么会这么说?”另一个人不解地问。

“我想让纽约多点儿人情味,”他答道,“唯有这样,这城市才有救。”

“靠你一个人的力量怎能办得到?”

“我只是起带头作用,我相信一句小小的赞美能让那位司机整日心情愉快,如果他今天载了20位乘客,他就会对这20位乘客态度和善,而这些乘客受了司机的感染,也会对周围的人和颜悦色。这样算来,我的好意可间接传达给1000多个人,不错吧?"

"但你怎能肯定计程车司机会照你的想法做呢?"

"我并不能肯定他会照我的想法去做,"他回答,"我知道这种做法是可遇不可求的,所以我尽量多地对人和气,多赞美他人,即使一天的成功率只有30%,但仍可连带影响到3 000人之多。"

"我承认这套理论很中听,但能有几分实际效果呢?"

"就算没效果我也毫无损失呀!说句赞美那位司机的话花不了我几秒钟,他也不会少收几块钱小费。如果那人无动于衷,那也无妨,明天我还可以去赞美另一位计程车司机呀!"

"我看你脑袋进水了。"

"从这儿就可看出你越来越冷漠了。我曾调查过邮局的员工,他们最感沮丧的除了薪水微薄外,就是缺少别人对他们工作的肯定。"

"但他们的服务真的很差劲呀!"

"那是因为他们觉得没人在意他们的服务质量。我们为何不多给他们一些鼓励呢?"

两人边走边聊,途经一个建筑工地,有5个工人正在一旁吃午餐。他们停下了脚步,刚刚赞美司机的人说:"这幢大楼盖得真好,你们的工作一定很危险、很辛苦吧?"那群工人带着狐疑的眼光望着这两个人。

"工程何时完工?"这个人继续问道。

"6月。"一个工人低声应了一声。

"这么出色的成绩,你们一定很引以为荣。"

离开工地后,另一个人对他说:"你这种人可以列入濒临绝种动物了。"

"这些人也许会因我这一句话而更起劲地工作,这对所有的人何尝不是一件好事呢?"

"但光靠你一个人有什么用呢?你不过是一个无名小卒罢了!"

"的确如此,但我常告诉自己千万不能泄气,让这个社会更有人情味儿原本就不是简单的事,我能影响一个是一个,能影响两个是两个……"

"刚才走过的女子姿色平庸,你怎么还对她微笑?"另一个人插嘴问道。

"是呀!我知道,"他答道,"如果她是个老师,我想今天听她课的人一定如沐春风。"

让顾客心动的王牌销售

销售工作是一件挑战性很强的工作,也是一件很累人的工作。于是,很多销售员的连上总是挂着阴郁的神色。而这种行为却是很难勾起顾客的购买欲望的。所以,想要建立一个良好的销售环境,销售员还需要学会赞美,不仅仅是赞美顾客,有时候也需要对自己的工作和同事进行一下小小的赞美。这样一来,销售工作才能得以有效地进行。

台湾作家林清玄青年时代做记者时,曾报道过一个小偷作案非常缜密,文章最后的感叹是:"像心思如此细密、手法那么灵巧、风格这样独特的小偷,做其他任何一行都会有成就的吧!"林清玄不曾想到,他写下的这几句话,竟影响了一个青年的一生。

如今,当年的小偷已经是一个大老板了!在一次邂逅中,这位老板诚挚地对林清玄说:"你写的那篇特稿,打破了我生活的盲点,使我想,为什么除了做小偷,我没有想过做正当事呢?"从此,他脱胎换骨,重新做人。

培根说:"欣赏者心中有朝霞、露珠和常年盛开的花朵,漠视者冰结心城,四海枯竭,丛山荒芜。"世界并不缺乏美,而是缺少发现美的眼睛。学会赞美,必然能够拉近与顾客之间的距离,融化顾客脸上的寒霜,使交易在愉快的氛围下得以有效进行。

成功销售的四个"不"

创造良好的销售氛围,就是不让顾客有机会说"不"。那么,如何创造这种让顾客难以说"不"的环境呢?下面给出四点建议,以供参考。

一、不让顾客在门前说"不"

销售员上门推销遇到最苦恼的事情就是吃闭门羹。顾客如果不让销售员有任何展示推销技巧的机会,再高明的销售员也只能无功而返。其实,从顾客的角度来看,拒绝陌生人登门造访的心理是可以理解的,他们存在一种对抗和排斥心理,不愿意销售员干扰他们的生活或工作。

美国布兰保险公司开业伊始在招揽保险业务时,首先寄上各种保险说明书和简单的市场调查表给顾客们,同时附上一张优待券:"请您把调查表填好寄给我们,我们将寄上两枚仿制中国古代铜钱的硬币。这是答谢您的协助,并不是请您参加保险。"

该公司这样寄出了3万多封信,结果反应甚佳,竟然收到2.3万多封回信。对于这些回信者,公司并没有寄出硬币,而是让销售员带着古币按地址登门拜访。奇迹就这样发生了,销售员用古币敲开了回信者的大门。"您给我们公司寄了资料,我特地带来了古代硬币拜访您。"销售员大方自在地和顾客聊起来,顾客也没有显出不高兴的表情。

当顾客从古香古色、讨人喜爱的各色古币中挑选出两枚自己所喜爱的古币后,销售员和顾客之间的感情也就融洽多了。当销售员轻松地向顾客招揽保险业务时,也就格外顺利。布兰公司从2.3万个回信的人中,成功地招揽保险业务竟高达6000多人,在美国保险业界轰动一时。两枚仿制的古币,竟然能发挥出如此之大的魔力,关键的因素是它冲破了不得其门而入的障碍。

二、不让顾客在兴趣面前说"不"

顾客对我们的商品或服务不感兴趣,便不听我们将编好了的一大堆推销辞令说下去,这是遭遇拒绝的主要原因。销售员有连续遭拒绝的心理承受力是很重要的,但更重要的是掌握防止顾客拒绝的办法或遭到拒绝后应该如何做。有经验的销售员是这样面对拒绝的:一是判断被遭到拒绝的原因;二是寻找"第三者"转变顾客的注意力;三是通过闲聊等方式逐步将你的商品转化为顾客的兴趣。

有一位销售员去一位女士家推销化妆品,开门寒暄后,女主人对销售员表示出明显的不友好。这时,销售员看她身着华丽的服装,手上抱着一条名犬,就说:"这条犬真漂亮,它一定是条名犬吧?我还是第一次见到这么漂亮高贵的宠物。"

女士听后马上说:"是的,它是意大利名犬,花了好几万才买的。"

销售员又说:"也只有您这么雍容高雅的女士才配养这种名犬。"

女士一听,气色很快缓和了下来,请销售员在客厅上坐。销售员落座后,并不立即进入主题,而是继续恭维女主人和她的名犬。女主人显然视犬为"掌上明珠",对销售员的询问获得了一种心理满足感,对销售员的戒心已完全消

让顾客心动的王牌销售

除,脸上渐渐有了友好的表情。这时,销售员才拿出他的化妆品:"我今天真是好运气,本来我只带普通的化妆品。早晨出来时,我想,也许今天会碰到高雅的客户,就拿了几件名贵的。没想到真的就遇到了买主。我们这种名贵的化妆品,也只有您这样身份的女士才配享用,前面走了几家我连拿都不敢拿出来,您看,全部都没有拆过封!"然后,他详细地介绍其产品的性能和特点,女士也高兴地买下了产品。

遭到拒绝,销售员首先必须解除顾客潜意识中的排他心理,先入为主,给顾客留下良好的第一印象。然后面对顾客的小信任和反感心理,我们不能急于介绍产品,而应通过聊天闲谈迂回战术来引起顾客对我们的好感,把对方的兴趣慢慢引到有利于融洽关系的话题上来,放松对我们的戒备,再把我们的目的感染给对方,就能为进入正题铺半道路。

三、不让顾客在"朋友"面前说"不"

美国超级销售员马克·麦克说:"百分之八十的生意来自百分之二十的老顾客。"优秀的销售员懂得,在许多情况下积极地收回自己的意见可以取得长远的成功,这比拼命地要做成一笔交易更重要。当遭到顾客对产品非常坚定的拒绝,这可能表明顾客确实不需要这种产品。销售员忙当机立断:"这对你来说,大概是不合适的。那我给你留下一张名片,如果你今后有什么需要,请和我联系。"这样顾客会马上精神放松下来,友好地接过你递去的名片。这样也就为我们的第二次登门取得成功打下良好的基础。

"串门销售"被日本东京百货公司称为继柜台销售、开柜销售之后的"第三代"销售方式,这种销售方式占到了公司营业额的 10%。他们取得成功的秘诀是:"销售员敲开的总是老顾客的大门。"该公司的销售员并不太看中首次推销的成功与否,而是尽量促成今后能再次"串门"。第一次上门时,销售员带的商品种类并不是很多,当顾客拒绝购买商品后,精明的销售员则立即放弃继续对商品的推介,而是非常友善、诚恳的态度尽量和顾客多聊几句,听取顾客的意见,既从侧面了解顾客家庭的一些情况、消费需求和消费习惯,也让顾客对销售员有了一定的印象和好感。等到第二次登门时,销售员能根据该顾客的性别、年龄、家庭成员,消费观念等特征携带比较适合的产品。由于有了第一次的印象,第二次推销的成功率大大提高。

四、不让顾客对"问题"商品说"不"

法国著名作家拉罗斯福说过一句值得我们沉思的话："我们与人交谈,总觉得知音难觅,和者鲜寡,其原因之一就是人们几乎都对自己要说的事情津津乐道,而听不进别人在说什么。"其实销售工作也一样,聪明的销售员就要善于抓住顾客爱对商品评头论足的特点,去迎合顾客的意见,然后等待时机,在气氛融洽时,再有礼貌地说明自己的看法,让顾客在不知不觉中撤销自己的反对意见,最终接受了被他认为有"问题"的商品。

良好的氛围有助于促进销售

让顾客处在一个良好的氛围中,才能有效地稳定顾客的情绪,化解顾客的排斥感。那么,什么样的环境下,才能让顾客放下戒备,安心购买我们的产品呢?以下列举几点,仅作参考。

一、用背景音乐烘托气氛

声音的设计对销售氛围会产生积极的影响,也可以产生消极的影响。音乐的合理设计会给销售带来好的气氛,而噪音则使卖场产生不愉快的气氛。所以,在选择所要播放的音乐时,注意合理搭配音乐的种类与时间。

1.店铺背景音乐的选择一定要结合店铺的特点和顾客特征以形成一定的店内风格。店铺里需配置能促进销售的主题音乐。要根据店铺的主要目标顾客群的情绪特征来播放:即一方面要通过音乐将顾客中意的购买情境,与周围的环境进行明显的区分,营造出购物情绪环境;同时,音乐要对影响顾客购物情绪的其他嘈杂声音,进行消除、消化,这样才能将本店内独特的店铺文化,通过音乐传送出来并植入到顾客心中。

2.要选择有独特风格的背景音乐:一方面,尽量选择目标顾客群喜欢,至少心理上能接受的音乐,从而让音乐来延长顾客在店内逗留的时间,这么做有助于促成销量提升。如星巴克在国内的目标顾客群是大中城市里的小资一群,所以一般选择美国爵士乐作为其背景音乐。另一方面,选择的音乐风格,最好是永久记忆性的,时间长了能让顾客一听到,就能产生相关联的想象:似曾相识、熟悉、舒服。同时用音乐将自己与竞争对手相区别。

3.音响的运用还应注意时间。一般来说,在上班前,适宜先播放几分钟幽雅恬静的乐曲,然后再播放振奋精神的乐曲,效果较好。因为上班前,人们的情绪往往还陷在家务事和匆忙赶路当中,这种幽静雅恬的乐声能使人们的心情宁静下来。接着再用振奋精神的乐声鼓舞大家精力旺盛地去开始一天的紧张工作。当职工紧张工作而感到疲劳时,可播放一些安抚性的轻音乐,以松弛神经。在交班前或临近营业结束时,播放的次数要频繁一些,乐曲要明快、热情,带有鼓舞色彩,使职工能全神贯注地投入到全天最后也是最繁忙的工作中去。另外,音响应间断使用,并且应在营业较轻松的时间内运用音响,调节气氛。

4.应注意音量高低的控制。店铺中的听觉环境包括顾客所听到的噪音与乐音。过高的噪音会令顾客烦躁不安,而合适的乐音可以营造良好的购物气氛并且会使顾客心情舒畅。所以对于店内音乐音量的控制,以人在店堂内的正常说话,应在1.5米左右能够听清楚,若听不清,即为音量过大。

5.音乐的播放也要适时有度,如果音乐给顾客的印象过于嘈杂,使顾客产生不适感和注意力被分散,甚至厌烦,将不仅达不到预期的效果,而且会适得其反。

6.乐曲的选择必须适应顾客一定时期的心态。例如,在炎炎夏日,店铺中播放涓涓流水和莽莽草原的悠扬乐曲,能使顾客在炎热中感受到清新和舒适。又如,店铺在大拍卖时,就可以播放一些节奏比较快的、旋律比较强劲的乐曲,使顾客产生不抢购不罢休的心理冲动。

二、销售员的精神面貌决定顾客的购买欲

销售氛围是指顾客在卖场所处环境的气氛和情调。正是这种氛围,可以让顾客自发地产生或放弃一系列购买欲望和决定的心理变化及行为。据某国际权威研究结果显示:顾客到商场购物,70%以上的决定是在卖场里面做出的,冲动性消费占了很大一部分。这就是说,销售氛围浓厚的卖场,让顾客掏钱包的可能性较大。

比如,一个茶叶加盟店就相当于一个卖场,同样,店内良好的销售氛围能促使顾客更快速地成交。可以想象,当有顾客上门时,如果店员只是呆呆地站在柜台旁,或是偷偷地躲在柜台后面;同时,由于体力消耗,有些人会打起哈欠来,这一气氛传染出来,其他店员也会萌生睡意,整个店内呈现出死气沉沉

的气氛。这样的门店,顾客就失去了购买欲望。或许,刚进店,就因这样的气氛而赶紧退出茶店。

某商场经理曾说过:"做店员,在没有顾客的情形下,如果手离开了商品,就会无所适从地四处游荡,这对销售气氛来说是一大天敌。"他的意思是说,在没有顾客上门的情况下,店员不可以手离商品,你可将商品从柜台上拿下来,用手摸摸,仔细瞧瞧,看看其内侧,看看其使用说明;或是将商品的位置重新排列,制造一种忙碌的景象。

三、门店的规范程度直接影响顾客的心情

赵成去一家百货商店购买一些日用品,因为房子刚装修完,心情也非常好。但是进入百货商店以后,之前的好心情一下子就烟消云散了。店里的摆设让赵成眼花缭乱,好不容易找到了自己想要购买的东西,去结账的时候,却发现店员不见了。原来店员是去跟隔壁的商家聊天去了。

赵成感觉店员对自己不够重视,于是放下已经选好的东西,出门去了另外一家商店。

一般而言,许多门店由于销售员的懒惰或者老板不够重视,会出现一种乱糟糟的景象。当顾客进门购买产品的时候,销售员东翻西找,会给顾客留下销售员不专业、产品质量差等印象,以致顾客不会再次登门,最终遭受损失的还是销售员和门店老板。

四、意境的设计能够留住顾客的心

意境设计是商店形象设计的具体表现形式。它是商店经营者根据自身的经营范围和品种、经营特色、建筑结构、环境条件、消费心理、管理意图等因素确定企业理念信条或经营主题,并以此为出发点进行相应的卖场设计。比如,按企业形象策略(CIS)中企业视觉识别系统 (V1)的标识、字体、色彩而设计的图画、短语、广告等均属意境设计。意境设计是卖场整体设计的核心及灵魂。

著名的北京赛特购物中心在设计中就是始终围绕意境来进行卖场的立体设计的:

在赛特购物中心设计之初,就确定了以"人"为中心的设计思想,明确了卖场明朗通透的风格。为确保这一风格,在寸土寸金的销售黄金区域购物中心,

让顾客心动的王牌销售

坚持通道的宽敞，主通道不低于2.3米，自选区设施间的距离亦在1.3米以上；为形成视野宽敞的商品展示，所有陈列设施高度在1.4米左右；柱面实施简单喷白处理，整个卖场宽阔异常，具有强烈的通透感；赛特还采用多层次的立体照明，组合光线柔和明亮，进一步确保了店堂明亮的格调。

在这种环境下，顾客能从卖场内任一位置纵观卖场整体布局。宽广的视野令顾客精神振奋愉悦，多了一份自信。顾客在某种理想精神状态的支配引导下，不知不觉就产生了购买行为。

而令广大顾客向往的北京另一著名零售企业——西单购物中心，则以献"四心"，"把一颗热心、耐心、诚心、爱心奉献您"作为商魂，贯穿整个中心的设计，起到了异曲同工的功效。

旭日东升，朝霞洒落大地的时候，两行着装整齐的值班经理齐刷刷立于购物中心门前两侧，迎接第一批顾客的光临，广播里传来的是动听悦耳的音乐和迎宾词；当夜幕降临繁星满天的时候，这两行微笑的使者再一次出现，在悠悠惜别的送客词中欢送了最后一批顾客。

购物中心优美的环境无不使人倍感温馨：高矗的玻璃大厦，银白的不锈钢柱爽洁气派；厅内四季翠柏郁郁葱葱，白色的泰山石铺就一份典雅，棕榈鲜花悦目可人，一片生机勃勃的自然景观；传出的轻松舒缓的轻音乐令人神清气爽，无比惬意；整个货位布局与艺术观赏性溶为一体，美在其中。

为使顾客体会到融融的爱心，购物中心将一些宽敞的地区留给顾客，把部分有效的空间做为顾客休闲场所，并千方百计为顾客提供服务设施：比如在寸土寸金的卖场设置了边沿休息椅，在贵重金银首饰柜台放置了试金椅，并为顾客提供放大镜、鉴定仪，服务台备有安康小药箱等等。

购物环境决定顾客购买心理

周末，小张想去买点生活必需品，然而，当要交款时，那一片实在是太吵了，在不到60平米的相邻的三个柜台的商品上面，一下子放着三个喇叭同时高声叫着，都在叫卖着自家柜台上的商品如何如何优惠。一个喇叭吵就已经让人受不了，可想而知，三个喇叭在那么大的一点儿地方不停地叫嚷着，顾客会是什么样的感受？小李最害怕这样的大喇叭噪音，在这样的环境里他的心情变得非常烦燥，本想去排队交款，可排队的人太多。他的朋友说："算了，别交钱了,这太吵了,耳朵受不了,到其他地方再买吧。"于是,小李就将准备交款的东西放回了柜台的货架上,逃之夭夭地出了超市。

超市本来就是一个让顾客舒心购物的地方,如果太过吵闹,自然就达不到最终的销售目的。销售员的职责虽然是推销产品,但是对于环境的敏锐感受也是销售员必不可少的一项重要能力。如果不能给顾客提供一个舒心的购物环境,自然会让顾客的购买心情直线下降,更不用说提高销售业绩了。

不久前,陈经理安排销售员小王去开拓浙江市场,出发之前,他帮助小王详细地分析了浙江市场的特点,从消费者购买习惯、消费心理、竞争状况到营销策略,还用自己的营销心得、谈判技巧等跟小王做了一次模拟演练。看着小王基本掌握了营销技能,便放心地让小王上路了。

半个月后,小王回到了公司。"经理,浙江是全国最富裕的地区之一,所以竞争特别激烈,所有竞争对手几乎都在浙江投入重兵,经销商普遍反映我们的促销费用太少,根本就不起作用。另外,我们公司的产品价格偏高,知名度也不响,经销商一听我们的报价,就把我轰出去了。"

自己这么劳心劳力地帮着分析市场,将多年来的销售技能也毫无保留地传授了出去,不应该是这样的结果啊!最令陈经理想不明白的是,小王市场没有开拓成功,回到公司却没有一点不好意思,还振振有词!问题的症结究竟在哪里呢?

其实,小王欠缺的就是市场开拓能力。换句话说,也就是销售员缺少一种自己为顾客创造购物环境的能力。想要得到顾客的认可,就必须了解顾客的需求以及竞争对手的优势和劣势,然后放大自身产品的优势进行宣传,自然就能吸引顾客的目光,从而打开产品的销售市场。我们来看一个毕加索卖画的故事。

伟大的画家毕加索年轻时穷困潦倒,因为没有名气,一幅画也卖不出去。怎么办?他不得不请画商帮他想办法打开销路。

这位画商是个相当聪明的人,他运用了一种类似反间计的点子:他到市内所有画廊去,装着寻求一个名画家的画稿。画廊老板问他是谁的,他说叫毕加

让顾客心动的王牌销售

索,是什么什么的画稿,并详细介绍了毕加索的画在巴黎以外如何抢手,使画廊老板觉得,有这样一位名画家居然自己不知道而心惊,答应一定仔细寻找。后来,这位画商为了进一步吊起人们的胃口,在报上刊登广告寻求购买毕加索的画。不久,毕加索的画果然成为了抢手货,人们也真正认识到了它的艺术价值,而毕加索在巴黎艺术界也树立了很高的名声。

造势,就是一种创造购物氛围的手段。质量很好的产品自然不怕造势,问题的关键是如何让顾客知道这种产品,如何使宣传更吸引顾客的眼球。

第十二章 最专业才最能获得青睐

所谓职业销售人员就是以销售产品为职业,以销售养活自己,这种销售人员不一定是成功的销售人员,而专业销售人员则在以上的前提下更近了一步,他一定是成功的,他们已将销售作为实现自身价值的一种手段,他们将销售变成了艺术。如何做到一个专业的销售人员?本章内容将对这个问题进行详细的介绍。

服务态度决定销售品质

有个老木匠向老板递了辞呈,准备离开他熟悉的建筑业,回家与妻子儿女享受天伦之乐。他是全国最著名的几位木匠之一,手艺高超。老板舍不得这样的好员工离开,问他能否帮忙建造最后一座房子,老木匠欣然允诺。但是,显而易见,他的心已不在工作上,他用的是废料,出的是粗活。等到房子竣工的时候,老板亲手把大门的钥匙递给他并对他说:"这是你的房子,也是我送给你的礼物。"他震惊得目瞪口呆,羞愧得无地自容。如果他早知道是在给自己建房子,他怎么会这样漫不经心、敷衍了事呢?现在他只好住在这幢粗制滥造的房子里!

销售员的服务态度会直接决定销售的最终结果。懒懒散散或趾高气扬的销售员,顾客是不会喜欢的。那么,销售产品也就无从谈起了。

美国著名的人寿保险销售员法兰克·派特刚转入职业棒球界不久,就遭到有生以来最大的打击,他被开除了。他的动作无力,因此球队的经理有意要他走人。球队经理对他说:"你这样慢吞吞的,哪像是在球场混了二十年?我告诉你,无论你到哪里做任何事,若不提起精神来,你将永远不会有出路。"

法兰克离开原来的球队以后,一位名叫丁尼·密亨的老队员把他介绍到新

179

让顾客心动的王牌销售

凡去。在新凡的第一天，法兰克的一生有了一个重要的转变。因为在那个地方没有人知道他过去的情形，他就决心变成新凡最具热忱的球员。为了实现这一点，当然必须采取行动才行。

法兰克一上场，就好像全身带电。他强力地投出高速球，使接球的人双手都麻木了。记得有一次，法兰克以强烈的气势冲入三垒，那位三垒手吓呆了，球漏接，法兰克就盗垒成功了。当时气温高达摄氏39℃，法兰克在球场奔来跑去，极可能因中暑而倒下去，但在过人的热忱支持下，他挺住了。

这种热忱所带来的结果，真令人吃惊。由于热忱的态度，法兰克的月薪增加到原来的七倍。在往后的两年里，法兰克一直担任三垒手，薪水加到三十倍之多。为什么呢？法兰克自己说："就是因为一股热忱，没有别的原因。"

后来，法兰克的手臂受了伤，不得不放弃打棒球。接着，他到菲特列人寿保险公司当保险员，整整一年多都没有什么成绩，因此很苦闷。但后来他又变得热忱起来，就像当年打棒球那样。

再后来，他是人寿保险界的大红人。不但有人请他撰稿，还有人请他演讲自己的经验。他说："我从事推销已经15年了。我见到许多人，由于对工作抱着热忱的态度，使他们的收入成倍地增加起来。我也见到另一些人，由于缺乏热忱而走投无路。我深信惟有热忱的态度，才是成功推销的最重要因素。"

销售员要对自己的工作充满热情，并把这种热情充分地表现给顾客，让顾客从我们那里不仅能够购买到优质的产品，也得到身心上的愉悦。

小丽经营的是一家面包蛋糕专门店，在还没有进入这行之前，从没做过一天门市小姐，对于本身产品毫无认识，完全是慢慢累积经验，从中摸索。从前一直是消费者的角色，进入到服务业，最初的认知只是把它想成是：如果我是消费者，我需要怎样的服务。从这个角度切入，反而赢得消费者的肯定，生意日渐步上轨道，然而，小丽还是历经过一次令人沮丧的服务他人的经验。

一次，有位少妇前来订制一个6吋的小蛋糕，并表示希望上面有一栋花园别墅。小丽说在6吋蛋糕上要画一栋别墅可能有点困难，希望能加大一点，方便师傅挥洒的空间，于是她们协调成了7吋。小丽又说："深怕您心中的花园别墅，和我们画出的别墅可能会有落差，希望您能提供图片。"她说一时难找，由小丽发挥吧！

订单交到师傅手上,画了几次,觉得平面还是没有立体好看,于是画了一款在本店销售一直很好的"圣诞小木屋",除了一栋小木屋,还有树林、小鹿、马车,营造出一个写实的圣诞美景。师傅心想这应该可以交代得过去了。

傍晚,那妇人前来提货,看见圣诞小木屋,她并没有赞赏,反而说他们是敷衍,几番争执,她说:"我是请你们画一栋别墅,因为我们今天刚订下一个房子要庆祝,而你们拿了一个饼干房子就打发了,是不是你们爱做怎样,我们就要照单收下?"

此时正在交涉的小丽和她说:"真的很抱歉,可能您常在大型的专卖店消费,自有其水准,而今师傅也曾反复修正,觉得没有把握之下,只好拿出本店销售最好的一款,但没想到您还是不甚满意。如果您不愿取货,我们不便勉强,退钱即是,只怪我们做不出您想要的蛋糕。"

她说:"说都不能说呀!"提了货便离开。后来,她先生打电话进来指责小丽服务态度恶劣,而她所有解释,他均一一驳斥,并扬言他有足够的能力让她在此地无法生存。从此小丽再也没见过这位客人了,而那时的她只觉得,为什么花了最大的努力,还不能满足顾客需要,心中充满了挫折感。

一年前,参加了一场服务的讲习,了解到顾客的满意度,其实是来自顾客对我们服务的期待。当期待落空或不如预期,自然顾客会不满。虽然他们自认为很努力,但期待的差距仍是他们应该努力的目标。他们必须试图缩短顾客期望的差距,甚至超越顾客的期望。有了这样一个观念,厘清了自己的盲点,也不再为此事感到挫折与无奈。虽然小丽再也没有见过这个客人,但她相信同样的事件,类似的客人还是会每天不断地上演着,而她也有足够的能力去处理了。

想要提升顾客的满意度,就必须把自己的服务提高到超出顾客的期望值,只有这样,才能让顾客满意,才能很好地留住顾客,从而取得销售的成功。

销售员不可忽视自己的形象

某公司新建的办公大楼需要添置一系列的办公家具,价值数百万元。公司的总经理已做了决定,向A公司购买这批办公用具。

这天,A公司的销售部负责人打电话来,要上门拜访这位总经理。总经理

让顾客心动的王牌销售

打算,等对方来了,就在订单上盖章,定下这笔生意。

不料对方比预定的时间提前了2个小时,原来对方听说这家公司的员工宿舍也要在近期内落成,希望员工宿舍需要的家具也能向A公司购买。为了谈这件事,销售负责人还带来了一大堆的资料,摆满了台面。总经理没料到对方会提前到访,刚好手边又有事,便请秘书让对方等一会。这位销售员等了不到半小时,就开始不耐烦了,一边收拾起资料一边说:"我还是改天再来拜访吧。"

这时,总经理发现对方在收拾资料准备离开时,将自己刚才递上的名片不小心掉在了地上,对方却并没发觉,走时还无意从名片上踩了过去。但这个不小心的失误,却令总经理改变了初衷,A公司不仅没有机会与对方商谈员工宿舍的设备购买,连几乎到手的数百万元办公用具的生意也告吹了。

A公司销售部负责人的失误,看似很小,其实是巨大而不可原谅的失误。名片在商业交际中是一个人的化身,是名片主人"自我的延伸"。弄丢了对方的名片已经是对他人的不尊重,更何况还踩上一脚,顿时让这位总经理产生反感。再加上对方没有按预约的时间到访,不曾提前通知,又没有等待的耐心和诚意,丢失了这笔生意也就不是偶然的了。

作为销售员,一定要注重自身的形象,切不可失去应有的销售礼仪,否则顾客就不会再次登门购买我们的产品。

班·费得文史美国保险界的传奇人物,被誉为世界上最有创意的推销员。刚入行搞推销时,班·费得文的着装打扮非常不得体,他的业绩也很不好,公司打算开除他。班·费得文急了,就去问公司里的一位成功人士,那位成功人士说:"那是因为你的头发修得不像个推销员,你的衣服搭配也不协调,颜色看上去非常旧。要有好的业绩,首先要把自己打扮成一位优秀推销员的样子。"

"可你知道我根本打扮不起!"班·费得文说。

"但你要了解那是在帮你赚钱,你不会多花一分钱的。我建议你去找一个专营男装的老板,他会明白地告诉你如何打扮。你这么做又省时间又省钱,干吗不去呢?这样更易赢得别人的信任,赚钱也就更容易了。"那位朋友说。

班·费得文于是马上去一家高级美发厅,特别理了个适合推销员的发型。

然后又去了那位朋友所说的男装店，请服装师帮他打扮一下。服装师认认真真地教班·费得文挑选西服，以及如何选择与之相搭配的衬衫、袜子、领带等。他每挑一样，就解说为什么要挑选这种颜色、样式，还特别送班·费得文一本如何着装打扮的书。不仅如此，他对班·费得文讲解一年中什么时候该买什么样的衣服，买哪种衣服最划算。

从此，班·费得文焕然一新，他的穿着打扮有了专业销售员的样子，他推销起来也更有自信心了，他的业绩增加了2倍。

销售员的形象是给顾客看的。优秀的销售员会非常注重自身的形象，包括衣着、语言、手势，甚至是微笑，他们会在这些事上尽可能保证完美，从而给顾客留下足够专业的印象。

某照明器材厂的业务员小刘按约定，带着企业新设计的样品，兴冲冲地来到"XX贸易公司"，脸上的汗珠未来得及擦一下，便直接走进了业务部李经理的办公室，正在处理业务的李经理被吓了一跳。

"对不起，这是我们企业设计的新产品，请您过目。"小刘说。

李经理停下手中的工作，接过小刘递过来的照明器，随口称赞道："好漂亮啊！"并请小刘坐下，倒上一杯茶递给他，然后拿起照明器仔细研究起来。

小刘看到李经理对新产品如此感兴趣，如释重负，便往沙发上一靠，翘起二郎腿，一边吸烟一边悠闲地环视着李经理的办公室。当李经理问他电源开关为什么装在这个位置时，小刘习惯地用手搔了搔头皮。好多年了，别人一问他问题，他就会不自觉地用手搔头皮。虽然小刘作了较详尽的 解释，李经理还是有点半信半疑。谈到价格时，李经理强调："这个价格比我们预算高出了许多，能否再降低一些？"

小刘搔了搔头皮，反反复复地说："造型新、寿命长、节电。"

李经理托词离开了办公室，只剩下小刘一个人。小刘等了一会，感到无聊，便非常随便地抄起办公桌上的电话，同一个朋友闲谈起来。这时，门被推开了，进来的不是李经理而是办公室的秘书。

一个不注重自身形象的销售员，是得不到顾客认可的。所以，销售员在面对顾客的时候，应该尽可能地给顾客留下良好的印象，而不是像案例中的小

让顾客心动的王牌销售

刘一样,让成交的机会白白流失。那么,我们应该如何做才能给顾客留下良好的印象呢?

一、服装整洁,仪表端庄

首次见面,推销人员不要总是想着怎样卖东西,而是要想着怎样给买主留下好印象。在服饰方面,要注意衣服穿着是否搭配、适宜,服饰应与环境和谐,这样可以缩小与买主的距离。因此,在仪表方面,会面前要先行检查一下,如发型是否合适、头发是否凌乱、胡子是否刮净、化妆是否得体等。

二、举止文明

举止文明是给人留下深刻印象的一个重要因素。不文明礼貌的行为会给人带来极大的反感,例如,不停地眨眼睛、摸鼻子,脚不停地抖动,玩弄东西(特别是买主的名片)等。举止文明礼貌应做到:进门时无论门关着还是开着,均应敲门;见到顾客时首先问好;在顾客未坐定时不应该先坐下;递名片时应双手送上;交谈时要目视对方;告别时应使用礼貌的告别语,特别是推销不成功或不理想时。

三、态度诚恳

尤其在顾客拒绝购买产品时, 不应有任何反感的表示。即使这次没有成功,仍要对买主的接待表示感谢,并承诺当买主需要时,仍可为其提供服务,要为以后的交往创造条件。

四、尊敬顾客

给顾客留下美好印象的重要一点是让顾客受到尊敬。优秀的推销员把销售过程看成是信息传递和感情沟通两个过程的统一, 并且这两者既互相影响又互相促进。

1.要充分肯定顾客对产品的鉴赏能力。否则,顾客会认为你把他当成无知的人。肯定的结果不但能使顾客受到尊敬, 同时也使顾客坚定了购买产品的决心。

2.绝对避免与顾客争论。推销员在与顾客的交谈中,尽量少说否定的字眼。如双方存在差距和分歧,要通过摆事实、讲道理进行耐心说服,达到逐步沟通。若一时找不到合适的解决办法,可将分歧暂时放在一边。

3.耐心认真地倾听顾客的讲话。顾客讲话不注意倾听,无疑是对对方的不尊重。能将顾客讲的话听进去,显示着一个优秀推销员的涵养。

4.要尽可能解答顾客的各种问题。推销员要做到对所推销的产品十分熟悉和了解,要掌握产品的性能、规格、特点及维修、保养、使用等个方面的知识。做到了这些,才能正确回答顾客提出的各种问题,也才能解除顾客的疑虑,能更有效地促成购买行为。

五、为顾客着想

从事推销工作,如果只想怎样把产品卖出去,而不考虑顾客所关心的问题,往往会遭到拒绝,也不会给顾客留下良好的印象。推销员如果能设身处地地站在顾客的立场上考虑问题,通常是化解拒绝的一条有效途径。

小周的口头表达能力不错,对公司产品的介绍也得体,人既朴实又勤快,在业务人员中学历又最高,老总对他抱有很大的期望。可做销售代表半年多了,业绩总上不去。

问题出在哪儿呢?

原来,他是一个不修边幅的人,双手拇指和食指喜欢留着长指甲,里面经常藏着很多"东西"。脖子上的白衣领经常是酱黑色,有时候手上还记着电话号码。他喜欢吃大饼卷大葱,吃完后,不知道去除异味的必要性。在大多数情况下,根本没有机会见到相见的客户。

仪容是指人的容貌。仪容是仪表的重要组成部分,是由发式、面容以及人体所有未被服饰遮掩的肌肤(如手部、颈部)等内容所构成。仪容在人的仪表美中占有举足轻重的地位。

一、仪容修饰的要求

修饰是对人的仪容、发型进行修整妆饰,使其外在形象达到整洁、大方、美观、典雅效果的基本手法。

1. 修饰的首要标准是整洁。要经常保持面部及身体各个部位的整洁、卫生。包括皮肤干净,经常洗脸、梳头、理发、修剪指甲、鼻毛等。要科学地选用清洁、保养用品。

2.修饰要自然。所谓自然就是艳而不俗,淡而不灰,柔和顺眼。

3.修饰要有整体感。修饰是一项整体工程,整体形象的协调统一方为美。

4.修饰要注意突出重点。修饰的重点是突出自己最美的部分,使其更美,还要巧妙地运用修饰技巧,弥补不足之处。

5.修饰要与环境气氛统一。不同的环境有不同的色泽、光线条件和社交气氛,因而人与环境处于一体,应以与环境"相容"为宜。

二、仪容修饰的内容

1.头发的修饰。

(1)要干净,常洗、常理、常梳、常整。

(2)长短要适宜。男士头发一般7厘米左右。前发不及额,侧发不及耳,后发不及领;女士头发不长于肩部,如长于肩部,要做技术处理,如盘起来、挽起来或梳起来。

(3)发式自然。不能将头发染成五颜六色。发型的选择要时尚、大方、得体,不要标新立异。

2.胡须。在正式场合,男士留着乱七八糟的胡须,一般会被认为是很失礼的,而且会显得邋里邋遢。个别女士因内分泌失调而长出类似胡须的汗毛,应及时清除,并予以治疗。

3.鼻毛不外现。鼻腔要随时保持干净,不要让鼻涕或别的东西充塞鼻孔,经常修剪一下长到鼻孔外的鼻毛,严禁鼻毛外现。

4.清洁口腔。牙齿洁白,口无异味,是对口腔的基本要求。为此要坚持每天早、中、晚三次刷牙。另外在重要会见顾客之前忌食蒜、葱、韭菜、腐乳等让口腔发出刺鼻气味的东西。

5.手部。手是肢体中使用最多、动作最多的部分,要完成各种各样的手语、手势。如果手的"形象"不佳,整体形象将大打折扣。对手部的具体要求有三点:清洁,不使用醒目甲彩,不蓄长指甲。

学识可以聚拢顾客

顾客都很容易接受某一方面专家的建议,对专家的话也更容易相信。所以,做一个你所销售产品的专家对促进业务非常有帮助,尤其越是销售信息不对称的商品专家形象的作用越大,而销售我们都熟悉和了解的商品,专家的作用相对就小很多,比如食品、服装等。而如果是大家不熟悉或专业性强的商品,即信息不对称的商品,如药品、高科技仪器等,成为专家顾问对促进销售就非常有帮助。即使是一般商品的销售人员能对自己所销售的商品了如指掌,也会增加客户的信任度,反之,连我们自己都不了解自己的产品,客户怎么会放心购买呢。

某日,一位对汽车产品有一定了解的顾客来到一家汽车专营店。见到顾客到来,销售人员照例上前打招呼,询问顾客要看什么车。此时,这位顾客走到了其中一辆车面前,要求销售人员打开引擎盖、启动发动机。在细心听了发动机的声音并对发动机仓内的各部件作了全面的审视后,该顾客问了一个比较专业的问题:"这款车的转速是多少?"

听到这个问题,这位销售人员不假思索地告诉顾客:"1斤。"

顾客一头雾水,没有弄明白他说的是什么意思。也许这位销售人员也发现了顾客的疑惑,为了证明他说的数据正确,他让顾客坐进了驾驶室,用手指着仪表台上的发动机转速表,此时指针在"1"的位置上:"你看,就是这里,1斤。"此时,顾客皱起了眉头,表示出了对这位销售人员的不屑,只是他还没有察觉而已。

接下来的对话更让这位顾客跌破眼镜。

顾客:"转速高了能不能调?"

销售人员:"可以调,只要调一下化油器就可以了。"

顾客二话没说,扬长而去。至此,这位销售人员仍然不知道为什么顾客会离开,还以为顾客只是问问而已。

顶尖销售员要把自己看成是产品和服务专家,要花时间去了解自己所销售的产品或服务,他要彻底了解产品的每项细节,他必须很清楚产品或服务所有的特点与利益、优点与缺点、优势与劣势。他会作为顾客的顾问、参谋、教练出现,他会给顾客提出最好的建议,帮助顾客以最少的投入得到最大的回报。

没有人相信一个对自己产品都一无所知的人会是一个好的推销员,能够为他们带来好处而不是麻烦。顾客因为不懂,所以才会找业务员,最后业务员都云里雾里,顾客如何能相信我们呢?

让顾客心动的王牌销售

几年前，小杨去纽约拜访客户的时候，他想买一两件衬衫来搭配新西装。在等待下个约会的空档里，小杨走进曼哈顿一家男装店。他当时是个刚到大都市的年轻人，因为怕被敲竹杠而感到有点紧张不安。

在走到第一家，以及后来的第二家第三家里时，销售人员都会过来招呼小杨："我能为你服务吗？"或"有需要帮忙的吗？"

小杨试探性地说他想买一两件衬衫。在每家店里，销售人员都会说："太好了，让我把我们的衬衫拿给你看看，然后再挑出一两件你喜欢的。"

然后他们就会领小杨到整框的衬衫面前，然后一件件从架上取出来摊开，然后问"你觉得这件怎么样？""你觉得那件怎么样？"直到小杨觉得受不了为止！小杨不好意思地说"我只是看看，我还会再回来的"，然后匆匆忙忙走开，再也不回去了。

小杨仍然决定买两件衬衫，所以他更加谨慎地走进了第四家男装店。当时有位年长的销售人员，从店中央迎面向他走来，抬头直视小杨的眼睛并且面带微笑。然后他很温和地对小杨说："谢谢光临，请随便看看。"

小杨开始四下浏览的时候，他接近小杨，并且在离他2公尺的地方停住。"今天你有什么特别想看的东西吗？"他问道。

小杨告诉他说："我想买一两件衬衫。"然后他就采取一种小杨从未见过的行动。

他问小杨："你要在什么样的场合穿这些衬衫？"当小杨告诉他是他在做销售时穿，他又问："你要穿这些衬衫搭配哪种颜色的西装呢？"

当小杨告诉他西装的颜色后，他问："你比较喜欢哪一种颜色？你心里有想法吗？"

小杨告诉他说："我还不确定要买哪种款式的衬衫？，而且我还没想好要应该花多少钱。"

他就说："那么，让我给你看一些衬衫，然后向你解释一下材质和价格上的差异，之后你就可以决定哪些衬衫更适合你了。"

当时小杨非常高兴能发现一位销售人员会这么真心地关怀并帮助他得到需要的东西，于是小杨很乐意地听他的话。他向小杨展示所有的衬衫，并且解释他们的材质、剪裁、缝制、袖口、价格以及维护方式。他向小杨解释不同组合的西装领带如何搭配衬衫以发挥最大的魅力。

小杨受宠若惊并且一直问问题,他都能够以非常专业的方式回答。

半个小时之后,小杨拎着两大袋衬衫和领带走出那家商店。当他送小杨到门口的时候给了小杨一张名片,并且对他说如果日后有任何问题或疑惑,或有其他需要他服务的地方,随时欢迎打电话或再度光临。

把自己放到顾问的角色来销售产品会使整个销售过程简单很多。这就是顾问式销售的最大优点。当然,前提是作为销售员的我们在产品的知识层面需要了解很多东西,这样才有利于我们针对不同的顾客做出不同的回答及推荐。

让优秀成为一种习惯

小张刚刚参加工作,在一家公司做销售代理。一个月以来,他打电话、发传真、写电子邮件,终于找到一家对他们公司的产品感兴趣的大公司,该公司同意与小张面谈合作事宜。小张对这次面谈十分重视,特意穿上笔挺的西装、发亮的皮鞋和一双刚买的白色球袜来到对方公司。在与对方洽谈时,小张不免有些紧张,坐在椅子上的双腿不停地晃动,手指也不时地在腿上敲击。面谈结束后,对方只是淡淡地说:"以后再联系吧。"对这次面谈的失败,小张那个百思不得其解,后来请经理向对方询问原因,对方说:"你们员工的素质还有待提高。"

优秀是一种品质,也是一种习惯,优秀的人习惯于优秀,习惯决定命运,我们远在未来的命运就在这手边的习惯上被决定着、改写着。销售员要把最优秀的一面展示给顾客看,并持之以恒地将这种品质锻炼成一种习惯。

查理·斯瓦布小时候生活在宾夕法尼亚的山村里,环境非常贫苦,只受过短短几年教育。从15岁起,孤身一人在宾夕法尼亚的一个山村里赶马车谋求生路。两年后,他谋得另外的工作,每周只有2.5美元的报酬,在这期间他完成每项工作都力争尽善尽美,做到最好。功夫不负有心人,没多久他成为卡内基钢铁公司的一名工人,日薪1美元。做了没多久,他就升任技师,接着升任总工程师。过了5年,他便兼任卡内基钢铁公司的总经理。

让顾客心动的王牌销售

　　当他还是钢铁公司一名微不足道的工人时，就暗暗下定决心：总有一天我要做到高层管理，我一定要做出成绩来给老板看，使他自动来提升我。我不去计较薪水，我要拼命工作，做到最好，使我的工作价值远远超过我的薪水。

　　他每获得一个位置，总以同事中最优秀者作为目标。他从未像一般人那样想入非非。那些人常常不愿使自己受规则的约束，常常对公司的待遇感到不满，做白日梦等待机会从天而降。斯瓦布深知一个人只要有远大的志向和目标，并为之努力奋斗，尽力做到最好，就一定可以实现梦想。

　　优秀的习惯可以让我们实现梦想的步伐加快，也可以提高我们推销过程中的成交几率。销售员需要保持一种优秀的习惯，使之成为专业的象征，方能在销售领域无往不胜。

第十三章 优质销售的内涵

什么样的销售才能称得上是优质的销售呢？每个销售员都有一套自己的销售方法或理念，但在这些方法和理念之中，我们需要对其进行提炼和升华，以使我们能够更好地为顾客服务，从而取得更多的销售机会。

做销售要先改变自己

1993 年，风和日丽的一天，一个眉清目秀的年轻人在街上行走，突然他被人拦住，"年轻人，我们公司正在招募化妆品销售员，你有兴趣挑战吗？有高提成哦！"还是大四学生又急需用钱的年轻人一听到这个送上门的机会，当即报名加入了这个化妆品销售队伍。

那个时候，化妆品还未被国人接纳，市场也还不够成熟，推销难度可想而知。

最要命的是，这位年轻人有个"坏毛病"：见人就脸红。当他把第一批货全数推销给亲朋好友后，他不得不面对与陌生人搭讪的窘境，这给他带来了接二连三的挫败。每当他硬着头皮拉住一位顾客，而这位顾客也勉强停下了脚步时，他却未开口，脸先红。不敢直视对方，也不敢"大胆"说话，他的羞怯模样不仅"赶跑"了顾客，也丢了大好机会。

自此，在很长一段时间里，脸红，成了他心中挥之不去的"痛"。

心高气傲的年轻人并没有放弃，他知道没有一个营销人天生就是出类拔萃的。虽然只是一份兼职，他却暗自定下了一个个高目标，磨炼自己的"脸皮"，并千方百计提升自己的专业素养。

一次，公司请来一位台湾讲师，为了"解惑"，囊中羞涩的他不惜自掏钱包参加培训课程。在这次培训课上，他把几个月来的"疑难杂症"一股脑儿抛向讲师，虚心求教。在讲师的帮助下，很多想不明白的问题一下子都迎刃而解了，这次讲课他受益良多。

培训完后，茅塞顿开的年轻人立即抓起一大包的化妆品，奔向大街，充

让顾客心动的王牌销售

满激情地推销他的产品。

为了克服自己的紧张情绪和羞怯感,他给自己定下"硬性目标":每天最起码拜访20位陌生客户,否则不准吃晚饭。

就是这样,一种东西一旦到了极致,反而就不"新鲜"了,包括脸红在内。显然,重复是让他自己麻木的最好方法。

为了快速提高销售业绩,从来不写日记的他记起了"销售总结日记",他不顾白天的劳累,每天晚上坚持这一枯燥的工程:把当天的销售经过"记录在案"。他会分析自己的每个销售细节,不放过一个纰漏,不断反省、不断精益求精。

他知道,销售最大的"拦路虎",就是自己的"心理障碍"。慢慢地,他的"犯病"次数越来越少,最后,"脸红"变得难得一见。等到1994年大学毕业的时候,他已然变成了一个小"富豪",从此,他义无反顾地投身到营销事业中。

这个年轻人就是俞雷,曾任欧莱雅中国大众化妆品部区域经理。

改变自己,升华了自己,才能改变别人,得到别人的认可。作为销售员,我们不能仅仅为销售而销售,更多的是要提高我们的服务质量和销售技巧。如此,我们才能在销售领域走出自己的一片天地。

有一个自以为是全才的年轻人,毕业以后屡次碰壁,一直找不到理想的工作,他觉得自己怀才不遇,对社会感到非常失望,让他伤心和绝望,他认为没有伯乐来赏识他这匹千里马。他来到大海边,打算结束自己的生命。

此时,正好有一位老人经过,看见了他,并且救了他。老人问他为什么要走上绝路,他说自己得不到别人和社会的承认,没有人欣赏并重用他。

老人从脚下的沙滩上捡起一粒沙子,让年轻人看了看,然后就随便地扔在了地上,对年轻人说:"请你把我刚才扔在地上的那粒沙子捡起来。"

"这根本不可能!"年轻人说。

老人没有说话,从自己的口袋里掏出一颗晶莹剔透的珍珠,也是随便地扔在了地上,然后对年轻人说:"你能不能把这颗珍珠捡起来呢?"

"当然可以。"

"那你就应该明白是为什么了吧?你应该知道,现在你自己还不是一颗珍珠,所以你不能苛求别人立即承认你。如果要别人承认,你就要想办法使自己成为一颗珍珠才行。"

同样,销售员只有把自己变成珍珠,才能给顾客留下深刻的印象,才能得到顾客的亲睐,以使顾客再次购买我们的产品。

一天上午,某公司在一家五星级酒店的多功能会议厅召开会议。其间,该公司职员李小姐来到商务中心发传真,发完后李小姐要求借打一个电话给总公司,询问传真稿件是否清晰。

"这里没有外线电话。"商务中心的服务员说。

"没有外线电话稿件怎么传真出去的呢?"李小姐不悦地反问。

服务员:"我们的外线电话不免费服务。"

"我已预付了20元传真费了。"李小姐生气地说。

服务员:"我收了你的传真费,并没有收你的电话费啊!更何况你的传真费也不够。"

李小姐说:"啊,还不够?到底你要收多少呢?开个收据我看一看。"

"我们传真收费的标准是:市内港币10元/页;服务费港币5元;3分钟通话费港币2元。您传真了两页应收港币27元,再以1:1.08的比价折合成人民币,我们要实收人民币29.16元。"服务员立即开具了传真和电话的收据。

李小姐问:"传真收费还是电话收费是根据什么规定的?"

"这是我们酒店的规定。"服务员出口便说。

李小姐:"请您出示书面规定。"

"这不就是价目表嘛。"服务员不耐烦地回答说。

李小姐:"你的态度怎么这样?"

"您的态度也不见得比我好呀。"服务员反唇相讥。

李小姐气得付完钱就走了。心想:五星级服务,难道就是这样的吗?

只有建立在互相尊敬、互相信任基础之上的朋友才是真正的朋友。同样的道理,只有我们努力提升自身的素养,才能与顾客成为朋友,才能拓宽我们的销售之路。

一个下雨的晚上,机场附近某一大酒店的前厅很热闹,接特员正紧张有序

让顾客心动的王牌销售

地为一批误机团队客人办理入住登记手续，在大厅的休息处还坐着五六位散客等待办理手续。此时，又有一批误机的客人涌入大厅。大堂经理小刘密切注视着大厅内的情景。

"小姐，麻烦您了，我们打算住到市中心的酒店去，你能帮我们叫辆出租车吗？"两位客人从大堂休息处站起身来，走到小刘面前说。

"先生，都这么晚了，天气又不好，到市中心去已不太方便了。"小刘想挽留住客人。

"从这儿打的士到市中心不会花很长时间吧，我们刚联系过，房间都订好了。"客人看来很坚决。

"既然这样，我们当然可以为您叫车了。"小刘彬彬有礼地回答道，她马上叫来行李员小秦，让他快去叫车，并对客人说："我们酒店位置比较偏，可能两位先生需要等一下，不妨先到大堂等一下。"

"那好吧，谢谢。"客人被小刘的热情打动，然后和她一起来到大堂吧休息处等候。

天已经很黑了，雨夹着雪仍然在不停地下，行李员小秦始终站在路边拦车，但十几分钟过去了，也没有拦到一辆空车。客人等得有些焦急，不时站起身来观望有没有车。小刘安慰他们说："今天天气不好，出租车不太容易叫到，不过我们会尽力而为的。您再等一下，如果叫到车，我们会及时通知您的。"

又是15分钟过去了，车还是没拦到。客人走出大堂门外，看到在风雪中站了30多分钟脸已冻得通红的行李员小秦，非常抱歉地说："我们不去了，你们服务这么好，我们就住这儿吧，对不起。"还有一位客人亲自把小秦拉进了前厅。

提高我们的素质和服务品质，是赢得顾客的最佳途径，也是取得顾客信任的最有力的保证。作为销售员，我们需要从自身做起，改变原来不好的习惯和服务过程中的欠缺之处，才能保证销售的有效进行。

销售的本质是服务

作为销售员，我们必须明白，销售只是实现我们自身价值的手段，产品是我们运用手段的工具，而销售的对象则是我们的顾客，也就是我们取得成绩

194

的终点。所以,销售的本质应该是服务。换句话说,销售的本质是把产品卖出去。想要达到这个目的,就必须提高我们的服务质量。

一个替人割草打工的男孩打电话给一位陈太太说:"您需不需要割草?"

陈太太回答说:"不需要了,我已有了割草工。"

男孩又说:"我会帮您拔掉花丛中的杂草。"

陈太太回答:"我的割草工也做了。"

男孩又说:"我会帮您把草与走道的四周割齐。"

陈太太说:"我请的那人也已做了,谢谢你,我不需要新的割草工人。"

男孩便挂了电话,此时男孩的室友问他说:"你不是就在陈太太那割草打工吗?为什么还要打这电话?"

男孩说:"我只是想知道我做得有多好!"

优质的服务自然会得到顾客的认可。销售的开始是在卖出产品之后,而非之前。销售员提高服务质量的第一点就是要学会回访顾客,让顾客说出产品或服务的不足之处,然后进行自我的提高。

在一个炎热的午后,有位穿着汗衫、满身汗味的老农夫,伸手推开厚重的汽车展示中心玻璃门,他一进入,迎面立刻走来一位笑容可掬的柜台小姐,很客气地询问老农夫:"大爷,我能为您做什么吗?"

老农夫有点腼腆地说:"不用,只是外面天气热,我刚好路过这里,想进来吹吹冷气,马上就走了。"

小姐听完后亲切地说:"就是啊,今天实在很热,气象局说有32摄氏度呢,您一定热坏了,让我帮您倒杯水吧。"接着便请老农夫坐在柔软豪华的沙发上休息。

"可是,我们种田人衣服不太干净,怕会弄脏你们的沙发。"

小姐边倒水边笑着说:"有什么关系,沙发就是给客人坐的,否则,公司买它干什么?"

喝完冰凉的茶水,老农夫闲着没事便走向展示中心内的新货车东瞧瞧,西看看。

这时,那位柜台小姐又走了过来:"大爷,这款车很有力哦,要不要我帮你

让顾客心动的王牌销售

介绍一下？"

"不要！不要！"老农夫连忙说，"你不要误会了，我可没有钱买，种田人也用不到这种车。"

"不买没关系，以后有机会您还是可以帮我们介绍啊。"然后小姐便详细耐心地将货车的性能逐一解说给老农夫听。

听完后，老农夫突然从口袋中拿出一张皱巴巴的白纸，交给这位柜台小姐，并说："这些是我要订的车型和数量，请你帮我处理一下。"

小姐有点诧异地接过来一看，这位老农夫一次要订8台货车，连忙紧张地说："大爷，您一下订这么多车，我们经理不在，我必须找他回来和您谈，同时也要安排您先试车……"

老农夫这时语气平稳地说："小姐，你不用找你们经理了，我本来是种田的，由于和人投资了货运生意，需要买一批货车，但我对车子外行，买车简单，最担心的是车子的售后服务及维修，因此我独生子教我用这个笨方法来试探每一家汽车公司。这几天我走了好几家，每当我穿着同样的旧汗衫，进到汽车销售厂，同时表明我没有钱买车时，常常会受到冷落，让我有点难过……而只有你们公司，只有你们公司知道我不是你们的客户，还那么热心地接待我，为我服务，对于一个不是你们客户的人尚且如此，更何况是成为你们的客户……"

顾客购买的除了商品，还有优质的服务，如果缺少了后者，再好的商品也抓不住市场。所以，销售员在提高服务的时候，切不可以貌取人，负责只能白白地错过销售机会。

在英国，有位孤独的老人，无儿无女，又体弱多病，他决定搬到养老院去。于是，老人宣布出售他漂亮的住宅。

购买者闻讯蜂拥而至。住宅底价8万英镑，但人们很快就将它炒到10万英镑了。价格还在不断攀升。

这时，一个衣着朴素的青年来到老人眼前，弯下腰，低声说："先生，我也想买这栋住宅，可我只有1英镑。"

老人很诧异："1英镑？这座房子的价格已经炒到10万英镑了！"

青年并不沮丧，继续诚恳地说："如果您把住房卖给我，我保证会让您依旧生活在这里,和我一起喝茶、读报、散步,让您天天都快快乐乐的。相信我,我会用整颗心来关爱您!"

老人颔首微笑,挥手示意人们安静下来,"朋友们,这栋住宅的新主人已经产生了。"老人举起了青年的手,"就是这位小伙子!"

销售的本质是服务,当我们能够完全站在顾客的立场考虑问题的时候,我们的推销活动已经成功了一大半。所以,销售员在销售过程中应该尽量设身处地地为顾客考虑,让顾客通过我们最优质的服务感受到我们对他的重视。

把顾客的需求放在第一位

有一个餐厅生意好,门庭若市,老板年纪大了,想要退休,就找了3位经理过来。

老板问第一位经理:"先有鸡还是先有蛋?"第一位经理想了想,答道:"先有鸡"。

老板接着问第二位经理:"先有鸡还是先有蛋?"

第二位经理胸有成竹地答道:"先有蛋。"

老板又叫来第三位经理,问:"先有鸡还是先有蛋?"

第三位经理镇定地说:"客人先点鸡,就先有鸡;客人先点蛋,就先有蛋。"

老板笑了,于是擢升第三位经理为总经理。

销售员的工作就是为了满足顾客的需求,所以要把顾客的需求放在第一位,而不是让顾客根据我们自己的想法做出改变或调整。

一天下午,店里比较忙,李丽在整理柜台时,听到一顾客正向保洁阿姨询问事情,而阿姨说"不知道"。见状,她马上跑过去,热情地问顾客:"您好,请问有什么可以帮到您?"

顾客问李丽:"安踏在哪里?我女儿一定要买安踏运动鞋。"

李丽马上想到,顾客的女儿喜欢安踏运动鞋,可能是喜欢知名度较高的品牌。于是,李丽告诉顾客商场没有安踏专柜,但向顾客推荐了商场出售乔丹和李宁运动老品牌。

让顾客心动的王牌销售

顾客却问李丽："小姐，你卖的是哪个品牌呢？"

李丽微笑着说："我负责某某专柜，虽然是新品牌，但已经在多家媒体打了广告。"顾客有点惊讶，原来他以为李丽是乔丹或李宁的导购员。随即，他的眼里充满了赞许和信任。

"你给我介绍一下你们的鞋子吧。"

见他这么一说，李丽马上作推介："我们的运动鞋不仅质量好，而且价格也实惠，现在搞活动，鞋子全场6.8折。"根据顾客女儿的需求，以及她的年龄和尺码之后，李丽拿了一款运动鞋递给他，并说："这是我们的新款，不仅外型秀气，舒服，而且特别耐穿……"

顾客满意地买下了这双鞋，临走的时候，他笑着说："小姐，如果女儿喜欢的话，我以后还会常来你这里的。"

一笔意外的交易就这样成功地被李丽搞定了！其实，销售不仅仅是商品交易，应当把顾客需求放在第一位，站在顾客的角度为他们着想，以此赢得顾客的信任。

每位顾客都有一双智慧的眼睛，即便当时会被某些事物所蒙蔽，但事后一定会后悔，自然就不会有第二次的光顾了。所以，把顾客的需求放在第一位才是赢得顾客信任和忠诚的最佳途径。

一位保险推销员小李，去拜访一位非常富有的老先生，向劝说客户购买一份人生保险。没想到的是，这位客户却非常倔强，小李好说歹说，对方都不为多动，毫不犹豫地拒绝了。

小李："杨先生，您有说明要求提出来，我一定满足你？"

客户："不好意思，我生活的很好，不需要了，跟我谈寿险也是在浪费你的时间。"

小李注意到这位客户对保险有些反感，但是，他仍强作笑颜，想继续和客户介绍，没想到他更加十分恼火。

客户："你都看到了，我现在已经60多岁了，买保险对我已经没有什么用处了。如今，我的儿女都已经长大成人，能够好好地照顾自己，即便我有什么不测，他们也有钱过舒适的生活。"

受到冷落的小李似乎受到了打击，怏怏地离开了。

第二天，拜访这位客户的是小张，他也一位保险销售员。但他来到客户这里时，客户多次表述自己不需要。张他还想再解释什么的时候，客户变得恼火了："从昨天到今天，已经有 3 位销售人员被我打发走了，你还想证明一下自己？"

小张从客户的情绪中看出，对方一定对保险有一种偏见，于是，换了个口吻继续对客户说："杨先生，我听说你是一个像十分注重生活情趣的人，平时热衷于于公益事业……"

一提到慈善、公益事业，老人立刻来了兴趣，兴致勃勃地谈论起来，"在我的事业和家庭之外，我希望度过一个更加有意义的晚年，最大愿望就是慈善事业。比如对医院、学校、慈善事业的资助等等。"

"那您是否想过您百年之后，它们是否可以继续下去呢？"

"如果有这个可能，当然希望它成为我生命的一种延续了。"

"有一种方法可以实现你的这种愿望……"

话还没说完，杨先生睁大眼睛好奇地看着小张，此时，小张意识到时机已经成熟，马上把投保的详细资料给了这客户，客户看后很满意。通过短短的对话，小张重新燃起了客户了解保险的欲望，这也为产品的最终推销开了一个好头。

重视每一位顾客的需求，把他们的需求放在第一位，才可能为我们自己迎来更大的辉煌。

创建了著名的松下电器公司的松下幸之助先生，在做生意的过程中，总结出了一条重要的人生经验：站在对方的立场看问题。

人们交往之间，总有许多分歧。松下幸之助总希望缩短与对方沟通的时间，提高会谈的效率，但却一直因为双方存在不同意见、说不到一块儿而浪费掉大量时间。他知道，对方也是善良的生意人，彼此并不想坑害对方。在 23 岁那年，有人给他讲了一则故事——犯人的权利。他终于从中领悟到一条人生哲学。凭借这条哲学，他与合作伙伴的谈判突飞猛进，人人都愿意与他合作，也愿意做他的朋友。

松下电器公司能在一个小学没读完的农村少年手上，迅速成长为世界著名的大公司，就与这条人生哲学有很大关系。这条哲学很简单：站在对方的立

让顾客心动的王牌销售

场看问题。

故事是这样的：

某个犯人被单独监禁。有关当局已经拿走了他的鞋带和腰带，他们不想让他伤害自己。这个不幸的人用左手提着裤子，在单人牢房里无精打采地走来走去。他提着裤子，不仅是因为他失去了腰带，而且因为他失去了15磅的体重。从铁门下面塞进来的食物是些残羹剩饭，他拒绝吃。但是现在，当他用手摸着自己的肋骨的时候，他嗅到了一种万宝路香烟的香味。他喜欢万宝路这种牌子。

通过门上一个很小的窗口，他看到门廊里那个孤独的卫兵深深地吸一口烟，然后美滋滋地吐出来。这个囚犯很想要一支香烟，所以，他用他的右手指关节客气地敲了敲门。

卫兵慢慢地走过来，傲慢地哼道："想要什么？"

囚犯回答说："对不起，请给我一支烟……就是你抽的那种。"

卫兵错误地认为囚犯是没有权利的。所以，他嘲弄地哼了一声，就转身走开了。

这个囚犯却不这么看待自己的处境。他认为自己有选择权，他愿意冒险检验一下他的判断，所以他又用右手指关节敲了敲门。这一次，他的态度是威严的。

那个卫兵吐出一口烟雾，恼怒地扭过头，问道："你又想要什么？"

囚犯回答道："对不起，请你在30秒之内把你的烟给我一支。否则，我就用头撞这混凝土墙，直到弄得自己血肉模糊，失去知觉为止。如果监狱当局把我从地板上弄起来，让我醒过来，我就发誓说这是你干的。当然，他们决不会相信我。但是，想一想你必须出席每一次听证会，你必须向每一个听证委员会证明你自己是无辜的；想一想你必须填写一式三份的报告；想一想你将卷入的事件吧——所有这些都只是因为你拒绝给我一支劣质的万宝路！就一支烟，我保证不再给你添麻烦了。"

卫兵会从小窗里塞给他一支烟吗？当然给了。他替囚犯点了烟了吗？当然点上了。为什么呢？因为这个卫兵马上明白了事情的得失利弊。

这个囚犯看穿了士兵的立场和禁忌，或者叫弱点，因此满足了自己的要求，获得了一支香烟。

松下幸之助先生立刻联想到自己：如果我站在对方的立场看问题，不就可以知道他们在想什么、想得到什么、不想失去什么了吗？

仅仅是转变了一下观念，学会站在对方的立场看问题，松下先生立刻获得了一种快乐——发现一项真理的快乐。后来，他把这条经验教给松下的每一个员工。

销售员如果能够站在顾客的立场想问题，把顾客的需要看做自己的需要和使命，自然能够得到顾客的认可。

信赖是销售的保证

有一次，有位青商会的学员罗塞尔跑来告诉弗兰克·贝特格："贝特格先生，我从您那儿学了一句精短的答话，昨天这句话帮我卖了一货车的石油。"

弗兰克·贝特格于是请他说出事情的来龙去脉。原来，罗塞尔昨天打电话给他的一位顾客说："今早我提供给您特别的服务，这是别人无法替你设想到的。"

"什么服务？"他的顾客不解地问道。

"我可以供应您一货车的石油。"

"不必了。"

"为什么？"

"我哪有地方放呀。"

"杜先生，假如我是您的兄弟，我真想告诉您一些话。"

"什么话？"

"因为货源即将短缺，到时您可能无法买到所需要的油料，何况，它的价钱即将暴涨，我劝您现在就买下这些石油。"

"不用，我确实没地方储藏。"

"何不租个仓库？"罗塞尔建议他。

"不，我看算了吧。"

当天下午，罗塞尔回到办公室时，办公桌上有张留言条请他回电给杜先生，罗塞尔一接通电话，便听到对方说：

"我已经租了一个旧车库可以放石油，把您那一货车石油送来吧！"

推销任何商品时，只要秉持真诚，使对方坦诚相待、完全信赖并非难事。作为销售员的我们想要赢得陌生人的信赖，就必须像对待我们的老板一样对待

让顾客心动的王牌销售

他们，做他们的购物助手，而不是一个简单的销售员。

作为一名有经验的汽车销售人员，赵芬把为客户提供服务摆在了与销售业绩同等重要的位置。

一次，一位在昆山开厂的老板买了一辆伊兰特。由于技术差，又是新手，这位老板开车经常出一些小事故，不是车碰了，就是擦掉了漆。有趣的是，这位老板每次车一出，就会打赵芬的电话，而每次接到这位老板的电话，赵芬都会耐心地给他提建议，能够提供保险维修的就维修，不能用保险的就尽量为其节约维修费。

一天晚上，赵芬突然接到了这位老板的电话，这位老板在电话中说："车坏了，打不着火。"

凭感觉，赵芬觉得不可能，因为新车一般不会出现打不着火的情况。她问车主："挡位控制是不是卡在挡位上？"

得到否定问答后，她又问："是不是方向盘角度锁死？"

这位车主回答："是！"

问题终于找着了！赵芬也舒了一口气。她对这位车主说："你现在按我说的做，先把手刹放下，然后叫人推一下车。再点火。"

很快，这位车主的电话打过来，车好了。正是靠这种本不在工作范围内的事自己也努力提供良好的服务，赵芬彻底赢得了老板的信任，他不仅介绍了朋友前来买车，而且遇到一些个人问题也找赵芬商量。

今年年初，他对赵芬讲，去年生意不错，想换台车，让赵芬指点一下。赵芬自然想到了为他推荐御翔。这位车主很信任地就接受了，并选择了一款深海蓝颜色。

由于是颜色车种，订单小，生产周期相对长一些，要等一个多月才能提车，本来赵芬可以说服他买黑色车的，但看到这位车主很喜欢深海蓝，加之自己也没有看过这款车，赵芬还是满足了他的要求，并多次和厂家协调，不到一个月将车提了回来。

赵芬说："服务看起来是一些微不足道的琐碎事，但正是这些细节，决定着一个业务员的成绩。这也是我的卖车心得。"

为人处事，贵在真诚。销售员能够对顾客以诚相待，自然能够与顾客建立长久的合作关系,销售成绩也就不言而喻了。

吸引更多的回头客

美国的服装商德鲁克尔兄弟开了一家服装店, 他们对每一位顾客都十分热情。每天,弟弟都站在服装店的门口向过往的行人推销。但是,这兄弟俩的耳朵都有些“聋”,经常听错彼此的话。

常常是弟弟热情地把顾客拉到店中, 并向顾客反复介绍某件衣服是如何地物美价廉,穿上后是如何得体、如何漂亮。大多数顾客经他这么劝说一番之后,总会有意无意地问:“这衣服多少钱?”

“耳聋”的小德鲁克尔先生把手放在耳朵上问:“你说什么?”

顾客误以为对方耳聋,便又提高声音问一遍:“这衣服多少钱?”

“噢,你是问多少钱呀,十分抱歉,我的耳朵不好,您稍等一下,我问一下老板。” 小德鲁克尔转过身去向那边的哥哥大声喊道:“这套纯毛 XX 牌的衣服卖多少钱呀?”

大德鲁克尔从座位上站起来,看了一眼顾客,又看了看那套衣服,然后说: “那套呀,70 美元。”

“多少?”

“70 美元。”老板再次高声喊道。

小德鲁克尔回过身来,微笑着对顾客说:“先生,40 美元一套。”

顾客一听,赶紧掏钱买下了这套物美价廉的衣服,而后就溜之大吉了。

20% 的回头客决定了我们 80% 的销售额。如何吸引更多的回头客已经成了销售员必须掌握的销售技巧。吸引回头客的方法有很多, 不仅仅是让顾客得到一些小恩小惠,更多的情况下,还要满足顾客“占便宜”的心理。当然,所有的这些技巧都是建立在产品的良好品质下进行的。 所以, 销售的目的不只是为了将产品卖出去,更重要的是让顾客从购买行为中获得价值感,即:使消费者对自己购买的产品感到满意,感觉自己的购买抉择是明智之举。

日本企业家小池先生说过:“做人与做生意一样,首先都要讲究正直,而正直给你所带来的荣誉也会让你得到更大的回报。”

让顾客心动的王牌销售

小池出身贫寒,20岁时推销机器非常顺利。半个月内就同25位顾客做成了生意。有一天,他突然发现他现在所卖的这种机器比其他公司生产的同样性能的机器贵了一些。他想:如果顾客知道了,一定以为我在欺骗他们,会对我的信誉产生怀疑。于是深感不安的小池立即带着和约书和定单,逐家拜访客户,如实向客户说明情况,并请客户重新考虑选择。

他的行动使每个客户都很感动。此举也为他带来了良好的商业信誉,大家都认为他是一个值得信赖的正直的人。结果,不但25人中没有一个解除和约,反而又给他带来了更多的客户。

让顾客感动也是一种吸引回头客的方法,因为这恰恰说明了销售员的人品值得信赖。正所谓人品决定产品。一个正直的人是很容易得到大家认可的。

威廉是位不动产的推销员,负责推销一块地皮,这块地皮约有80亩,靠近火车站,交通很方便,可是,附近是钢铁加工厂,打铁及研磨机的声音十分嘈杂。

威廉想将这块地推荐给史帝芬,他住在闹市区,一天24小时生活在噪音中,威廉的理由是这块地皮的价格、地点和史蒂芬的要求相吻合,并且,史蒂芬对于噪音已经习惯,大概不会太在乎这一点。

威廉介绍这块地给史蒂芬时说:"史蒂芬先生,这块地皮的价钱比一般的要便宜些。当然,便宜有便宜的理由,就是会受到临近工厂噪音的干扰,其他条件都与你的大抵相同。"

不久,看过地皮的史蒂芬做了一个决定,他说:"你特别提到噪音,其实,噪音对我来说不成问题。我现在住的地方有10吨大货车的引擎声,声浪大的可以震动门窗;而且这里的工厂下午5点就下班了,别的推销员介绍地皮时,大部分都不会讲缺点,像你这样清楚我反而放心。"

我们很多推销员在向客户介绍产品时,都恨不得把什么都说成完美无缺。事实上,这样的东西还没发明出来。现在的很多客户已经不会只听推销员的一面之词,而是自己会去考察后做选择。推销员也应该是以诚相待。商品的优点和缺点都应该向客户说明白。其实,客户本人也清楚商品的那些优点和缺点是自己希望和不希望的。而诚实的推销员会在客户心中留下美好的印象,并因此使客户对他所推销的产品产生信赖,从而愿意再次光顾或帮助传播。

第十四章 世界顶级销售员的独门秘笈

世界顶级销售员的成功自然有其独特的推销方法。我们学习他们的经验来提高我们自身的销售能力，从而提高销售业绩，使我们在销售领域有所建树，是我们还没有成为优秀销售员之前应该做好的事。正所谓他山之石，可以攻玉。我们学习别人的方法和经验，为的就是把我们升华到更高的层次，让销售变得更加简单。

原一平的成功推销方法

众所周知，原一平是一位实至名归的推销大师。那么，他的成功究竟有什么秘诀呢？我们一起来看几个他的小故事，就可以知道一切了。

一、营造融洽的谈话氛围

有一天，原一平拜访一位准客户。

"你好，我是明治保险公司的原一平。"

对方端详着名片，过了一会儿，才慢条斯理抬头说："几天前曾来过某保险公司的业务员，他还没讲完，我就打发他走了。我是不会投保的，为了不浪费你的时间，我看你还是找其他人吧。"

"真谢谢你的关心，你听完后，如果不满意的话，我当场切腹。无论如何，请你拨点时间给我吧！"原一平一脸正气地说。

对方听了忍不住哈哈大笑起来，说："你真的要切腹吗？"

"不错，就这样一刀刺下去……"原一平边回答，边用手比划着。

"你等着瞧，我非要你切腹不可。"

"来啊，我也害怕切腹，看来我非要用心介绍不可啦。"讲到这里，原一平的表情突然由"正经"变为"鬼脸"。于是，准客户和原一平一起大笑起来。

无论如何，总要想方法逗顾客笑，这样，也可提升自己的工作热情。当两个

让顾客心动的王牌销售

人同时开怀大笑时,陌生感消失了,成交的机会就会来临。

"你好,我是明治保险公司的原一平。"

"噢,明治保险公司,你们公司的业务员昨天才来过,我最讨厌保险,所以他昨天被我拒绝了。"

"是吗,不过,我总比昨天那位同事英俊潇洒吧?"

"什么,昨天那个业务员比你好看多了。"

"哈哈……"

善于创造拜访的气氛,是优秀的推销员必备的。只有在一个和平欢愉的气氛中,顾客才会好好地听你介绍产品。

二、尊重顾客才能赢得信任

有一次,他想通过电话约谈一位准客户的表哥。

"你好,是某某电器公司吗?请你接总经理室。"

"请问你是哪里啊?"

"我叫原一平。"

"请你稍等一下。"

"电话转到总经理室。

"哪一位啊,我是总经理。"

总经理,你好,我是明治保险公司的原一平,我听说你对继承权方面的问题很有研究,所以今天冒昧地打电话给你,几天之前,我曾拜访了你的表弟,与他研究了继承的问题,他感到很满意,所以今天我想与你再来研究一番。"

"嗯。"

"事情的经过你问你表弟就知道了,我本来可以叫你的表弟写一份介绍函再来拜访你,不过这样似乎有强迫的味道,其实在这个时候,谁也无法强迫谁……"

"嗯。"同样一声"嗯",但第二声比第一声亲切多了。

"怎么样呢?"

"既然是这样,咱们约个时间谈谈也好。"

尊重顾客,重视顾客。谈话之中要注意分寸,尽可能避免无形之中对他们造成的伤害。透过你的坦诚,顾客会对你产生某种安心的感觉。

三、抓住最微小的机会

有一天，原一平到一家百货公司买东西．任何人在买东西的时候，心里总会有预算，然后在这个预算之内，货比三家，寻找物美价廉的东西。忽然间，原一平听到旁边有人问女售货员："这个多少钱？"

说来真巧，问话的人要买的东西与原一平要买的东西一模一样。

女售货员很有礼貌地回答："这个要7万日元。"

"好，我要了，你给我包起来。"

想来真气人，购买同一样东西，别人可以眼也眨一下就买了下来，而原一平却得为了价钱而左右思量。原一平有条敏感的神经，他居然对这个人产生了极大的好奇心，决心追踪这位爽快的"钱先生"。

有钱先生继续在百货公司里悠闲地逛了一圈，他看了看手表后，打算离开。那是一只名贵的手表。

"追上去。"原一平对自己说．

那位先生走出百货公司门口，横过人潮汹涌的马路，走进了一幢办公大楼。大楼的管理员殷勤地向他鞠躬。果然不错，是个大人物，原一平缓缓地吐了一口气。眼看他走进了电梯，原一平问管理员："你好，请问刚刚走时电梯那位先生是……"

"你是什么人？"

"是这样的，刚才在百货公司我掉了东西，他好心地捡起给我，却不肯告诉我大名，我想写封信给他表示感谢，所以跟着他，冒昧向你请教。"

"哦，原来如此，他是某某公司的总经理。"

"谢谢你！"

推销没有限制地方，只要有机会，你都可以找到你要找的准客户。

四、坚持不懈就是成功

原一平在最初进入保险业的时候，为了赢得一个大客户，他曾经在三年八个月的时间里，登门拜访70次都扑空的情况下，最终锲而不舍获得成功。

原一平在掌握了一家公司总经理个人信息后，第二天就迫不及待地上门去推销保险了。

一位面目慈祥的老人打开了门，原一平猜测一定是总经理的父亲。因为这

让顾客心动的王牌销售

位老人在听完原一平的介绍后,就彬彬有礼地说:"总经理不在家,请改日再来。"

"请您告诉我,他一般什么时候在家呢?"

"公司事多,这可没准儿。"

原一平还想打探总经理的一些个人问题,但老人都以"不太清楚"为由推托了。

就这样,在接下来的三年多里,原一平拜访总经理扑空了70次。后来意外地从一个客户那里,原一平才得知那位拒绝他的老人竟然就是让他扑了70次空的总经理。这让原一平愤怒不已,他有一种被人戏弄的感觉。哪怕这个老头说明自己的身份,冲他大叫"我不需要保险,别白费心机了",总比他每次面带微笑要强上一百倍啊!更可气的是这个老头浪费了他多少时间啊!

气愤异常的原一平决定要惩罚一下这个糟老头子。他来到那个他曾经70次去过的那幢高楼,没想到在楼底下就看到了他正在掏水沟。原一平双手抱在胸前,静静地等他掏完水沟。其间,原一平点燃了一支烟,以此来驱赶心中的郁闷。在缭绕的烟雾中,原一平的怒气渐渐平息下来,总经理也是一脸顽固地继续着他的掏水工作。在他点燃第二支烟时,老头儿已在收拾工具了。原一平掐灭了烟,上前拦住了总经理。

"您好,我是明治保险公司的原一平,请问总经理现在在家吗?"

"唉,真不凑巧,他刚刚出门了。"

"没想到,你这么一大把年纪了,撒起谎来竟然可以面不改色!我知道你就是总经理。你买不起保险完全可以光明正大地拒绝,为什么要戏耍我呢?是在考验我的耐性吗?"

"呵呵,其实从第一天起,我就知道你是来推销保险的。"

"如果我第一天就知道你是总经理,我才不会用三年零八个月的宝贵时间来向一个土已经埋到脖子的人来推销保险!再者,明治保险公司若是有你这么瘦弱的客户,可能早就倒闭了。"

"什么,你竟敢如此轻视我!我难道连投保的资格都没有吗?你马上带我去体检,我要让你知道我完全有资格投保!"

原一平看到自己的话已经激起了这个顽固不化的老头子的斗志,感觉目的已经达到,心中一阵窃喜。他开始卖起了关子:

"哼,我才不为你一个人枉费心机呢,如果你们全家和全公司都投保的话,我还可以考虑考虑！"

"哼,全家就全家,我们明天就去！"

再难啃的客户也有他的软肋,只要坚持不懈,不轻言放弃,就一定有成功的希望。

五、投其所好,拉近距离

有一次原一平准备去拜访一家企业的老板,由于各种原因,他用尽各式各样的方法,都无法见到老板。

有一天,他终于找到了灵感,他看到附近杂货店的伙计从老板公馆的另一道门走了出来。原一平灵机一动,立刻朝那个伙计走去。

"小二哥,您好！前几天,我跟你的老板聊得好开心,今天我有事想请教您。请问您的老板平时的衣服都是由哪家洗衣店洗的呢？"

"从杂货店门前走过去,有一个上坡路段,走过上坡路,左边第一家洗衣店就是了。"

"谢谢您,另外,您知道洗衣店几天会来收一次衣服吗？"

"这个我不太清楚,大概三四天吧。"

"非常感谢您,祝您好运！"

原一平顺利地从洗衣店店主口中得到了老板西装的布料、颜色、式样的资料。他又打听到了为这个老板做衣服的西装店,然后买了同样的布料去西装店做西装。

西装店的店主对他说:"原先生,您实在太有眼光了,您知道企业名人某老板吗？他是我们的老主顾,您所做的西装,花色与式样与他的一模一样。"

原一平假装很惊讶地说:"有这回事吗？那真是太凑巧了。"

店主主动提到企业老板的名字,说到老板的西装、领带、皮鞋,还进一步谈到他的谈吐和爱好。

有一天,机会终于来了,原一平穿上那一套西装并打上一条与之搭配的领带,从容地站在老板面前。

"老板,您好！"

如原一平所料,他大吃一惊,一脸惊讶,接着恍然大悟,"哈哈"大笑起来。

后来,这位老板成为了原一平的大客户。

让顾客心动的王牌销售

投其所好,让顾客知道你在他的身上花费了很大的心思,对他有足够的重视,更重要的,你与顾客之间有了可以探讨的共同话题,自然就能够拉近与顾客之间的关系,从而实施进一步的推销计划。

世界房地产销售冠军汤姆·霍普金斯

汤姆·霍普金斯,当今世界第一名推销训练大师,全球推销员的典范,被誉为"世界上最伟大的推销大师",是公认的说服大师和销售冠军的缔造者,曾与世界著名领袖包括美国前总统布什,英国前首相撒切尔夫人等同台演讲。

一、不要掩藏商品的缺陷

他曾经有过这样一次成功的销售经历。那时,房产公司刚刚在洛杉矶西北部开发出一片住宅区。

这片拥有 20 幢房屋的住宅区,其售价定为 17950~19950 美元之间。经过数年之后,还有 18 间房屋没有售出。这批未售出的房屋全部位于罗斯利路,你由此可以猜出,它们必然有着与众不同的地方。因为距离这批房屋 20 英里远之处有一道围墙,围墙之外便是铁路,24 小时之内火车会经过 3 次。

开发商拒绝了他过去提出的担任此批房屋推销员的要求。尽管他用一封封自荐信不断地"轰炸",但是却徒劳无功。

"我没有兴趣与一名住宅房屋的推销员合作出售这批房屋。"开发商一再如此表示。

数月过后,当汤姆·霍普金斯驾车从开发商在比佛利山的办公室旁经过时,他便下定决心要与他约定一个会面时间。令人十分惊讶的是,开发商居然同意和他谈谈。由于这 18 间房屋至今无人问津,很明显地,开发商愈来愈为此焦虑不安了。

开发商抱怨道:"你一定是要我削价出售这批房子,这便是你们这些房屋推销员最常做的事。"

"不,"汤姆·霍普金斯回答,"恰恰相反,我建议你抬高售价。还有一点,我会在这个月之前将整批房子卖出去。"

"它们已经在那里躺了两年半之久,你现在告诉我你会在一个月之内将它们全部卖出去?!"他不相信地说道。

"请允许我对你详加解释我会怎么做。"汤姆·霍普金斯说。

"请便。"开发商说,同时将他的背往后舒适地靠在了椅子上。

"就像你所知道的一样,先生,每当一名房屋经纪商开放一间待售房屋时,人们便可在任何时间前往参观,"他说道,"可是我们将不会这么做。我们将一批一批地展示这些房子,就在火车驶过的那个时候展示。"

"你疯了不成?"开发商大声吼叫道,"我们起初之所以无法卖出这些房子,就是这该死的火车在作祟!"

"请让我说完,"汤姆·霍普金斯平静地回答他说,"我们准时在每天早上10点和下午3点开放房屋让人参观,这样必会引起人们的好奇心。我建议在展示的房屋前面挂上一个牌子,在上面写着:此栋房屋拥有非凡之处。敬请参观。"

开发商的下巴往下掉了几寸。

"接着,"汤姆·霍普金斯继续说,"我要求你将每户的价格抬升20美元,然后用这笔钱为每户买一台彩色电视机。"在那个时候,拥有一台彩色电视机是一件十分了不得的事,绝大多数人都还只有黑白电视可看。简直是令人无法置信,开发商还真的同意了他的计划,购买了18台彩色电视机。

在每次"参观"开始之后的5~7分钟,火车会从罗斯利路旁隆隆驶过。这样,在火车轰轰驶来之前,汤姆·霍普金斯只有几分钟时间对买主们进行推销。

"欢迎!请进!"他在门口招呼人们进来。"我要各位在这个特别的时刻进来参观,是因为我们罗斯利路上的每一栋房子都有着独一无二的特点。首先,我要你们听听看,然后告诉我你们听到了什么。"

"我只听到冷气的声音。"总会有人这么回答。

很自然地,汤姆·霍普金斯的问题也引发了听众相当好奇的表情。如果表情会说话,那一定是在说:"这里会有什么?这个人到底要做什么?"

"没错,"汤姆·霍普金斯回答,"但是如果我不提出来,你们也许不会注意到这个噪音,因为你们早已习惯冷气机的声音了。然而,我很确定当你们第一次听到它时,这个声音一定会引起你的注意。你会发现,一旦习惯了噪音之后,它们就不会对我们造成困扰。"

他接着带领人们走进客厅,指着那台彩色电视机说:"开发商将随同房子将这台漂亮的彩色电视机送给你们。他这么做是有道理的，他知道你们将不得不适应一段 90 秒钟的噪音，一天 3 次，但是很快地你们会感到习惯。"

在这个节骨眼中，汤姆·霍普金斯转身将电视打开，将它调整到正常的音量后说："想像一下你和你的家人坐在这里，观看电视的情形。"接着我便停下来，等待由远而近的火车隆隆驶过。在这段 90 秒的时间里，每个人都很清晰地听到了火车的声音。

"各位，我要让你们知道，火车一天经过 3 次，每次 90 秒钟，也就是一天 24 小时中共有四分半钟的时间火车会经过，"汤姆·霍普金斯在叙述一个事实，"现在，请问问你们自己：我愿意忍受这点小噪音——我当然会习惯的噪音，来换得住在这栋美丽的房子中，并且拥有一台全新的彩色电视机吗？"

就这样，3 周之后，18 栋房子全部售出。

任何商品都存在一些缺陷，这些缺陷对你的推销存在着诸多不利的因素，多数时候，它是你推销失败的罪魁祸首。其实，当你在推销一件商品的时候，如果能很好地利用这些不利因素，你就能把失败扭转为成功。

二、没有卖不出的产品

曾经有一位记者采访汤姆·霍普金斯："汤姆·霍普金斯先生，请问您是不是只会卖房子，不会卖别的东西呢？"

汤姆："我可以在任何地方把任何东西卖给任何人。"

记者："您是不是在吹牛啊，爱斯基摩人生活在北极，您可以把冰卖给爱斯基摩人吗？"

汤姆："当然可以。"

汤姆·霍普金斯现场给他做示范，这段话术也是世界上最经典的话术。

汤姆："您好！爱斯基摩人。我叫汤姆·霍普金斯，在北极冰公司工作。我想向您介绍一下北极冰给您和您的家人带来的许多好处。"

爱斯基摩人："这可太有趣了。我听到很多关于你们公司好产品，但冰在这儿可不是问题，它是不用花钱的，我们甚至住在这东西里面。"

汤姆："是的，先生。您知道注重生活质量是很多人对我们公司感兴趣的原因之一，而且看得出来您就是一个注重生活质量的人。你我都明白价格与质量总是相连的，能否解释一下为什么您目前使用的冰是不花钱吗？"

爱斯基摩人："很简单，因为这里遍地都是。"

汤姆："您说得非常正确。您使用的冰就在周围。日日夜夜,无人看管,不是吗?"

爱斯基摩人："噢,是的。这种冰太多太多了。"

汤姆："是的,先生。现在冰上有我们,有您和我,那边还有正在冰上清除鱼内脏的邻居,北极极熊正在冰面上重重地踩踏。啊,您看到企鹅沿水边留下的脏物吗?请您想一想,设想一下好吗?"

爱斯基摩人："我宁愿不去想它。"

汤姆："也许,这就是为什么您所使用的冰是如此脏,能说是经济合算,物超所值吗?"

爱斯基摩人："对不起,我突然感觉不大舒服。"

汤姆："我明白。给您家人饮料中放入这种无人保护、无人看管的冰块,如果您想真正感觉舒服必须得先进行消毒,不是吗?那您如何进行消毒的呢?"

爱斯基摩人："煮沸吧,我想。"

汤姆："是的,先生。煮过以后您又能剩下什么呢?"

爱斯基摩人："水。"

汤姆："这样您是在浪费时间。说到时间,假如您愿意现在在这份协议上签上您的名字,今天晚上您的家人就能享受到最爱喝的,加有干净、卫生、美味可口的北极冰块的饮料了。噢,对了,我非常想知道您的那位清除鱼内脏的邻居,您认为他是否有兴趣了解北极冰给他和他的家人带来的好处呢?"

汤姆·霍普金斯之所以可以把冰卖给爱斯基摩人,是因为他把世界上所有最顶尖的销售技巧重新组合在了一起。汤姆·霍普金斯在以上销售个案中的销售特质和销售技巧综合起来就是:责任、框视法则、推销是问的、正确的引导、打断惯性、神经链接、心智模式、运用想象力、给他痛苦、塑造产品价值、物超所值、扩大痛苦、Yes法则、假设成交、运用潜台词、公司的品质、卖的产品和快乐联系到一起、转介绍、说对方想听的话、换位思考。

世界最伟大的推销员乔·吉拉德

乔·吉拉德,是美国著名的推销员。他是吉尼斯世界纪录大全认可的世界上最成功的推销员,从1963年至1978年总共推销出13001辆雪佛兰汽车。作

让顾客心动的王牌销售

为世界上最伟大的销售员，乔·吉拉德连续 12 年荣登世界吉尼斯记录大全世界销售第一的宝座，他所保持的世界汽车销售纪录：连续 12 年平均每天销售 6 辆车，至今无人能破。

一、不得罪任何一个顾客

乔·吉拉德在 1963 年 1 月份之前，是一个建筑师，盖房子。到 1963 年 1 月为止，盖了 13 年房子，赔得一无所有，什么都没了。把房子都赔进去了，银行把他从家里赶了出来，把他的太太和两个孩子都赶了出来，还没收了他和他太太的车。他破产了一次，太太的问话给他当头一棒。她说："乔治，我们没钱了，也没吃的了。我们该怎么办？"

第二天，他出去找工作。那天，非常冷，雪很厚，他不知道当时为什么去了汽车经销店。只记得他走进去，请他们给他一份工作。老板嘲笑说："我不能雇你，正值隆冬，没有那么多生意。如果我雇了你，其他助理推销员肯定会生气的。我们不能雇你。顺便问一下，你卖过车吗？"

"没有，可我卖过房子。"

"那就更不能雇你。"

乔·吉拉德告诉他说："只要给我一部电话、一张桌子。我不会让任何一个跨进门来的客户流失，并且我还会带来自己的客户，我会在两个月内成为你们这里最棒的推销员。"

老板说："你疯了！"

乔·吉拉德说："不！我饿了！"

老板终于答应了，给了他电话和桌子。就这样，乔·吉拉德一天打了八九个小时的电话，兑现了承诺，没有漏掉一个跨进门的客户。在那时候，他甚至还没意识到他的生活又重新开始了。

店门打开，客户进来径直向他走来。他与客户坐了大约一个半小时，终于卖出了一辆车。他回忆说："那是我卖的第一辆车，你知道事后他对我怎么说吗。他说：'乔治，我买过很多东西。但从没有见过一个人能像你这样恳切。'破产的那年，我 35 岁。过了 3 年，我就被称为'世界上最伟大的推销员'了，仅仅 3 年。"

用近乎乞求的方式，乔·吉拉德德销售出自己销售生涯里的第一辆汽车，从而迈出了成功的第一步。当时饱受饥饿折磨的乔·吉拉德很清楚，只要多卖出一辆车,就能换回更多的食物。于是,乔·吉拉德得出了自己销售生涯中的一大结论:顾客就是你的衣食父母,不要得罪任何一个顾客。因为每个顾客身后还有包括亲戚朋友在内的250个顾客,如果你只要赶走一个顾客,就等于赶走了潜在的250个顾客。这就是乔·吉拉德的"250定律"。

二、成交只是销售的开始

吉拉德创造的是一种有节奏、有频率的"放长线钓大鱼"的促销法。他认为所有已经认识的人都是自己潜在的客户,对这些潜在的客户,他每年大约要寄上12封广告信函,每次均以不同的色彩和形式投递,并且在信封上尽量避免使用与他的行业相关的名称。

1月份,他的信函是一幅精美的喜庆气氛图案,同时配以几个大字"恭贺新禧",下面是一个简单的署名:"雪佛兰轿车,乔伊·吉拉德上。"此外,再无多余的话。即使遇上大拍卖期间,也绝口不提买卖。

2月份,信函上写的是:"请你享受快乐的情人节。"下面仍是简短的签名。

3月份,信中写的是:"祝你圣巴特利库节快乐!"圣巴特利库节是爱尔兰人的节日。也许你是波兰人,或是捷克人,但这无关紧要,关键的是他不忘向你表示祝愿。

然后是4月、5月、6月……

不要小看这几张印刷品,它们所起的作用并不小。不少客户一到节日,往往会问夫人:"过节有没有人来信?"

"乔伊·吉拉德又寄来一张卡片!"

这样一来,每年中就有12次机会,使乔伊·吉拉德的名字在愉悦的气氛中来到这个家庭。

乔伊·吉拉德没说一句:"请你们买我的汽车吧!"但这种"不说之语",不讲推销的推销,反而给人们留下了最深刻、最美好的印象,等到他们打算买汽车的时候,往往第一个想到的就是乔伊·吉拉德。

推销是一个连续的过程,成交既是本次销售的结束,也可以是下次销售的开始。乔·吉拉德说过:"我相信推销活动真正的开始实在成交之后,而非之前。"销售员要在成交之后继续关心顾客,才能提高老顾客的忠诚度,以及新顾客的信任度,才能使生意越做越大,客户越来越多。

三、让顾客帮助你寻找顾客

让顾客心动的王牌销售

乔·吉拉德认为,做推销这一行,需要别人的帮助。乔的很多生意都是由"猎犬"帮助的结果。乔的一句名言就是"买过我汽车的顾客都会帮我推销"。

在生意成交之后,乔总是把一叠名片和猎犬计划的说明书交给顾客。说明书告诉顾客,如果他介绍别人来买车,成交之后,每辆车他会得到25美元的酬劳。

几天之后,乔会寄给顾客感谢卡和一叠名片,以后至少每年他会收到乔的一封附有猎犬计划的信件,来提醒顾客,乔的承诺仍然有效。如果乔发现顾客是一位领导人物,其他人会听他的话,那么,乔会更加努力促成交易并设法让其成为猎犬。

实施猎犬计划的关键是守信用——一定要付给顾客25美元。乔的原则是:宁可错付50个人,也不要漏掉一个该付的人。猎犬计划使乔的收益很大。1976年,猎犬计划为乔带来了150笔生意,约占总交易额的三分之一。乔付出了1400美元的猎犬费用,收获了75000美元的佣金。

布莱恩·崔西:你也能成为推销赢家

布莱恩·崔西是美国首屈一指的个人成长权威人士,在成功学、潜能开发、销售策略及个人实力发挥等各方面拥有独树一帜的心得。博恩·崔西是当今世界上个人职业发展方面最成功的演说家和咨询家之一。

布莱恩·崔西曾做成一桩自我感觉最棒的生意。那是1959年7月的一天,那天的阳光很好,他说服一位女士为她11个儿子买了11项储蓄保险,那次的推销他并没用什么特别的技巧,甚至没有说很多话。因为她先生刚发生车祸过世,布莱恩·崔西很有耐心地听完她详细的描述,中间只安慰她一两句,更多的时候,他只是表示沉默。最后,布莱恩·崔西建议她买这些保险,如此一来即使她未来没有固定收入,孩子的教育和未来也不至于无以为继。

那次,布莱恩·崔西得到的佣金是他过去当工程师三个月的收入。

后来布莱恩·崔西回公司参加了一个会议,主管对其他同事解释他做成这笔生意的技巧,而在此之前他根本不知道沉默还有如此大的作用。

刚开始做推销的人大都会有胆怯心理,他们怕自己所知不多,常常不知道该说什么,从而出现更多的沉默,但在我看来,说话太多才叫人害怕。为了避免在客户面前出现失误,他们只好不断说话,说了又说,说了又说。

推销谈话出现僵局是每个推销员都会遇到的情形。布莱恩·崔西就曾在推销中遇到很多次这样的场面,那天他去拜访投资家韦尔林,他是美国一家著名的投资银行的总裁。当布莱恩·崔西如约来到他办公室的时候,他正忙得不可开交。布莱恩·崔西识趣地坐在办公室外面的一个会客室耐心等候,大概快到中午的时候,他才稍有闲暇。

"韦尔林先生,你可真是个大忙人啊!"布莱恩·崔西说。

"哦,我很忙,请坐,但是我不希望我的时间被浪费。"韦尔林热情中不乏冷淡。

"我们是约好了的,所以……"

他的话还没有说完就被韦尔林先生打断:"可我现在没有兴趣,更没有时间。"

"这是上次我们谈话时你说起的资料。"说着布莱恩·崔西从文件夹里抽出来递给他,韦尔林显然没有想到他随口说的一句话,而布莱恩·崔西却真的帮他找到了。他愣了一下,从座位上站起来接了过去。

布莱恩·崔西能感觉到当时空气的沉闷,韦尔林先生原本是不愿意和他谈话的,可是现在情况又出现变化——他犹豫是否该和我继续交谈,因为布莱恩·崔西帮他找到了他需要的文件,这一点让他不好意思断然拒绝。

"好吧,既然……"布莱恩·崔西装做起身欲走的样子。

"等等,"韦尔林先生说,"不过我想知道除此之外你还想对我说些什么。"他态度明显缓和下来。他们之间僵硬的空气重新恢复了流动。

接下来的谈话非常轻松,韦尔林先生最终接受了布莱恩·崔西的推销。后来,他又允许布莱恩·崔西在他的公司里进行推销,也就是在那时他的业务量突飞猛进。

与顾客会谈时,推销员永远都在尝试怎样打破僵局,将话题导入推销的正途;何时该停止闲话家常,谈点正经事。很多新入行的人员一开始就无法抓住顾客全部的注意力,最后只有搞砸生意。太早或太慢进入销售主题都不恰当。

弗兰克·贝特格:在不可能中找到希望

有一天,弗兰克·贝特格从一个朋友的电话里得到一个推销信息,他说纽约一个制造商想为自己买一份金额是 25 万美元的人寿保险,现在正寻找合适的保险公司。另外,还有 10 个大公司的老总也有这个意思,他问弗兰克·贝特格对这一机会是不是感兴趣。于是,他立即请这位朋友给他安排一次会面的机会。

两天后,朋友说已成功地安排好了会面的时间,就在次日上午 10 点 45 分。接下来的时间里,弗兰克·贝特格认真想了想该做些什么准备工作,一些细节又该怎样操作。

在第二天早晨前往纽约的火车上,弗兰克·贝特格仍然翻来覆去地看这些问题。当列车到达宾夕法尼亚车站时,说不清是兴奋还是激动,弗兰克·贝特格高兴得简直想要放声狂笑,这种感觉无法自制。

为了让成功把握更大一些,弗兰克·贝特格给纽约最大的一家体检中心挂了一个电话,请他们在 11 点 30 分为他的客户做一次全面体检。他知道他的这一行动是冒险的,但他必须想办法增加他的成功系数。

当弗兰克·贝特格来到那间他们约会的办公室,总裁的秘书小姐热情地接待了他,随后她向她的总裁通报:"博思先生,从费城来的贝特格求见,他说他和您约好的时间是 10 点 45 分。"

"噢,是的,请他进来吧。"博思先生的声音从办公室的里间传了出来。

弗兰克·贝特格礼貌地走进他的办公室。"博思先生,您好。"他说。

"你好,贝特格先生,请坐。"他说,"贝特格先生,真不好意思,我想你这一次是白跑一趟了。"

"为什么这么说呢?"弗兰克·贝特格有些意外,但并不感到沮丧。

"我已经把我想投保的寿险的计划送交给了一些保险公司,它们都是纽约比较大的而且很有名气的公司,其中三个保险公司是我朋友开的,并且有一个公司的老总还是我最好的朋友,我们经常会在周末打高尔夫球,他们的公司无论规模还是形象都是一流的。"博思先生无比自豪地指着他面前办公桌上的一摞文件说。

"没错,这几家公司的确很优秀,像这样的公司在世界上都是不多见的。"

弗兰克·贝特格说。

"情况大致就是如此，贝特格先生。我今年是 46 岁，假如你仍要坚持向我提供人寿保险的方案，你可以按我的年龄，做一个 25 万美元的方案并把它寄给我，我想我会在以后的几个星期和那些已有的方案做一个比较加以考虑的。如果你的方案能让我满意，而且价格又低的话，那么这笔生意就是你的了。不过我想，你如果这样做很可能是在浪费我的时间，同时也是在浪费你的时间。希望你慎重考虑。"博思先生说。

听了他的话，弗兰克·贝特格并没有就此放弃。他说："博思先生，如果您相信我，并把我看成你的亲兄弟，那么我就对您说真话。"

"说吧。"

"我是做保险这一行的，如果您是我的亲兄弟，我就会告诉你赶快把那些所谓的方案扔进废纸篓里去。"弗兰克·贝特格平静而坚定地说道。

"你这话什么意思？"

"如果要明白无误地了解那些投保方案，必须要成为一名真正的保险统计员，而一个合格的保险统计员大概要学习 7 年左右的时间，假如您现在选择的保险公司价格低廉，那么，5 年后，价格最高的公司就可能是它，这是历史发展的规律，也是经济发展的必然趋势。没错，这些公司都是世界上最好的公司，可你现在还没有做出决定，博思先生，如果您能给我一次机会，我将帮助您在这些最好的公司里做出满意的选择，我可以问你一些问题吗？""当然可以。""我会让你了解到你所想知道的所有信息。是的，在您的事业蒸蒸日上的时候，您可以信任那些公司，可假如有一天您离开了这个世界，您的公司就不一定像您这样信任他们，难道不是吗？"

"对，我想这种可能性还是有的。"

"那么我是不是可以这样想，当您申请的这个保险生效时，您的生命财产安全也就转移到了保险公司一方？可以想象一下，如果有一天，您半夜醒来，突然想到您的保险昨天就到期了，那么，第二天早晨的第一件事，是不是会立即打电话给您的保险经纪人，要求继续交纳保险费？"

"当然了！"

"可是，您只打算购买财产保险而没有购买人寿保险，难道您不觉得人的生命是第一位的，应该把它的风险降到最低吗？"

博思先生说："这个我还没有认真考虑过，但是我想我会很快考虑的。"

让顾客心动的王牌销售

"如果您没有购买这样的人寿保险，我觉得您的经济损失是无可估量的，同时也影响了您的很多生意。"

"我不明白你是什么意思。"

"今天早上我已和纽约著名的卡克雷勒医生约好了，他所作出的体检结果是所有保险公司都认可的。只有他的检验结果才能适用于25万美元的保险单，在他的诊所里，先进仪器应有尽有。"

"其他保险代理不能做这些吗？"

"当然，但我想今天早晨他们是不可以了。博思先生，您应该很清楚地认识到这次体检的重要性，虽然其他保险代理也可以做，但那样会耽搁您很多时间，您想一下，当医院知道检查的结果要冒25万美元的风险时，他们就会做第二次具有权威性的检查，这意味着时间在一天天地拖延，您为什么要这样拖延一周，哪怕是一天呢？"

"我想，我还是再考虑一下吧！"博思先生开始犹豫了。

弗兰克·贝特格继续说道："博思先生，假如您明天觉得身体不舒服，比如说喉咙痛或者感冒的话，那么，就得休息至少一个星期，等到完全康复再去检查，保险公司就会因为您的这个小小的病史而附加一个条件，即观察三四个月，以便证明您的病症是急性还是慢性，这样一来您还得等下去，直到进行最后的检查，博思先生，您说我的话有道理吗？"

博思先生略有所思地点了点头。

"博思先生，现在是11点10分，如果我们现在出发去检查身体，您和卡克雷勒先生11点30分的约会还不至于耽误。您今天的状态非常不错，如果体检也没什么问题，您所购买的保险将在48小时后生效。我相信您现在的感觉一定很好。"

"的确是这样。贝特格先生，您为谁做保险代理？"博思先生的话语不无幽默。

"当然是您了！"

博思先生精神焕发，点燃一支烟，走到衣帽架旁拿起帽子说道："咱们走吧！"

在卡克雷勒医生的诊所体检顺利地完成之后，博思先生几乎已和弗兰克·贝特格成了朋友，并邀请弗兰克·贝特格一起共进晚餐。在餐桌上他微笑着问弗兰克·贝特格："你是哪家公司的精英？"

这次推销的成功简直是一个奇迹，同时也给了弗兰克·贝特格莫大的鼓舞，他仿佛看见成功就在不远处向他招手。

知己知彼，方能百战不殆。站在顾客的立场，设身处地地为顾客的利益考虑，自然能够赢得顾客的信任，从而是交易变得简单。所以，销售员要在不可能的情况下，多为顾客着想，才是成功销售的保障。

齐格·齐格勒的成功之旅

齐格·齐格勒，美国最杰出推销员，百万圆桌协会成员，世界首屈一指的销售点子大王。

一、不成功是因为走得不够远

齐格·齐格勒的第一份推销工作，是为一家制造收银机公司作推销。在他从事这项工作的初期，他觉得他的前途一片暗淡，有时候，他站在街头茫然不知所措。生活的重压常常使他产生一种绝望的情绪，但值得庆幸的是，他并没有真正的绝望，虽然在推销的前几个星期他没有卖出去一台机器。

到月底结账时候，齐格·齐格勒告诉老板他没有找到一个愿意买收银机的人。

"好的，"老板说，"这正是我雇你的原因——去寻找他们。你只是还没有走得足够远罢了。继续努力吧。"

这位老板的一席话对他以后的推销生涯，确切地说，对他取得辉煌的成功起到了不可磨灭的作用。

后来，当齐格·齐格勒走破一双鞋子的时候，终于在一家商业机构，找到了他的第一位真正的客户。那时，齐格·齐格勒还没有一点所谓的推销技巧，他只是如实地介绍了产品的性能，及如何使用能更加便捷，仅此而已。

生意成交后，客户说的一番话让齐格·齐格勒记忆犹新，他说："本来我们暂时并不需要这样一台机器，但我从你身上看到了一种精神，一种生活的态度，这种真诚让我不忍拒绝。"

这次推销的成功给齐格·齐格勒带来极大的信心。每天在出门前他都要对

让顾客心动的王牌销售

自己说："如果今天在到五点以前还没有找到客户，那么就继续找，直到六点钟，如果有必要可以一直找到九点钟商店关门。在你行走的范围内一定有人会买你的东西，只要你努力去寻找他们。发现他们并不需要天赋，而是不停地走并且与人交谈。"

用齐格·齐格勒的话说，成功无非就是这次没有失败而已。反过来讲也是行得通的，即失败无非就是这次没有成功而已。所以，销售员在推销过程中遇到的失败，只不过意味着这个人还没有抓住成功的机会罢了。

二、你的大脑决定你的成绩

几年前，齐格·齐格勒曾去密执安州一个房地产经纪人委员会的一个午餐聚会上进行演讲。演讲之前，他与坐在他左边的一位绅士闲谈。谈话中，齐格·齐格勒问那位绅士生意怎样，于是他开始滔滔不绝地抱怨生意是如何的糟糕。

他说通用汽车公司正在罢工，在这种时候没有人会从别人手里购买任何东西。

"事情太糟糕了，人们连鞋子、衣服、汽车甚至连食品都不买，当然也不会买房子。我好长时间连一座房子也没卖掉，真不知道怎样才能完成合同，"他抱怨道，"如果罢工不马上结束，我就要破产了。"

随后，齐格·齐格勒又转向坐在右边的一位夫人，询问她的生意情况。

"哦，你知道，齐格先生，通用汽车公司正在罢工……"她露出一个舒展而甜美的微笑说，"所以生意好得简直像奇迹。几个月以来人们第一次有了空闲时间为布置理想中的家去逛商店买东西。"

"为什么？"齐格·齐格勒有点迷惑，刚才那位为此现象愁眉不展，而她却为此庆幸。

她说："有些人可以花半天时间来看一幢房子。他们从小阁楼一直检查到隔热层。他们测量每一英寸面积，从厕所、壁橱到房屋地基，无一放过。我甚至碰到过一对夫妇自己查找地界线。这些人知道罢工是会结束的，他们对美国经济有信心，但最重要的是，他们知道现在买房子比以后再买要便宜。这样一来，生意确实很兴隆。"

然后她很有信心地说："齐格先生，你在华盛顿有熟人吗？"

"有的，我有个侄子在那儿上学。"齐格·齐格勒说。

"不、不，我是问你在华盛顿是不是认识一些有政治影响的人？"

"没有，恐怕不认识。但是你为什么要问这个？"

她答道："我在考虑，如果你认识的人能使这场罢工再持续6个星期，只需6个星期，那么我今年就可以甩手不干了。"

一个人由于罢工而破落，另一个却由于罢工而发财了。外部条件相同，但他们的态度却大相径庭。所以说，生意好坏从来不是由外界决定的，而是由你的大脑决定的。如果你的思维凝滞了，你的事业也会停滞不前；如果你的思想对头，你的事业也会兴旺发达。